AF691803

Kurt Eisner · Arbeiter-Feuilleton

Reihe Kurt Eisner-Studien • Band 2

Herausgegeben von Frank Jacob, Cornelia Baddack, Sophia Ebert,
Doreen Pöschl und Swen Steinberg

Kurt Eisner
Arbeiter-Feuilleton
Band 1: 1909–1911

Ediert, eingeleitet und herausgegeben von Swen Steinberg, Frank Jacob, Cornelia Baddack, Sophia Ebert und Doreen Pöschl

METROPOL

Gefördert von der Rosa Luxemburg Stiftung.

ROSA LUXEMBURG STIFTUNG

ROSA LUXEMBURG STIFTUNG BAYERN KURT EISNER VEREIN

ISBN: 978-3-86331-389-0

© 2018 Metropol Verlag
Ansbacher Str. 70
D–10777 Berlin
www.metropol-verlag.de
Alle Rechte vorbehalten
Druck: buchdruckerei.de, Berlin

Inhalt

Einleitung

von Frank Jacob und Swen Steinberg

Kurt Eisner (1867–1919) schrieb fast sein ganzes Leben unverblümt darüber, was er dachte, woran er glaubte und worauf er hoffte. Oft geriet er deshalb mit Mitstreiterinnen und Mitstreitern innerhalb der deutschen Sozialdemokratie sowie den entsprechenden Presseorganen aneinander. Wesentlich öfter stand der spätere bayerische Ministerpräsident allerdings in Konflikt mit der Obrigkeit, die seine Arbeiten aufgrund ihres beißenden Spotts und der unumwundenden Ehrlichkeit als das wahrnahm, was sie waren: Kritik an der Politik der Regierung, an der Klassengesellschaft und stets auch am Krieg und der Selbstzerstörung des Menschen.

Stellvertretend für diese journalistische Arbeit steht das „Arbeiter-Feuilleton", das Eisner zwischen 1909 und 1917 herausgab und das in diesem und den folgenden zwei Bänden der Reihe Kurt Eisner-Studien in ausgewählten Artikeln ediert herausgegeben wird. Das „Arbeiter-Feuilleton" ist dabei für das Verständnis des Schaffens dieses Journalisten und Politikers vor allem auch deshalb wesentlich, weil Eisners Beiträge – wie der spätere Sekretär des Ministerpräsidenten, Felix Fechenbach (1894–1933), 1929 einschätzte – „fast von der gesamten sozialdemokratischen Presse verwendet wurde[n]".[1] Dabei war Eisners Entscheidung, sich der Arbeit an Artikeln für das Feuilleton der Arbeiterzeitungen zu widmen, allerdings nicht allein freiwillig getroffen.

Denn die in Nürnberg erscheinende „Fränkische Tagespost",[2] bei der Eisner seit März 1907 als Redakteur arbeitete, verzeichnete 1909 ein Defizit von 15 000 Mark. Dies musste unmittelbar Kritik hervorrufen, zumal das Vorjahr mit einem Überschuss von 37 000 Mark noch positive Zahlen für den Jahresabschluss gezeitigt hatte.[3] Der Berliner wurde jedoch

1 Felix Fechenbach, Kurt Eisner. Ein Lebensbild, Berlin 1929, S. 5. Vgl. zudem grundlegend zu Eisner und seinem journalistischen Schaffen Bernhard Grau, Kurt Eisner 1867–1919. Eine Biographie, München 2001.

2 Zur Geschichte dieser Zeitung vgl. Helmut Beer, Fränkische Tagespost, in: Historisches Lexikon Bayerns, http://www.historisches-lexikon-bayerns.de/Lexikon/Fränkische Tagespost [7. 6. 2017].

3 Grau, Eisner, S. 230.

nicht nur für diese wirtschaftliche Schieflage zur Verantwortung gezogen. Vielmehr war er bereits im Vorfeld heftig für seine außereheliche Beziehung zu seiner späteren Frau Else Belli (1883–1940) kritisiert worden, die er gleichzeitig beim Nürnberger Parteiblatt der SPD beschäftigt hatte.[4] Im Gegensatz zum „Vorwärts“-Streit, der Eisners journalistische Karriere zuvor schon einmal in neue Bahnen gelenkt hatte, bereitete er sich im Fall der „Fränkischen Tagespost“ offenbar über einen längeren Zeitraum auf das mögliche Ende seines Arbeitsverhältnisses vor und versuchte, sich um Alternativen zu bemühen.[5] Schließlich musste er, neben den finanziellen Zuwendungen für seine Frau und die fünf Kinder, auch den Lebensunterhalt für sich und seine Lebensgefährtin bestreiten – Eisner selbst ging von mindestens 8400 Mark Jahreseinkommen aus.[6] Else Belli schrieb er diesbezüglich am 4. Juli 1909, dass sie „mit einer Anzahl von Blättern feste Abkommen über regelmässige Mitarbeit treffen“ müssen, „die uns eine sichere materielle Grundlage geben. Außerdem komme ich auf die Idee unserer Feuilleton-Korrespondenz zurück, die sehr ertragreich werden könnte“.[7] In dieser Lage, so Bernhard Grau, „beschritt [Eisner] einen

4 Eisner war erst am 13. April 1917 von seiner ersten Frau geschieden worden und hatte am 30. Mai 1917 Else Belli geheiratet. Vgl. Scheidungsurkunde, 13. April 1917, Stiftung Archiv der Parteien und Massenorganisationen der DDR im Bundesarchiv (SAPMO-BArch) NY/4060/1, Bl. 116; Grau, Eisner, S. 227 f. Zur Problematik der Anstellung Else Bellis vgl. Kurt Eisner an Else Belli, Nürnberg, 6. 12. 1909, SAPMO-BArch NY/4060/77, Bl. 386–391.

5 So hoffte Eisner unter anderem, für Dietz in Stuttgart eine Literaturgeschichte verfassen zu können – ein Auftrag, der schlussendlich jedoch an Franz Mehring (1846–1919) vergeben wurde. Vgl. Kurt Eisner an Else Belli, Leipzig, 15. 9. 1909, SAPMO-BArch NY 4060/77, Bl. 295 f.

6 Vgl. Grau, Eisner, S. 231 f. An Else Belli schrieb Eisner mit Blick auf die Probleme bei der „Fränkischen Tagespost“: „Der Konflikt muss entweder durch meinen Sieg oder durch meinen Weggang entschieden werden. Ist das Letztere der Fall, dann beginnt für uns beide das Glück und ein schwerer, vielleicht verzweifelter Kampf ums Dasein. Ich glaube, dass es uns schließlich finanziell besser gehen wird als jetzt. Aber für die erste Übergangszeit drohen Gefahren. Es ist dumm, dass ich nicht ein paar Tausend Mark als Notgroschen habe.“ Kurt Eisner an Else Belli, Nürnberg, 23. 9. 1909, SAPMO-BArch NY/4060/77, Bl. 305. Zudem hoffte er, die Tätigkeit am „Arbeiter-Feuilleton“ zunächst neben seiner Tätigkeit in der Redaktion der „Fränkischen Tagespost“ ausführen zu können. Kurt Eisner an Else Belli, Nürnberg, 11. 10. 1909, SAPMO-BArch NY/4060/77, Bl. 323.

7 Kurt Eisner an Else Belli, Nürnberg, 4. 6. 1909, SAPMO-BArch NY/4060/77, Bl. 210 f. Darüber hinaus hoffte Eisner auch, von Elses Bellis Vater finanzielle Unterstützung zum Aufbau des „Arbeiter-Feuilletons“ zu erhalten. Kurt Eisner

für ihn neuartigen Weg, indem er danach trachtete, sich erstmals eigene Publikationsforen zu schaffen“[8] – und damit auch mehr Unabhängigkeit gegenüber der Parteipresse zu gewinnen. Regelmäßige Arbeiten für die anderen Presseorgane der SPD blieben allerdings gleichzeitig notwendig, um die finanzielle Sicherheit des Paares Eisner-Belli zu gewährleisten.

Im Dezember 1909 gründete Eisner in Nürnberg die Pressekorrespondenz „Arbeiter-Feuilleton“, die die Presseorgane der SPD regelmäßig mit eigenen und von Eisner eingeworbenen Artikeln Dritter versorgen sollte. Teil der Überlegung war dabei sicherlich auch, dass der sozialdemokratische Redakteur „zumindest als Feuilletonist einen untadeligen Ruf genoss, ja innerhalb der Parteipresse im Grunde eine der Kapazitäten schlechthin darstellte“.[9] Dies ordnete sich nicht nur in die allgemeine Tendenz der Professionalisierung und Spezialisierung auch des politischen Journalismus im 19. Jahrhundert ein,[10] sondern ebenso in die laut Helmut Fries bereits nach 1870 einsetzende „Journalisierung der deutschen Literatur“ und die Entstehung der „Kultur-Journalistik“, an deren Schnittpunkten zumeist Schriftsteller wirkten.[11] Mike Meißner geht zudem davon aus, dass gerade die kulturpolitische Berichterstattung das Feld war, auf dem sich die sozialdemokratischen Redakteure auch „die offenbar ehrlich gemeinte Anerkennung von Seiten der bürgerlichen Presse für das sozialdemokratische

an Else Belli, Dresden, 29. 10. 1909, SAPMO-BArch NY/4060/77, Bl. 339. Es handelte sich offenbar von Beginn an um ein Gemeinschaftsprojekt von Eisner und Else Belli, denn er beschrieb seiner Lebensgefährtin den Zweck der Herausgabe wie folgt: „Wir wollen jetzt eine Korrespondenz herausgeben, deren Zweck ist, Dir die ideelle und materielle Selbständigkeit zu verschaffen, die Unabhängigkeit von allen. Erst wenn dieser Plan scheitert, haben wir Anlass zu verzweifelten Entschlüssen.“ Kurt Eisner an Else Belli, Nürnberg, 6. 12. 1909, SAPMO-BArch NY/4060/77, Bl. 383. Else Belli wurde aufgrund der Schwierigkeiten bei der Herstellung, inhaltlichen Ausführung sowie der zunehmenden Arbeitsbelastung immer mehr – u. a. auch im Hinblick auf die Buchhaltung des Druckerzeugnisses – in die Pflicht genommen. Vgl. hierzu Kurt Eisner an Else Belli, Nürnberg, 28. 12. 1909, SAPMO-BArch NY/4060/77, Bl. 410.

8 Grau, Eisner, S. 232.

9 Ebenda.

10 Vgl. hierzu Jörg Requate, Journalismus als Beruf. Entstehung und Entwicklung des Journalistenberufs im 19. Jahrhundert. Deutschland im internationalen Vergleich, Göttingen 1995.

11 Helmut Fries, Die große Katharsis. Der erste Weltkrieg in der Sicht deutscher Dichter und Gelehrter, Bd. 2, Konstanz 1995, S. 4–9.

Feuilleton“ erwerben konnten.[12] Dies erklärt die inhaltliche Ausrichtung zahlreicher sozialdemokratischer Zeitungen auf das Feld der Kulturpolitik, das sich vor allem in den Beilagen deutlich beobachten lässt.[13] Auch wenn Kurt Eisner sicherlich nicht nach der angeführten „Anerkennung von Seiten der bürgerlichen Presse“ strebte, so dürfte doch die soziale Anerkennung als Redakteur – und eng damit verbunden auch die entsprechende Entlohnung geschriebener Arbeit – auch bei ihm eine Rolle gepielt haben. Und hierfür schien er eine regelrechte Marktlücke ausgemacht zu haben.

Im Gründungsanschreiben des „Arbeiter-Feuilletons“, das den edierten Artikeln des vorliegenden Bandes vorangestellt ist, argumentiert Eisner, dass „eine alle Seiten des Kulturlebens spiegelnde und alle Formen des Feuilletons pflegende Korrespondenz“ in der sozialdemokratischen Presselandschaft des Deutschen Kaiserreiches noch fehle.[14] Denn während die Beiträge des „Arbeiter-Feuilletons“ für die „großen Presseorgane“ mit entsprechenden Redaktionen und spezialisierten Redakteuren lediglich ergänzendes Material zur Verfügung stellen könnten, würde seine Korrespondenz vor allem den mittelgroßen Zeitungen eine breite Auswahl an Artikeln zu einem günstigen Preis anbieten.[15] Dadurch sollte, so Eisner im Gründungsanschreiben weiter, nicht zuletzt auch „die Abhängigkeit von der bürgerlichen Presse“ vermindert werden. Dies verwies bereits auf die politische Ausrichtung seines neuen Projektes, dessen Artikel immer auch als Ausdruck seiner persönlichen politischen Einstellung und damit ebenso als biografische Quellen zu lesen sind.[16]

12 Mike Meißner, Der Verein Arbeiterpresse (1900–1933). Selbstverständnis, Autonomie und Ausbildung sozialdemokratischer Redakteure, in: medien & zeit (2014) 3, S. 56–69, hier S. 61. Vgl. zum Feuilleton sowie zu Eisners frühen feuilletonistischren Arbeiten auch Grau, Eisner, S. 81, 96, 98.

13 Vgl. hierfür das Beispiel der „Dresdner Volkszeitung“ bei Swen Steinberg, „Karl Herschowitz kehrt heim“. Der Schriftsteller-Journalist Edgar Hahnewald zwischen sächsischer Identität und der Heimat im Exil. Mit einer kritischen Edition, Berlin 2016, S. 36–39.

14 Gründungsanschreiben des Arbeiter-Feuilletons, Kurt Eisner, Nürnberg, Breitegasse 25/27, 17. 12. 1909, SAPMO-BArch NY/4060/51, Bl. 1.

15 Vgl. hierzu Grau, Eisner, S. 232 f.

16 Deutlich wird dies beispielsweise an langfristig verfolgten Themen wie der Marokkokrise 1905, deren Bedeutung Eisner schon zeitgenössisch betont hatte und die – in Verbindung mit der Marokkokrise 1911 – auch Gegenstand mehrerer Artikel im „Arbeiter-Feuilleton“ war. Die entsprechenden Texte finden sich in der Edition des „Arbeiter-Feuilletons“, im vorliegenden Band etwa im Artikel „Diplomatische Verständigung“. Vgl. hierzu auch Grau, Eisner, S. 223.

Dabei stammte die Idee der sozialdemokratisch-politischen Pressekorrespondenz selbst nicht von Eisner. Vielmehr wurde schon auf dem Parteitag der Sozialistischen Arbeiterpartei Deutschlands 1877 in Gotha die Einrichtung eines zentralen „Pressebureaus" und die Herausgabe der „Sozialdemokratischen Correspondenz" beschlossen. Umgesetzt wurde das Vorhaben allerdings erst 1908 mit der Gründung des „Sozialdemokratischen Pressebureaus". Daneben gab es mehrere private Initiativen, von denen die von Friedrich Stampfer (1874–1957) 1903 gegründete „Berliner Korrespondenz für die sozialdemokratische Presse" die erfolgreichste war. Anders als Eisners „Arbeiter-Feuilleton" erschien diese allerdings sechsmal wöchentlich und bildete die sozialdemokratischen Zeitungen inhaltlich breit ab, zudem war Stampfer ein Vertreter des rechten Flügels der Partei. Diese Initiativen – und sicher auch deren Wirtschaftlichkeit – dürfte Eisner gekannt haben. Zumal mit der von Wilhelm Schröder (1861–1913) gegründeten „Sozialdemokratischen Partei-Korrespondenz" seit Juli 1906 auch eine zuerst wöchentlich, dann vierzehntägig erscheinende Korrespondenz existierte, deren Gründungszusammenhang Eisners Situation ähnelte: Schröder war zwar ebenfalls eher auf dem rechten SPD-Flügel zu verorten, hatte aber wie Eisner 1905 den „Vorwärts" im Streit verlassen.[17]

Eine „Weihnachtskorrespondenz" eröffnete im Dezember 1909 das „Arbeiter-Feuilleton", seine Auflage wie auch die Auflagenentwicklung und der Empfängerkreis lassen sich heute nicht mehr genau rekonstruieren. Das „Arbeiter-Feuilleton" wurde dabei zunächst in Druckabzügen publiziert, die Eisner – nach der Herstellung des Druckerzeugnisses und durch die Nutzung der Ressourcen der „Fränkischen Tagespost"[18] – in

17 Vgl. Klaus Leesch, „Vorwärts" in „Die neue Zeit". Die sozialdemokratische Presse im langen 19. Jahrhundert, Leipzig 2014, S. 78. Auf Reichsebene entstand erst 1924 mit dem in Berlin gegründeten „Sozialdemokratischen Pressedienst" eine zentrale Presseagentur der SPD, die die Artikel der „ständigen Berichterstatter" – zumeist Redakteure der lokalen und regionalen sozialdemokratischen Zeitungen – in einer täglich zusammengestellten, thematisch aufgebauten Pressemappe an über 190 sozialdemokratische Zeitungen im gesamten Deutschen Reich vermittelte. Hierin finden sich auch Artikel für die Feuilleton-Teile. Vgl. hierzu Steinberg, Hahnewald, S. 39.

18 Die Nutzung von Material und Personal der Zeitung wurde Eisner später untersagt. Vgl. Kurt Eisner an Else Belli, Nürnberg, 21. 12. 1909, SAPMO-BArch NY/4060/77, Bl. 405.

Eigenregie versandte;[19] neben Artikeln enthielt das „Arbeiter-Feuilleton" auch ein „Kleines Feuilleton".[20] Seine Herausgabe erfolgte allerdings sehr unregelmäßig.[21] Erschienen im April 1910 drei Ausgaben, so hatte die Korrespondenz auf das Jahr gesehen einen etwa eineinhalbwöchigen Turnus[22] – 1910 verschickte Eisner insgesamt 38 Nummern des „Arbeiter-Feuilletons"; 1911 erhielten Abonnenten 41 Ausgaben, 1912 waren es 35, 1913 weitere 41[23] und 1914 schließlich 45.[24] Aus dieser Entwicklung ließe sich zweifelsohne ein Erfolg des „Arbeiter-Feuilletons" schließen, dessen Zusammenstellung Eisner nicht nur kontinuierlich betreute, sondern dessen Ausgabenzahl er auch steigerte. Allerdings blieben offenbar die

19 Vgl. hierzu exemplarisch Kurt Eisner an Else Belli, Nürnberg, 14. 12. 1909, SAPMO-BArch NY/4060/77, Bl. 398, und Kurt Eisner an Else Belli, Nürnberg, 16. 12. 1909, SAPMO-BArch NY/4060/77, Bl. 399. Eisner arbeitete dabei mit einem Wachsabdruck. Vgl. Kurt Eisner an Else Belli, Nürnberg, 20. 12. 1909, SAPMO-BArch NY/4060/77, Bl. 404.

20 Aufgrund der Überlieferungslage kann nicht genau rekonstruiert werden, wie umfangreich eine komplette Nummer des „Arbeiter-Feuilletons" gewesen ist. Die Mitarbeiterinnen und Mitarbeiter des Instituts für Marxismus-Leninismus beim ZK der SED, bei dem der Eisner-Bestand in der Zeit der DDR verwahrt und bearbeitet wurde, hatten lediglich die Ausschnitte der Arbeiten Eisners gesammelt und diese auf Blättern rearrangiert, sodass keinerlei Feststellungen über die tatsächliche Seitenzahl der jeweiligen Nummern getroffen werden können.

21 Dies hing unter anderem mit dem Problem der Herstellung, aber wohl auch mit den nicht zu üppigen Einnahmen zusammen. Eisner schrieb hierzu im Dezember 1909: „Unsere Weihnachtskorrespondenz ist recht leidlich benutzt worden. Absagen auf die Korrespondenz sind nur ganz vereinzelt eingetroffen, ebenso vereinzelt bestimmte Zusagen. Ich denke, dass ich drei Monate lang die Sache an alle Blätter schicke, die nicht geradezu sich weigern. Wenn ich nur wüsste, wie ich die Vervielfältigungsfrage regele." Kurt Eisner an Else Belli, Nürnberg, 27. 12. 1909, SAPMO-BArch NY/4060/77, Bl. 409. Am 10. Februar 1910 berichtet Eisner vom ersten Abdruck eines Artikels aus dem „Arbeiter-Feuilleton" (Else Bellis „Fastnachtsspiele") in der „Schwäbischen Tagwacht". Vgl. Kurt Eisner an Else Belli, Nürnberg, 10. 2. 1910, SAPMO-BArch NY/4060/78, Bl. 43 f. Ungeachtet dessen litt Eisners Korrespondenz jedoch auch unter der schlechten Zahlungsmoral der Abonnenten. Vgl. Kurt Eisner an Else Belli, Nürnberg, 17. 2. 1910, SAPMO-BArch NY/4060/78, Bl. 53 f.

22 Trotz der Ankündigung Eisners bezüglich eines wöchentlichen Erscheinens, die sich auch auf dem in späteren Jahren in Briefform versandten „Arbeiter-Feuilleton" findet.

23 Die Nummern 1, 2 und 13 fehlen in der Überlieferung des Bundesarchivs.

24 1915 sind 40 Nummern nachzuweisen, 1916 und 1917 jedoch nur noch 13 bzw. eine Nummer.

Umsätze zunächst aus: So waren am 7. April 1910 an Einnahmen für den März des ersten Jahres gerade einmal acht Mark zu verzeichnen, die Kosten betrugen derweil 4,71 Mark.[25] Ab 1912 verschickte Eisner die Artikel dann in Briefform an die Redaktionen. Er begann diese Umstellung mit der „Weihnachts-Nummer" am 9. Dezember 1912.[26] In der Begründung dazu heißt es: „Vom 1. Dezember 1912 ab versende ich das Arbeiter-Feuilleton von München aus – und zwar in dieser Gestalt der gegenwärtigen Nummer. Durch diese technische Aenderung kann ich den Inhalt besser aktuellen Bedürfnissen anpassen und häufi[g]eres Erscheinen ermöglichen. Zugleich wird der Inhalt des AF erheblich erweitert."[27] Es ist anzunehmen, dass Eisner die Umstellung auch aufgrund der Kosten für den Druck seiner Korrespondenz vorgenommen hat, die er durch die neue Form vermutlich senken wollte.

Der Erste Weltkrieg führte dann zu einer Zäsur, da offenbar immer weniger Artikel des „Arbeiter-Feuilletons" geordert wurden, sodass Eisner das Projekt wohl im Mai 1917 endgültig einstellte. Dies allerdings dürfte nicht allein dem Papiermangel und der damit verbundenen Beschränkung der Inhalte der Tagespresse, sondern auch der – unten geschilderten – Zensur seiner Artikel sowie der Selbstzensur der sozialdemokratischen Presse im Gefolge des Krieges geschuldet gewesen sein.

Das „Arbeiter-Feuilleton" wurde in erster Linie von Eisner selbst bestückt; zahlreiche Beiträge stammten auch von der gelegentlich als „Speranza" zeichnenden Else Belli. Ungeachtet der Tatsache, dass Eisner nicht alle Beiträge signierte,[28] ist seine Federführung bei den Leitartikeln des „Arbeiter-Feuilletons", von denen auch einige der unsignierten in den vorliegenden Band aufgenommen worden sind, unverkennbar.[29] Zu-

25 Vgl. Kurt Eisner an Else Belli, Nürnberg, 7. 4. 1910, SAPMO-BArch NY/4060/78, Bl. 103 f.

26 Arbeiter-Feuilleton, Nr. 33/34 vom 9. 12. 1912, SAPMO-BArch NY/4060/53, Bl. 176.

27 Ebenda.

28 Eisner benutzte unterschiedliche Pseudonyme bzw. Signaturen, etwa K. E., Kesr., ---t ---r.

29 Diese Artikel sind in diesem Band wie in den folgenden beiden Bänden der Edition explizit im entsprechenden Überlieferungsnachweis am Beginn der Beiträge gekennzeichnet. Die Entscheidung, die Beiträge in den vorliegenden Band aufzunehmen, basiert nicht allein auf stilistisch und inhaltlich Eisner zuzuordnenden Merkmalen, sondern auch auf den Hinweisen des Instituts für

gleich bildet sich im Kreis der Autorinnen und Autoren jener Artikel, die namentlich gekennzeichnet oder zuzuordnen sind – bei vielen Beiträgen ist das nicht der Fall –, auch Eisners persönliches und politisches Netzwerk ab. So sind bis 1915 – ab diesem Zeitpunkt bestand das Feuilleton de facto nur noch aus Beiträgen Eisners und Bellis – beispielsweise Artikel von der Publizistin und Journalistin Bertha Badt-Strauss (1885–1970), dem sozialdemokratischen Schriftsteller Anton Fendrich (1868–1949), dem Schriftsteller und Kunstkritiker Wilhelm Hausenstein (1882–1957), von Eisners Redaktionskollegen bei der „Münchner Post" Paul Kampffmeyer (1864–1945) oder der Feministin und Schriftstellerin Nadja Strasser (1871–1955) gezeichnet. Darüber hinaus enthielt Eisners „Arbeiter-Feuilleton" auch Texte von „Klassikern" bzw. nicht mehr lebenden Autoren, so etwa von Johann Gottfried Seume (1763–1810), Friedrich Hebbel (1813–1863),

Marxismus-Leninismus beim ZK der SED, das für die jahresspezifische Sammlung und Zusammenstellung aller Beiträge von Kurt Eisner im „Arbeiter-Feuilleton" verantwortlich zeichnete. Deshalb ist in der archivalischen Überlieferung für die ersten Jahrgänge auch keine gesamte Ausgabe einer Nummer des „Arbeiter-Feuilletons" enthalten. Vielmehr wurden die betreffenden Beiträge – vermutlich durch einen Archivar oder Mitarbeiter des Instituts, möglicherweise auch noch durch Else Eisner selbst – als „Artikel von Kurt Eisner" ausgeschnitten und auf Blätter geklebt. Das Findbuch des Nachlasses gibt an, dass der Nachlass ursprünglich zwischen 1925 und 1929 von Else Eisner gesichtet und geordnet worden sei, jedoch vom Zentralen Parteiarchiv nicht in dieser Ordnung übernommen wurde. Vgl. Dorit Aue, Findbuch. Fonds Kurt Eisner NL 60, SAPMO-BArch S. 5 f. Vermutlich kam es im Zuge des Prozesses der Bearbeitung des Nachlasses dabei zur doppelten Ablage einiger Artikel des „Arbeiter-Feuilletons" in den Kurt Eisner als auch Else Belli zugeordneten Schriftgütern. In den Fällen, in denen unsignierte Artikel ebenfalls im Schriftgut Else Bellis enthalten sind (bspw. die Artikel „Der Stutengarten" oder „Die Rabenmutter"), wird auf die doppelte Überlieferungslage hingewiesen. Wobei nicht zweifelsfrei zu klären sein dürfte, von wem der beiden die Arbeiten schlussendlich stammen. Zumal Eisner und Belli die Ausgaben des „Arbeiter-Feuilletons" in den meisten Jahren de facto allein verantwortet haben; Fälle wie der Artikel „Herr Trunk" waren zudem in gemeinschaftlicher Arbeit entstanden. Es kann beim „Arbeiter-Feuilleton" also durchaus von einer gemeinschaftlichen Arbeitsleistung gesprochen werden. Hinzu kommt, dass Else Bellis Artikel offenbar auch unter Eisners Namen veröffentlicht wurden, so beispielsweise Kurt Eisner, Die rosarote Watte, in: New Yorker Volkszeitung vom 16. 1. 1911, SAPMO-BArch NY/4060/96, Bl. 18. Es muss hier dessen ungeachtet unbedingt darauf hingewiesen werden, dass Else Bellis Schriftgut ebenso umfangreich ist wie das von Kurt Eisner und in den entsprechenden Jahren etliche ihrer Artikel – meist mit E. B. oder Speranza gezeichnet – den Weg in die Parteipresse gefunden haben. Vgl. dazu SAPMO-BArch NY/4060/96-99.

Karl Marx (1818–1883) oder Gleb Iwanowitsch Uspenski (1843–1902), die er zum Abdruck in den sozialdemokratischen Zeitungen empfahl.

Es ist unklar, wie viele Artikel aus den einzelnen Nummern des „Arbeiter-Feuilletons" von der sozialdemokratischen Presse tatsächlich übernommen wurden, da, wie Bernhard Grau richtig anmerkt, eine „quantifizierende Untersuchung der Verbreitung seiner [Eisners] Korrespondenz praktisch nicht zu bewerkstelligen" ist.[30] Ungeachtet dessen lassen sich die Artikel des „Arbeiter-Feuilletons" aber stichprobenartig in den Presseorganen der Sozialdemokratie nachweisen, weshalb auch „der Grad, in dem seine Artikel Eingang in die parteigenössische Tagespresse fanden, kaum hoch genug veranschlagt werden kann".[31] Ob Eisner jedoch für jeden dieser Abdrucke tatsächlich Geld erhalten hat, bleibt fraglich, da ein sogenannter wilder Abdruck in den entsprechenden Zeitungen und Zeitschriften nicht unüblich war. Er selbst vermerkte schon im Kopf des „Arbeiter-Feuilletons" den vorauseilenden Hinweis „Unberechtigter Nachdruck verboten". Zudem lässt sich die Herkunft durch die fehlende Autorenkennzeichnung oder die Änderung des Titels derzeit kaum recherchieren. Die Einnahmen scheinen es allerdings gerechtfertigt zu haben, sich auf die weitere Verbreitung des „Arbeiter-Feuilletons" zu konzentieren und das Projekt für immerhin etwas mehr als sieben Jahre zu verfolgen. Anfang Juli 1910 teilte Eisner jedenfalls mit:

> „Mit meinem Ausscheiden aus der Redaktion und meiner Übersiedelung nach München werde ich es mir angelegen sein lassen, das Arbeiter-Feuilleton ständig auszubauen. Es ist mein Ziel, nicht

30 Grau, Eisner, S. 233. Dass Eisners Artikel abgedruckt wurden, ist in SAPMO-BArch NY/4060/150-1, 150-2 und 151 teilweise belegt. Leider fehlen dabei jedoch weitgehend konkrete Hinweise auf die abdruckenden Organe. Dass Eisners Artikel auch aus dem „Arbeiter-Feuilleton" langfristig Verwendung fanden, lässt sich vielfach belegen: Der Artikel „Krieg! Drei Szenen", erschienen im „Arbeiter-Feuilleton" Nr. 26 von 1914, wurde beispielsweise am 27. Juli 1931 vom „Sächsischen Volksblatt" abgedruckt. Diese Rezeption ist allerdings auch auf zeitgenössische Editionen der Arbeiten Eisners zurückzuführen, der erwähnte Artikel findet sich beispielsweise auch in den 1919 erschienenen „Gesammelten Schriften". Vgl. hierzu SAPMO-BArch NY/4060/150-2, Bl. 351; Kurt Eisner, Krieg! Drei Szenen, in: ders., Gesammelte Schriften, Bd. 1, Berlin 1919, S. 9–14.

31 Grau, Eisner, S. 233. Die Nachweise des Abdrucks bzw. Nachdrucks sind jeweils in der ersten Anmerkung der einzelnen Artikel dieser Edition angeführt.

nur dem unterhaltenden Teil der Parteipresse ein mehr sozialistisches Gepräge und größere Unabhängigkeit von der bürgerlichen Produktion zu ermöglichen, sondern für alle Teile des Blattes ein Material zu geben, das nach Form und Inhalt ein über die unmittelbare Tagespolitik hinausgehendes Interesse bietet."[32]

Eisner formulierte hier einen kultursozialistischen und deutlich über das Feuilleton hinausgehenden Anspruch, sollte doch das Feuilleton-Format genutzt werden, um auch im kulturellen Bereich eine eindeutige sozialistisch-ideologische Botschaft an die Arbeiterschaft heranzutragen.[33] Bis zum Ende des Jahres 1914 gelang ihm dieses Vorhaben offenbar: Das „Arbeiter-Feuilleton" hat mit seinen Beiträgen „zweifellos eine sehr bedeutende Rolle für die sozialdemokratische Presselandschaft gespielt".[34] Der Erste Weltkrieg sollte dies jedoch ändern, Eisner geriet finanziell unter Druck – nicht zuletzt, weil er 1914 auch beim Feuilleton der „Münchner Post" entlassen worden war.[35]

Denn der spätere bayerische Ministerpräsident gehörte zu jener sozialdemokratischen Minderheit, die den Krieg und die Kriegskredite ablehnte und die einen Frieden auf der Basis der Aussöhnung der internationalen Arbeiterschaft und ohne Annexionen forderte. Zudem war Eisner einer der frühesten Kritiker des Schlagworts von der „russischen Gefahr",

32 Schreiben Kurt Eisners, München, Anfang Juli 1910, SAPMO-BArch NY/4060/51, Bl. 38.

33 Presse und Publizistik bildeten ein Segment des Kultursozialismus, der „eine spezifische Form sozialdemokratischer Landes- und Kommunalpolitik" darstellte, „die, gestützt auf eine dichte soziale, politische und kulturelle Infrastruktur die gesellschaftliche Hegemonie sozialistischer Elemente erreichen will. Unter Kultursozialismus lässt sich die Förderung vielfältiger Bestrebungen subsumieren, von der sozialistischen Bildungsarbeit über die Jugendweihe bis hin zur Kirchenaustrittsbewegung der Freidenker". Eisners Artikel, die etwa Kirchenkritik genauso behandelten wie Fragen der Hygiene oder des Rechts, deckten dieses Spektrum deutlich ab und lieferten gewissermaßen Argumente. Vgl. für das Zitat Steffen Kachel, Ein rot-roter Sonderweg? Sozialdemokraten und Kommunisten in Thüringen 1919 bis 1949, Köln/Weimar/Wien 2011, S. 174. Vgl. zudem zu Eisners Bildungskonzept Grau, Eisner, S. 244–261.

34 Ebenda, S. 233.

35 Vgl. Karl Heinrich Pohl, Kurt Eisner (1867–1919). Vom Reformer zum Revolutionär, in: Detlef Lehnert (Hrsg.), Vom Linksliberalismus zur Sozialdemokratie. Politische Lebenswege in historischen Richtungskonflikten 1890–1945, Köln 2015, S. 67–91, hier S. 85.

das für die kriegsbefürwortende Argumentation der SPD eine große Bedeutung hatte.[36] Mit dieser Position wurde es allerdings für sein „Arbeiter-Feuilleton" immer schwieriger, Abnehmer zu finden, sprachen doch insbesondere Eisners eigene Artikel in der Korrespondenz eine internationalistische und pazifistische Sprache. Eisner konnte eine breite Öffentlichkeit aber nur dann erreichen, „wenn sich eine der Parteizeitungen, die auf seine Korrespondenz abonniert waren, bereit fand, diese Artikel auch abzudrucken".[37]

Allerdings war es nicht immer nur Eisners kritischer Haltung im „Arbeiter-Feuilleton" geschuldet, dass seine Artikel nicht erschienen. Einige der regionalen sozialdemokratischen Presseorgane der regionalen Ebene konnten sich einen Zukauf von Inhalten zum einen schlicht nicht mehr leisten, zumal sich die Leserzahlen – in erster Linie aufgrund der Einberufungen – verringerten. Zum anderen setzte mit dem Beginn des Krieges eine Zensur ein, die nicht zuletzt bei denjenigen, die den Staat in ihren Presseerzeugnissen zuvor heftig kritisiert hatten, zur Selbstzensur führte.[38] Wie regionale Studien gezeigt haben, gewährleistete diese „Anpassungsleistung" sozialdemokratischer Organe deren Weitererscheinen bis hin zur Möglichkeit des Versands an die Front.[39] Eisner selbst hatte

36 Vgl. Grau, Eisner, S. 306–310. Vgl. zudem zur Bedeutung der Wahrnehmung der „russischen Gefahr" innerhalb der Sozialdemokratie Wolfgang Kruse, Krieg und nationale Integration. Eine Neuinterpretation des sozialdemokratischen Burgfriedenschlusses 1914/15, Essen 1993, S. 62, sowie zur Bewertung der Ereignisse Ende Juli/Anfang August 1914 aus Sicht der Sozialdemokratie ders., Der Erste Weltkrieg im 20. Jahrhundert und Heute. Interpretationen und geschichtspolitische Zuweisungen in Wissenschaft und Politik, in: Axel Weipert/Salvador Oberhaus/Detlef Nakath/Bernd Hüttner (Hrsg.), „Maschine zur Brutalisierung der Welt?" Der Erste Weltkrieg – Deutungen und Haltungen 1914 bis heute, Münster 2017, S. 14–30, hier S. 21 f.

37 Grau, Eisner, S. 312.

38 Vgl. Eberhard Demm, Censorship and Propaganda in World War I and Their Impact on Mass Indoctrination Until Today, in: Jaroslaw Suchoples/Stephanie James (Hrsg.), Re-Visiting World War I. Interpretations and Perspectives of the Great Conflict, Frankfurt a. M. 2016, S. 439–475, hier S. 442.

39 Vgl. beispielsweise für Sachsen Peter Mertens, Zivil-militärische Zusammenarbeit während des Ersten Weltkriegs. Die „Nebenregierung" der Militärbefehlshaber im Königreich Sachsen, Leipzig 2004, S. 407 f., 412–417. Erst zum Ende des Krieges unterbanden die sächsischen Militärbehörden den Versand der Blätter der SPD-Linksabspaltung, ein Zeitungsverbot wurde in Sachsen aber während des gesamten Krieges nirgendwo verhängt. Ebenda, S. 414 f.

auch deshalb offenbar spätestens ab 1915 Schwierigkeiten, das Material aus seinem „Arbeiter-Feuilleton" abgenommen bzw. gedruckt zu bekommen; vermutlich finden sich deswegen auch ab 1915 kaum noch Fremdautorinnen und -autoren in seiner Korrespondenz. Dies – und wohl nicht nur der Papiermangel – dürfte zudem dazu beigetragen haben, dass Eisner seine Beiträge in den Kriegsjahren schließlich nur noch als Schreibmaschinen-Abschriften verschickte.

Der vom Parteivorstand der SPD geschlossene „Burgfrieden"[40] und – um die eigene Propaganda von Heldentum und nationaler Aufgabe nicht zu gefährden – die von der militärischen und politischen Führung eingeforderte Verschärfung der Zensur machten eine Verbreitung kritischer Ideen vor allem im sozialistischen Lager überaus schwierig. Nachrichten, die über Presseagenturen wie Wolff's Telegraphisches Bureau in Berlin liefen, waren bereits zensiert. Die Tageszeitungen und Zeitschriften hatten zudem von der Militärführung verschiedene Instruktionen – einige permanent, einige zeitlich begrenzt – erhalten, wie zu zensieren war.[41] Bis zum Ende des Jahres 1916 waren bereits 2000 solcher Direktiven im Umlauf.[42] Dabei ging es in erster Linie darum, eine kritische Darstellung des deutschen Militärs, die realen Verlustzahlen sowie die Berichterstattung über etwaige Streiks oder Unruhen zu verhindern.[43] Es mag daher wenig überraschen, dass Eisner, der stets den Militarismus und

40 Vgl. dazu ausführlich Steffen Bruendel, Solidaritätsformel oder politisches Ordnungsmodell? Vom Burgfrieden zur Volksgemeinschaft in Deutschland 1914–1918, in: Wolfram Pyta/Karsten Kretschmann (Hrsg.), Burgfrieden und Union sacrée: Literarische Deutungen und politische Ordnungsvorstellungen in Deutschland und Frankreich 1914–1933, München 2011, S. 33–50.

41 Vgl. Demm, Censorship, S. 445 f. Wolff's Telegraphisches Bureau – zuerst Telegraphisches Correspondenz-Bureau (B. Wolff) – wurde 1849 in Berlin von dem Verleger Bernhard Wolff (1811–1879) gegründet. Es entwickelte sich zu einer der bedeutendsten Nachrichtenagenturen in Europa und hatte bereits vor 1914 erheblichen Einfluss auf die politische Öffentlichkeit im Deutschen Reich, wurden doch Meldungen etwa der preußischen Ministerien gegen Bezahlung bevorzugt behandelt und verbreitet. Vgl. hierzu Dieter Basse, Wolff's telegraphisches Bureau 1849 bis 1933. Agenturpublizistik zwischen Politik und Wirtschaft, München 1991.

42 Vgl. etwa Oberzensurstelle, Kommunikationsüberwachende Vorschriften des Jahres 1917, in: Heinz-Dietrich Fischer (Hrsg.), Pressekonzentration und Zensurpraxis im Ersten Weltkrieg, Berlin 1973, S. 194–275.

43 Vgl. Demm, Censorship, S. 447 f.

Imperialismus der „herrschenden Klasse“ kritisiert hatte und dies in seinem „Arbeiter-Feuilleton“ auch nach 1914 fortsetzte, auf der Zensurliste der entscheidenden Behörden landete. Aus der Redaktion des „Vorwärts“ erhielt er im Juni 1915 die Mitteilung, dass „die Berliner Zensur [...] auch keinen Respekt vor dem § 11 des Pressegesetzes [hat]. So gern wir Ihre Berichtigung aufgenommen hätten, so mussten wir sie doch auf Grund der bestehenden Vorschriften der Zensur vorlegen, zumal jetzt die Zeit besonders kritisch ist. Es war nur zu natürlich, dass Ihre Berichtigung mit einem Rotstempel zurückgekommen ist“.[44]

Diese Entwicklung schlug auch auf die regionale Ebene durch: Von Ernst Heilmann (1881–1940), dem Chefredakteur der sozialdemokratischen Chemnitzer „Volksstimme“, erhielt Eisner im Dezember 1916 beispielsweise ebenfalls eine Absage, da „sich die Zensur, [...] sogar Berlin direkt, auch prompt gerührt und sich lebhaft beklagt [hatte]. Ihr Artikel hätte an sich, besonders aber unter diesen Verhältnissen zweifellos das Verbot des Blattes zur Folge“.[45]

Heilmann allerdings – und hier zeigte sich die Verquickung verschiedener Problemlagen, die sich für Eisner aus dem Ausbruch des Ersten Weltkrieges ergaben – hatte die Leser der „Volksstimme“ am 22. Januar 1917 eigentlich wissen lassen, „dass die politische Zensur bei uns tatsächlich fast nur noch dekorativ gehandhabt wird und dass sie einen halbwegs geschickten Journalisten heutzutage an nichts mehr hindert“.[46] Diese Aussage, die Heilmanns vorauseilenden Gehorsam bereits andeutete, musste natürlich bei Kurt Eisner scharfe Kritik am Chemnitzer Parteiblatt auf den Plan rufen, verwies diese Position doch in zwei Richtungen.

44 Redaktion des „Vorwärts“ an Kurt Eisner, Berlin, 24. 6. 1915, SAPMO-BArch NY/4060/61, Bl. 7. Im Zitat war das Reichspressegesetz vom 7. Mai 1874 gemeint, der genannte Paragraf regelte mit der Berichtigungspflicht die Pflicht zum Abdruck von Gegendarstellungen.

45 Redaktion der Volksstimme, Ernst Heilmann, an Kurt Eisner, Chemnitz, 13. 12. 1916, SAPMO-BArch NY/4060/61, Bl. 16. Vgl. zu Heilmann Stephan Pfalzer, Ernst Heilmann in Chemnitz, in: Helga Grebing/Hans Mommsen/Karsten Rudolph (Hrsg.), Demokratie und Emanzipation zwischen Saale und Elbe. Beiträge zur Geschichte der sozialdemokratischen Arbeiterbewegung bis 1933, Essen 1993, S. 139–146, sowie zur raschen Ausrichtung der Chemnitzer „Volksstimme“ auf den Kriegskurs bereits am 1. August 1914 ebenda, S. 114 f.

46 Kurt Eisner an Ernst Heilmann, München, 25. 1. 1917, SAPMO-BArch NY/4060/61, Bl. 19.

> „Sie haben mich also, wenn Sie nicht mit Ihrer jetzigen Bemerkung über die dekorative Zensur die Leser angeulkt haben, entweder getäuscht [...]; oder sie wünschten wenigstens die Berliner Behörde darüber aufzuklären, dass der kritische Schwachsinn in Deutschland einige Ausnahmen habe und überreichten ihr deshalb mein Manuskript. Mir ist natürlich auch diese beschränkte Publizität lieber als gar keine, aber es ist nicht mein Ehrgeiz, bloß die Zensur aufzuklären."[47]

Heilmann antwortet hierauf, dass die Entscheidung nicht von ihm oder der Redaktion, sondern vom Auswärtigen Amt und dem Oberkommando getroffen worden sei, die „die Veröffentlichung Ihres Artikels unter keinen Umständen zulassen können. Ihr voriger Artikel sei dreimal, von französischer, englischer und zuletzt russischer Seite [...] in die ganze Welt hinausgedrahtet worden".[48]

Gleichzeitig bezog der als Kriegsfreiwilliger verwundete Chemnitzer Chefredakteur aber auch inhaltlich Stellung und machte damit nicht zuletzt den Standpunkt seiner Zeitung deutlich, die neben dem „Hamburger Echo", der „Dresdner Volkszeitung" und den „süddeutschen Blättern" zu den „größeren" SPD-Zeitungen im Deutschen Reich gehörte, die sich deutlich „zur Politik der Partei" bzw. zum „Burgfrieden" bekannten:[49] „Über die Zweckmässigkeit und Begründung dieser Entscheidung eine Erörterung mit Ihnen zu pflegen, habe ich keine Veranlassung. Ich möchte nur meiner Auffassung Ausdruck geben, dass Kriegsverrat mit politischer Zensur nicht das Mindeste zu tun hat."[50]

Diesem Dilemma von Zensur und Selbstzensur konnte Kurt Eisner wenig entgegensetzen: Seine Arbeiten wurden immer seltener gedruckt

47 Ebenda.

48 Redaktion der Volksstimme, Ernst Heilmann, an Kurt Eisner, Chemnitz, 26. 1. 1917, SAPMO-BArch NY/4060/61, Bl. 22.

49 Ernst Drahn, Führer durch das Schrifttum der deutschen Sozialdemokratie, Berlin 1919, S. 17. Vgl. hierzu auch Karsten Rudolph, Die sächsische Sozialdemokratie vom Kaiserreich zur Republik (1871–1923), Köln/Weimar/Wien 1995, S. 93–102, der etwa für die Chemnitzer „Volksstimme" im Zeitraum 1914 bis 1918 konstatiert, dass „nicht immer alle Redakteure dem Kurs" des Chefredakteurs folgten. Ebenda, S. 96.

50 Redaktion der Volksstimme, Ernst Heilmann, an Kurt Eisner, Chemnitz, 26. 1. 1917, SAPMO-BArch NY/4060/61, Bl. 22.

oder „Zeitungsartikel aus seiner Feder von der Zensur kassiert".[51] Das Beispiel der Chemnitzer „Volksstimme" steht aber zugleich exemplarisch für die finanziellen Auswirkungen, war die Zeitung bis 1914 doch neben der „Münchner Post" Eisners „zweite feste Einnahmequelle" gewesen, die aufgrund der Positionierung der Zeitung ab Kriegsausbruch zunehmend versiegte.[52] Mit welchen Widerständen Eisner dabei aufgrund der kriegskritischen Ausrichtung seiner Beiträge zeitweise und nicht allein mit den sozialdemokratischen Redaktionen zu kämpfen hatte, verdeutlicht ein Schriftwechsel aus dem Jahr 1917. Darin informierte das Stellvertretende Generalkommando des I. bayerischen Armeekorps: „Der Schriftsteller Kurt Eisner hat in einem längeren Aufsatz unter dem Titel ‚Die Mobilmachung als Kriegsursache und Anderes' nachzuweisen versucht, dass die von deutsch- oder vaterlandsfeindlicher Seite vorgebrachten Behauptungen über die Entstehung des Krieges berechtigt seien. Die Ausführungen des Aufsatzes sind geeignet, die Interessen der Landesverteidigung zu gefährden."[53]

Die Veröffentlichung des Aufsatzes wurde, ob ganz oder nur in Teilen, untersagt. Eisner, der die Anordnung im November 1917 erhalten haben muss, antwortete schließlich hierauf, indem er explizit auch auf seine Haltung zum Krieg verwies:

> „Ich lehne es [den Eingriff der Zensur] ab, weil eine solche Anordnung in Widerspruch zu den verfassungsrechtlich gewährleisteten Freiheiten steht, weil sie unvereinbar mit der Ehre eines Schriftstellers ist, und weil endlich die weitere Durchführung dieser administrativen und präventiven Justiz geeignet ist, das Ansehen, die Sicherheit, ja die Existenz des deutschen Volkes zu bedrohen und zu vernichten. Mir steht verfassungsrechtlich die Freiheit der Meinung und des Wortes zu. Niemand kann mir im Voraus verbieten, politische und geschichtskritische Betrachtungen zu verfassen und zu veröffentlichen. […] Ich denke freilich über den Krieg im

51 Grau, Eisner, S. 313.

52 Ebenda, S. 311. Im November 1916 war beispielsweise in der „Volksstimme" noch ein Artikel Eisners erschienen, den die Redaktion aber kritisch kommentiert hatte. Vgl. ebenda, S. 316 f.

53 Anordnung des Stellvertretenden Generalkommandos, I. bayer. Armeekorps, SAPMO-BArch NY/4060/61, Bl. 27.

> allgemeinen und die Notwendigkeiten dieses Krieges im Besonderen anders wie die zivilen und militärischen Vertreter der herrschenden Klasse in Deutschland. Ich lehne jede Belehrung über die Art, wie ich meinen Patriotismus zu betätigen suche, ab. Das habe ich allein zu verantworten und zu entscheiden. Die wenigen Verantwortlichen dieses Krieges sind nicht Deutschland, die paar Schuldigen des Weltverderbens nicht das Vaterland. Wenn ich als gegen die für den Krieg verantwortliche Regierung und deren Kriegspolitik, die nach meiner Überzeugung das deutsche Volk in den Abgrund führt, kämpfe, wenn ich darum die geschichtliche Wahrheit über den Krieg feststelle; wenn ich dahin strebe, dass andere Männer die Führung übernehmen, die fähig sind, einen für Deutschland, Europa und die Menschheit förderlichen Frieden zu schließen, weil sie für die Entfesselung des Krieges nicht verantwortlich sind; wenn ich schließlich meiner sozialdemokratischen Überzeugung treu geblieben bin, dass es die Aufgabe und die Fähigkeit des Proletariats sei, [...] zum Heil des Weltfriedens zu wirken, – so tue ich damit nicht nur was mein gutes Recht ist, sondern ich diene auf die allerernsteste Weise meinem Vaterlande, indem ich an der Hebung seiner moralischen Wehrtüchtigkeit mithelfe, für seine Geltung in der Gesellschaft der Völker arbeite und durch Aufklärung über seine Existenzbedingungen, um seine Sicherung und Rettung ringe."[54]

Da die kritischen Feuilleton-Beiträge, die den Krieg immer wieder als das darstellten, was er war – nämlich der tausendfache Tod von Menschen, die zum Wohle von Kapitalismus, Imperialismus und einer herrschenden Klasse in den Schützengräben als Kanonenfutter verheizt wurden –, ungedruckt blieben und damit Einnahmen aus der journalistischen Arbeit fehlten, geriet Eisner privat in eine prekäre Lage: Am 15. Dezember 1915 wandte er sich an Joseph Belli (1849–1927), Else Bellis Vater, weil das Geld knapp wurde. Bis zu diesem Tag sollte Eisner 150 Mark Mietrückstand aufbringen, was aufgrund des Verzuges von Beitragshonoraren

54 Kurt Eisner an das Generalkommando I, Bayr. Armeekorps, München, 14. 11. 1917 (Abschrift), SAPMO-BArch NY/4060/61, Bl. 34–36.

kaum möglich schien.[55] Im Januar 1916 musste er sich dann erneut 75 Mark bei Belli leihen und machte aus der schwierigen wirtschaftlichen Situation keinen Hehl, zumal ihm in den nächsten Monaten auch noch die materielle Grundlage seiner Arbeit entzogen wurde: „Künftig sehe ich allerdings düster, da die gesamte Presse 20 % Papier ab 1. Januar einsparen muss."[56] Es war zu erwarten, dass die Feuilletonseiten der Zeitungen der Materialknappheit zuerst zum Opfer fallen würden.

Auch wenn Eisner auf die finanzielle Unterstützung von Else Bellis Vater angewiesen war, wollte er von diesem keinesfalls als Schmarotzer angesehen werden. Deshalb versicherte er im September 1917 noch einmal: „Ich betrachte alles, was Sie mir und Else gegeben haben, als Darlehen." Zudem wies er darauf hin, dass er für die Bestreitung seines Unterhalts zwar für eine Tageszeitung des liberalen Bürgertums wie die „Vossische Zeitung" schreiben könnte, wofür er 75 Mark für 150 Zeilen Honorar erhalten würde. Dies sei für ihn aber aus Gründen der Überzeugung undenkbar.[57] Deshalb bat er vor allem darum, wegen seines Kredites nicht von Belli gedrängt zu werden, da es ihm in Kriegszeiten wesentlich schwerer falle, Geld zu verdienen.

Eisner verschickte zwar weiterhin seine Ausarbeitungen des „Arbeiter-Feuilletons" an die Parteipresse – wenn auch nicht mehr in gedruckter Form. Die prekäre finanzielle Lage belegt jedoch, dass er kaum Einkünfte auf Basis dieser Bemühungen erhalten hat und seine Korrespondenz infolge des Krieges gescheitert war.

Die zunehmenden finanziellen Schwierigkeiten und Eisners erzwungener „Gang in die Opposition" (Bernhard Grau) bedingten zweifelsohne auch seinen weiteren politischen Radikalisierungsprozess.[58] Am 20. Dezember 1918 – nachdem die Revolution in Bayern die Monarchie beendet hatte – schrieb Eisner sich dann in der ersten Nummer der von

55 Kurt Eisner an Joseph Belli, München, 12. 12. 1915, SAPMO-BArch NY/4060/79, Bl. 5 f. Eisner hatte Belli zudem gebeten, seiner Lebensgefährtin Else nichts von seinem Ersuchen mitzuteilen.

56 Kurt Eisner an Joseph Belli, München, 6. 1. 1916, SAPMO-BArch NY/4060/79, Bl. 8.

57 Kurt Eisner an Joseph Belli, München, 13. 9. 1917, SAPMO-BArch NY/4060/79, Bl. 21, Hervorhebung im Original.

58 Vgl. Grau, Eisner, S. 317; Pohl, Eisner, S. 85.

ihm in München gegründeten „Neuen Zeitung“ den Frust über seine Erfahrungen im Ersten Weltkrieg von der Seele:

> „Beim Ausbruch des Weltkrieges rief der Chefredakteur des verbreitetsten deutschen Blattes seine Kollegen zusammen und hielt eine Ansprache, die er mit dem unsterblichen Satze schloss: ‚Wer jetzt nicht mittut, das Volk zu belügen und zu betrügen, der ist ein Schuft‘. Man muss zur Ehre gewisser geistiger Arbeiter Deutschlands bekennen, dass niemand ein Schuft sein wollte und dass dies Bemühen nicht misslang. Das Mittun wurde auch gleich kraft des genialen deutschen Sinnes für Organisation organisiert. Unter Leitung von Vertretern des Generalstabes, des Admiralstabes und des Auswärtigen Amtes in Berlin wurden im Reichstag täglich Pressekonferenzen abgehalten.“[59]

Dabei unterstrich Eisner, dass diese journalistische „Missleitung der öffentlichen Meinung [...] die Hauptursache der furchtbaren Katastrophe des deutschen Volkes“[60] gewesen sei. Seiner Auffassung nach war es das Versagen des deutschen Journalismus und der entsprechenden Zeitungen, die für die Verblendung des Volkes verantwortlich waren:

> „Es ist nicht so, dass die Presse ahnungslos und unter dem Zwang einer blinden und gewalttätigen militärischen Diktatur genötigt gewesen wäre, das deutsche Volk zu täuschen. Nicht das macht man ihr zum Vorwurf, dass sie gezwungen wurde, zu schweigen, wo sie hätte reden müssen, sondern dass sie freiwillig redete, wo sie hätte schweigen sollen. Wäre die Presse nur ein paar Tage überein gekommen, die Kriegsreklame und die Stimmungsmache zu unterlassen, man hätte sofort die Zensur gesprengt. Aber das wollte man nicht. Man fühlte sich in der Knechtschaft durchaus wohl. Als es galt, um die Wahrheit zu ringen, fügte sich alles der Lüge.“[61]

59 Kurt Eisner, Presse, in: Neue Zeitung. Unabhängiges sozialistisches Organ, Nr. 1 vom 20. 12. 1918, SAPMO-BArch NY/4060/21, Bl. 56–58, hier Bl. 56.

60 Ebenda, Bl. 57.

61 Ebenda.

Die Presse – und hier besonders die sozialdemokratische – hatte es nach Eisners Ansicht also versäumt, ihren politischen und pazifistischen Überzeugungen gerecht zu werden und sich von einem „Werkzeug für Verbreitung politischer und sozialer Ideen zu einem Gewerbe der Erzeugung von Profit oder zur Agentur kapitalistischer Interessengruppen" gewandelt.[62] Die „Einheitspresse", wie Eisner sie nannte, hatte den Krieg mitverschuldet, wobei er sich selbst als einen der wenigen Aufrechten betrachtete, die alles Menschenmögliche versucht hätten, an der Kritik am Krieg und der militärischen Diktatur festzuhalten – und dabei von Parteifreunden, Funktionären und den regierenden Eliten drangsaliert worden seien. Besonders deshalb hoffte er, dass die neuen politischen Gegebenheiten dazu beitragen könnten, die Unfreiheit der Presse zu beenden: „Vielleicht bringt die neue Demokratie auch die Befreiung des geistigen Arbeiters, der heute – so scheint es – verzweifelt sich dagegen wehrt, befreit zu werden. Ein neues Geschlecht von freien Journalisten muss erstehen, dann erst wird Pressefreiheit aus einer Phrase zur Wirklichkeit."[63]

Im vorliegenden ersten Band werden insgesamt 25 Beiträge aus Kurt Eisners „Arbeiter-Feuilleton" der Jahre 1909 bis 1911 abgedruckt; in zwei weiteren Bänden der Reihe Kurt Eisner-Studien folgen Artikel aus den Jahren 1912/13 und 1914 bis 1917. Ausgewählt wurden dabei Leitartikel, die als Eisners Arbeiten zu identifizieren waren und die in der Gesamtschau das breite Spektrum seiner Kritiken (Politik, Gesellschaft, Krieg etc.) abbilden. Im Anhang des vorliegenden Bandes findet sich zudem eine Aufstellung der 17 Beiträge in den Jahrgängen 1910 und 1911 des „Arbeiter-Feuilleton", die von Eisner gezeichnet worden sind.[64] Ausgewählt wurden zudem neun unsignierte Beiträge aus dem „Arbeiter-Feuilleton", die Eisner mit hoher Wahrscheinlichkeit zuzurechnen sind.[65]

Die Artikel zeigen dabei vor allem, wie der Journalist und spätere Ministerpräsident Kultursozialismus bzw. die Aufklärung der Arbeiterschaft verstand und mit welchen Inhalten er dieses Thema transportierte:

62 Ebenda, Bl. 58.

63 Ebenda.

64 Entsprechende Übersichten finden sich für die Folgejahre bis 1917 auch in Band 2 und 3 der Edition des „Arbeiter-Feuilletons".

65 Die Artikelserie „Kriegsbilder aus allen Zeiten" wurde nicht aufgenommen, da diese – wie von Eisner selbst geplant – zu einem späteren Zeitpunkt in geschlossener Form als eigenständiger Band der Kurt Eisner-Studien erscheinen soll.

Im vorliegenden Band finden sich Texte über Geschlechterfragen und Frauenrechte, über das Rechtsverständnis und die Lebensweise der herrschenden Klassen etwa in Form ihrer Freizeitgestaltung, über Religion und Kirchenkritik, über Arbeitsschutz und Hygiene. Dabei repräsentieren diese Artikel die Breite von Eisners Schaffen, das beispielsweise auch auf der Auseinandersetzung mit wissenschaftlichen Arbeiten – insbesondere historischen und theologischen Schriften – beruhte. Vor allem jene Texte, in denen er sich mit aktuellen Publikationen auseinandersetzte, vermitteln einen Eindruck von Eisners Arbeitsweise – von seinen weiten Interessen sowie seiner Belesenheit. Generell folgte Eisner einem dokumentierenden Anspruch und blieb an dieser Stelle Journalist, nur wenige seiner Arbeiten in diesem Band präsentieren fiktive Geschichten. Dies wird vor allem anhand der tagespolitischen Texte deutlich, die etwa zur deutschen Kolonialpolitik Stellung nehmen.

Eisner kritisierte in seinen Artikeln soziale Missstände, er widmete sich dem politischen Tagesgeschehen, der deutschen Außenpolitik, der Zerstörung der Natur oder dem preußischen „Rechtsstaat“ und legte zudem politische Karikaturen der regierenden Staatsmänner und des aktuellen Pressebetriebs vor. Diese Reichhaltigkeit seiner journalistischen Arbeiten zwischen 1909 und 1917 wird in diesem wie auch den folgenden beiden Bänden der Kurt Eisner-Studien erstmals einem breiten Publikum zugänglich gemacht.[66]

66 Verwiesen sei an dieser Stelle auf frühere Editionen von (auch) journalistischen Texten Kurt Eisners, die allerdings nicht selten aufeinander beruhten und sich deswegen wiederholten. Nur wenige der in dieser dreibändigen Edition des „Arbeiter-Feuilletons“ abgedruckten Beiträge Eisners sind dort zu finden; wo dies der Fall ist, wurde dies in der jeweils ersten Fußnote gekennzeichnet. Vgl. Kurt Eisner, Gesammelte Schriften, 2 Bde., Berlin 1919; Erich Knauf (Hrsg.), Welt werde froh! Ein Kurt-Eisner-Buch. Zum 10. Jahrestage der Ermordung Kurt Eisners herausgegeben von der Büchergilde Gutenberg, Berlin 1929.

Editorische Notiz

Die Rechtschreibung in Eisners Beiträgen und die darin zitierte Literatur wurde, sofern nicht explizit anders angegeben, an die Regeln der deutschen Rechtschreibreform angepasst. Es ging den Herausgeberinnen und Herausgebern darum, den Lesefluss der Beiträge des „Arbeiter-Feuilletons" nicht durch Kommentare und Anmerkungen zu alten Schreibweisen oder sonstigen Besonderheiten – Eisner benutzte beispielsweise ss und ß gleichermaßen – zu erschweren. Anmerkungen im Text wurden vor allem dann gesetzt, wenn diese für das Textverständnis notwendig erschienen. Zudem wurden kleinere Rechtschreib- oder Grammatikfehler im Text korrigiert, wobei auf Korrekturen, die den Text merklich verändert hätten, verzichtet wurde. Größere sprachliche oder grammatikalische Fehler und Besonderheiten sowie Wortneuschöpfungen wurden beibehalten und sind in den speziellen Einzelfällen entsprechend gekennzeichnet. Zudem wurden die Texthervorhebungen (Kursivierungen, Fettsetzungen) dem Original folgend übernommen. Darüber hinaus werden in den Fußnoten an den für notwendig erachteten Stellen Erklärungen zu Personen, Begriffen und Ereignissen gegeben. Es handelt sich bei diesem wie auch den folgenden beiden Ausgaben des „Arbeiter Feuilletons" nicht wie bei Band 1 der Kurt Eisner-Studien („Gefängnistagebuch") um eine kritische Edition im engeren Sinne, sondern um einen edierten Quellenband.

Kurt Eisner
Arbeiter-Feuilleton
(1909–1911)

1.

Zur Gründung des „Arbeiter-Feuilletons“: Ein Brief von Kurt Eisner

Nürnberg, 17. Dezember 1909.
Breitegasse 25/27.

Werter Kollege![1]
Die Erfahrung, die ich in der nebenamtlichen Redaktion eines Unterhaltungsblattes[2] und bei dem Studium des Feuilletons der Parteipresse sammeln konnte, haben mir das Bedürfnis nach einer Feuilleton-Korrespondenz aufgedrängt. Mein Bemühen, das Unterhaltungsblatt nur aus Originalbeiträgen zusammenzustellen, musste eingeschränkt werden, da die Kosten selbst den Etat eines gut fundierten Blattes überstiegen. Dieser Weg ist natürlich für die finanzschwächere Presse überhaupt unmöglich. Zwar gibt es eine Anzahl guter parteigenössischer Spezialkorrespondenzen, die fleißig benutzt worden und auch künftig benutzt werden müssen. Aber es fehlt eine alle Seiten des Kulturlebens spiegelnde und alle Formen des Feuilletons pflegende Korrespondenz.

Aus diesen Erwägungen will ich, von Mitarbeitern unterstützt, vom Januar 1910 [an] ein wöchentliches „Arbeiter-Feuilleton“ herausgeben.

Zunächst wird es sich nur um einen Versuch, einen Anfang handeln. Findet er günstige Aufnahme, so soll die Korrespondenz in umfassender Weise ausgebaut werden. Ich möchte nicht die Originalbeiträge verdrängen. Ich halte es vielmehr für die Pflicht der finanzkräftigen Presse, diese individuelle Arbeit zu pflegen; für sie soll das „Arbeiter-Feuilleton“ nur eine Beihilfe sein. Aber die Abhängigkeit von der bürgerlichen Presse,

1 Kurt Eisner, Brief zur Mitteilung der Gründung des Arbeiter-Feuilletons, Nürnberg, 17. 12. 1909, SAPMO-BArch NY/4060/51: Arbeiter-Feuilleton, Artikel von Kurt Eisner 1909–1910, Bl. 1, Hervorhebung im Original. Es handelt sich um einen eigenständigen, mit der Schreibmaschine geschriebenen Brief von Kurt Eisner – offensichtlich ein Serienbrief zur Werbung von Abonnenten für das „Arbeiter-Feuilleton“. Ein Musterbeispiel liegt der Akte bei.

2 Bernhard Grau geht davon aus, dass es sich hierbei um die „Furche“ – die Unterhaltungsbeilage der „Fränkischen Tagespost“ – handelte. Vgl. Grau, Eisner, S. 232.

den Nachdruck, die systemlose Zufallsstoffwahl möchte das „Arbeiter-Feuilleton" vermindern.

Die vorliegende Probenummer enthält Material für Weihnachten und zum Schnapsboykott.[3] Auf meinen Beitrag, „Die ewigen Arbeiter", lenke ich Ihre Aufmerksamkeit. Dieses Stück sozialen Entsetzens möchte die weiteste Öffentlichkeit finden. Der Abdruck der Probenummer steht Ihnen im Einzelnen[4] zu den angegebenen Bedingungen oder im ganzen für ……. Mark zur Verfügung. Das Abonnement der Korrespondenz beträgt monatlich ……. Mark.[5]

Mit kollegialem Gruß
gez.: Kurt Eisner.

3 Der Schnapsboykott wurde auf dem Leipziger Parteitag der SPD im September 1909 beschlossen und richtete sich in erster Linie gegen die ostelbischen Großgrundbesitzer, die wesentlich vom bereits unter Otto von Bismarck (1815–1898) eingerichteten Branntweinmonopol profitierten, „mit dem der Staat zum zentralen Schnapshändler wurde und die Preise stützte". Hintergrund dessen bildete aber zugleich eine langjährige und intensive Debatte um die gesundheitlichen und sozialen Folgen des Alkoholkonsums innerhalb der Sozialdemokratie. Zitat aus Ralf Hoffrogge, Vom Schnaps zum Bier – eine Richtungsentscheidung in der deutschen Arbeiterbewegung, in: analyse & kritik (2010) 555, https://www.akweb.de/ak_s/ak555/01.htm [14. 2. 2017]. Vgl. ebenfalls James S. Roberts, Drink and the Labour Movement: The Schnaps Boykott of 1909, in: Richard J. Evans (Hrsg.), The German Working Class, 1888–1933. The Politics of Everyday Life, London/Totowa 1982, S. 80–107.

4 So im Original.

5 Lediglich im „Kleinen Feuilleton" des „Arbeiter-Feuilletons" wurden Preise genannt: Ein kompletter Artikel kostete fünf Mark, eine einzelne Zeile drei Pfennige.

2.

Zur Emanzipation der Frau

Das Besitzrecht am Menschen: Zur Stuttgarter Künstlertragödie[1]

Die beliebteste Künstlerin Stuttgarts, zugleich die bekannteste Frau dieser Stadt, ist von einem Manne getötet worden, der ein Recht zu haben glaubte, der Welt nicht nur sich selbst, sondern auch ein anderes Leben vieler Freudenspenden, und überdies Kindern eine Mutter zu rauben. Eine Tragödie der Leidenschaft, wie sie in allen Zeiten, Völkern, Gesellschaftsordnungen der Vergangenheit, Gegenwart und auch der Zukunft sich ewig wiederholt und wiederholen wird, Vergewaltigungen, an denen Recht, Gesetz, Moral, Sitte ohnmächtig zu versinken scheinen, und die fast noch mehr in der Literatur wie im Leben sich ereignen: *Der Mann*, der eine Frau nicht besitzen kann oder doch nicht so, wie er begehrt, besitzen kann, und der sie deshalb austilgt, aus Rache, aus verletztem Gerechtigkeitsgefühl oder auch aus Missgunst wider das Glück Bevorzugter – mit der selteneren Variation, dass die *Frau* das Richter- und Henkeramt am Manne übt.

Die Freunde des Musikers, der Anna Sutter[2] vernichtete, zeichnen eine Art Umkehrung des Carmen-Konflikts.[3] Der Mann steigt nicht wie Carmens Verführter, aus bürgerlicher Wohlanständigkeit ins zigeunernde Verbrecherdasein hinab, um der Geliebten zu folgen, sondern er hat sich bemüht, eine zu kräftiger und bunter Lebensbejahung geneigte Frau nach dem Stil *seiner* Weltauffassung zu veredeln, vielleicht zu verengen und zu

1 Arbeiter-Feuilleton, Nr. 17/18, Juli 1910, SAPMO-BArch NY/4060/51: Arbeiter-Feuilleton, Artikel von Kurt Eisner 1909–1910, Bl. 39 f.

2 Anna Sutter (auch Suter, 1871–1910) war eine Schweizer Opernsängerin, die seit 1893 am Stuttgarter Hoftheater wirkte. Sie fiel 1910 einem Beziehungsdrama zum Opfer, das Gegenstand dieses Artikels ist. Vgl. Paul Suter, Anna Sutter, in: Andreas Kotte (Hrsg.), Theaterlexikon der Schweiz, Zürich 2005, Bd. 3, S. 1782 f.

3 Gemeint war hier die 1875 uraufgeführte Oper „Carmen" von Georges Bizet (1838–1875). Die im Folgenden geschilderte Handlung findet im zweiten Akt statt, die weiter unten thematisierte Ermordung Carmens durch den Sergeanten Don José beschließt die Oper im vierten Akt.

verkrüppeln, anfangs mit scheinbarem Erfolg. Dann findet sie dieses ethische Gehabe langweilig, wie den Magister solcher Lehre, sie sagt sich los, verhöhnt wohl auch seinen Eifer und gesellt sich lieber einem munteren jungen Tenor. Der Mann ist im tiefsten getroffen, nicht nur durch den Verlust des Weibes, sondern auch in dem Verlust seiner selbst: sein Bestes, seine Lebensanschauung scheint wie leere Narretei verhöhnt, wie wertloser Plunder weggeworfen. Und in einem jähen Zusammenhang solcher Kontraste mordet er die andere und sich.

Anna Sutter war eine so starke Persönlichkeit, dass sie selbst in dem Philistertum[4] einer die sittigen Vorhänge fordernden deutschen Residenzstadt ihre Lebensführung offen bekennen und sich mit ihrer Art durchzusetzen vermochte, allgemein respektiert und gesellschaftlich bevorzugt, so dass selbst dem Klatsch immer ein Körnchen Ehrfurcht und Liebe beigefügt wurde. Was die feige öffentliche Meinung der doppelten Moral, in diesem Falle sich beugend, ruhig und interessiert ertrug, das vermochte der eine nicht, der doch selbst ein Künstler war und jenseits der Sitte lebte. Carmen wird getötet, weil sie den von ihm Hinabgezogenen verschmähte; Anna Sutter ist gefällt worden, weil sie sich nicht der Untreue schuldig machen wollte, die irgend ein Individualist als ein „Emporheben“ empfand.

Wer Anna Sutter nur in ihren letzten Jahren flüchtig auf der Bühne gesehen, der begriff nicht recht den überschwänglichen Enthusiasmus der Stuttgarter. Immerhin, sie war eine Künstlerin von einem seltenen Temperament und einer immer Leben und Menschen schaffenden reichen Wandlungsfähigkeit.

Darf man einen Mann milde beurteilen, der sich anmaßt, ein beglücktes und beglückendes Dasein aus eigenem Recht der Allgemeinheit zu rauben? Man stelle sich den unermesslichen Frevel vor, dass der junge Goethe[5] von der verlassenen Friederike v. Sesenheim[6] getötet worden – eine wilde

4 Hier ist Spieß- bzw. abwertend Kleinbürgertum gemeint.

5 Johann Wolfgang (von) Goethe (1749–1832), 1782 geadelt.

6 Hier ist Friederike Brion (1752–1813) aus dem elsässischen Sessenheim gemeint: Mit der Pfarrerstochter hatte Goethe, der ihren Heimatort „Sesenheim“ schrieb, 1770/71 eine kurze Liebesbeziehung. Dieses Verhältnis inspirierte Goethes Lyrik, mit den „Sesenheimer Liedern“ entstanden für den „Sturm und Drang“ zentrale Gedichte. Vgl. hierzu Helmut Koopmann, Willkomm und Abschied. Goethe und Friederike Brion, München 2014.

Faust-Farce, die abbrechen muss, weil Gretchen dem Titanen das Messer in den Leib gestoßen! Oder dass sich die Frau v. Stein[7] mit den literarischen Pamphleten begnügt hätte, als sie Goethe verließ, um sich, wie sie empfand, an ein niedriges Geschöpf wie die Vulpius[8] wegzuwerfen.

Aber das Problem, das dem Stuttgarter Drama zugrunde liegt, wird dadurch verwirrt, dass man die Schwere des Verlustes für die Allgemeinheit, nach den Gaben des Opfers, wägt und schätzt. In dieser willkürlichen Austilgung einer überragenden Kraft liegt nicht der Ernst des Problems. Es wäre genau so, wenn zwei *Namenlose* auf die gleiche Weise geendigt hätten, wenn sich eine der zahllosen Gewalttaten der Leidenschaft wieder ereignet hätte, über die der Reporterbericht den immer gleichen, starren Wortlaut bringt: „Den Eintretenden bot sich ein schauderhafter Anblick. ‚Blutüberströmt' …"

In der Beurteilung, in der Empfindung von solchen Ereignissen ist die Menschheit unbewusst heute noch im Bann uralten dunklen Wahns, eines eingewurzelten Triebes, dessen Überwindung und Ausrottung doch die Grundforderung aller Entwicklung des Menschlichen zu höheren Stufen ist: Die barbarische Auffassung vom *Besitzrecht am Menschen*, die die soziale Zerklüftung, Unterdrückung, Erniedrigung verschuldet – der Mensch als Werkzeug! – die aber auch unser ganzes seelisches Bewusstsein trübend und trügend durchdringt, so dass wir uns gerade nicht von den Verbrechen in Ekel und Abscheu abwenden, die am schlimmsten gegen die Urbedingung menschlicher Freiheit und Befreiung freveln, die eine Verletzung des Innersten und Heiligsten menschlicher Kultur bedeuten, die das Lebensprinzip selbst aller Kultur morden: die *freie Selbstbestimmung*, die das alte düstere Besitzrecht am Menschen ausschließt. Dass der Mensch nur der Gesamtheit untertan sein soll, über deren Form und

7 Charlotte von Stein (1742–1827) hatte mit Goethe zwischen 1775 und 1786 eine teils überaus intensive Liebesbeziehung, die später in ein Freundschaftsverhältnis überging. Vgl. hierzu Helmut Koopmann, Goethe und Frau von Stein. Geschichte einer Liebe, München 2002.

8 Christiane Vulpius (1765–1816) stammte aus einfachen Verhältnissen und arbeitete, um die Familie zu unterstützen, als Putzmacherin in einer Manufaktur in Weimar. Goethe lernte sie 1788 kennen und hatte mehrere uneheliche Kinder mit ihr, erst 1806 heirateten sie. Die Beziehung hatte wesentlichen Einfluss auf Goethes erotische Lyrik, die insbesondere in den „Römischen Elegien" zum Ausdruck kam. Vgl. hierzu vor allem Sigrid Damm, Christiane und Goethe. Eine Recherche, Frankfurt a. M. 1998.

Wesen er selbst mitbestimmt, niemals aber einen persönlichen Anspruch auf die Existenz, die Handlungen, die Gedanken, die Gefühle eines anderen haben darf, das ist die Grundlage aller reifen und fruchtbaren Sittlichkeit. Das sollte das erste Gebot aller Erziehung sein. So fest sollte *das* Gesetz in jeder Menschenbrust wurzeln, dass niemand, auch in der wildesten Verwirrung der Gefühle nicht, in die nie zu vergebende Todsünde zu fallen vermag, dass er sich an der Selbstbestimmung fremden Lebens vergreift. Wohl mag er über sich selbst verfügen, wenn ihm das Leben ohne den andern zur Last ist, aber den andern mitzunehmen, das muss ihm als das unsühnbarste Verbrechen am Menschentum erscheinen, als ein unvorstellbares, daher unvollziehbares Verbrechen, so lange er überhaupt noch sittlich, geistig, körperlich zur Gattung Mensch gehört.

Noch sind wir weit entfernt von dieser Durchdringung des allgemeinen Bewusstseins mit dem Lebensgesetz menschlicher Würde. Wenn José auf der Bühne Carmen mordet, so fühlt die große Mehrzahl: Der Kanaille ist recht geschehen. Ein paar ästhetische Geläuterte schwingen sich vielleicht zu dem tragischen Gefühl empor, dass der Konflikt zweier unvereinbarer Naturen diesen Ausweg suchen musste, ohne dass von Schuld und Unschuld überhaupt die Rede sein könne. Kaum einer aber empfindet sittlichen Abscheu gegen den Mann, der ein Todesurteil fällt und vollstreckt, weil er durch seine Leidenschaft und durch seine vom geraden Weg ablenkende Hingabe ein Besitzrecht an dieser Frau zu haben wähnt. Und doch ist gerade das Besitzrecht des Mannes an der Frau der verruchteste Rückstand einer verschollenen und verfallenen Menschheitsepoche.

So töricht, ja widerwärtig es ist, über Urteile der Leidenschaft im *einzelnen Falle* richten zu wollen, das öffentliche Urteil sollte doch gerade solchen grellen Verirrungen für die Erziehung des allgemeinen Kulturbewusstseins nutzen. Das ist wahrlich keine pedantische lächerliche Aufklärung, die den Sturm der Elemente mit Verordnungen zügeln möchte, das ist die Pflicht, über den erhabensten Inhalt und die unveräußerlichen Bedingungen menschlicher Gesittung klar zu werden und Klarheit zu verbreiten. Das ist die Erziehung zur Freiheit. Wer bei solchen Katastrophen von Einzelschicksalen sich erschüttern lässt durch die Erkenntnis, wie verwüstend das Besitzrecht am Menschen wirkt, dem wird die Empfindung für die schimpfliche Geltung dieses Barbarenrecht[es] in unseren ganzen sozialen Ordnungen klarer und drängender.

Der Stutengarten[9]

Professor Sandstein, ein berühmter Hygieniker,[10] hatte zu einer öffentlichen Versammlung geladen. Es lag ihm etwas auf der Seele. Er hatte einen knorrigen Kopf, in dem der Richtungsgedanke seines Gehirns festsaß und nicht locker ließ. Dieser Anfangs- und Endgedanke konnte auch nicht aus dem Kopfe heraus, wenn er gewollt hätte, denn er blieb ruhig in einer anderen winkligen Ecke hängen.

Heute erzählte Professor Sandstein, indem er vom Blatte las, den Hörern: „Die Entwicklung der Jungfrau kann nur sein, Gattin und Mutter zu werden. Alles andere sind Wahnsinnssprünge der Gesellschaft. Das Mädchen, das dem Mann im Beruf den Weg vertritt, hindert den Mann an der Heirat. Das junge Mädchen bedarf keiner geistigen Arbeit. Dies zieht nur die Kraft zum Gebären ab. Die Hauptsache ist ein gesundes Becken. Sozusagen in einem Stutengarten soll sich das junge Weib ergehen. Dann kann unser Vaterland wieder auf gesunden Nachwuchs …"

„Oho! hallo! pfui! runter! Schluss! da capo!" schrien die Leute lachend, spöttisch, entrüstet und erregt. Sie ließen Sandstein nicht mehr zu Worte kommen. Ein Dienstmädchen schleuderte ihm entgegen: „Wie ist das mit uns Dienstmädchen? Dürfen wir uns auch in Stutengärten ergehen?" „Haha das gilt nur für die Beckenzucht der Vornehmen", antwortete ein junger Mann. Das Dienstmädchen fuhr fort: „Ich habe auch keine Freude erlebt, trotzdem ich für den Nachwuchs des Vaterlandes gesorgt habe. Gerade das Gegenteil!"

„Sie haben eben kein ehelich geweihtes Becken", rief eine Ladnerin[11] aus der hintersten Reihe. „Aber die Männer, die sich nicht entschließen

9 Arbeiter-Feuilleton, Nr. 19/20, Juli 1910, SAPMO-BArch NY/4060/51: Arbeiter-Feuilleton, Artikel von Kurt Eisner 1909–1910, Bl. 43 f. Dieser Beitrag trägt keine Signatur von Kurt Eisner und ist doppelt überliefert – sowohl in Eisners Ausarbeitungen für das „Arbeiter-Feuilleton" als auch in Else Bellis Schriftgut. Vgl. SAPMO-BArch NY/4060/99, Bl. 147. Aufgrund der nicht vorhandenen Signatur sowie der doppelten Überlieferungslage ist nicht eindeutig nachzuweisen, wem die Autorenschaft zuzurechnen ist.

10 Es muss offenbleiben, ob Eisner hier eine reale Person porträtierte. Wahrscheinlicher ist, dass „Professor Sandstein" eine fiktive und bewusst akademisierte Figur ist, die das Pseudowissenschaftliche rassistischer Theorien und Gesellschaftsmodelle karikieren sollte.

11 In Süddeutschland gebräuchlicher Ausdruck für eine Verkäuferin.

können, zu heiraten, tun das aus namhafteren Gründen als aus denen der Konkurrenz."

„Ich bin der Meinung", meldete sich ein ältliches Fräulein zu Worte, „dass man Herrn Professor Sandstein für heute und immer das Wort entzieht. Denn wir kennen sein Lied und seine Tonart. Etwas anderes wird er uns nicht mehr singen. Will er gar nicht." Die vorsitzenden Damen saßen oben in Verlegenheit. Sie konnten nichts verfügen, denn die Versammlung hatte jede Disziplin verloren. Sie wollte gar keine haben. Professor Sandstein setzte sich zurück. Als er sah, dass es nicht leicht wäre, ungesehen zu entkommen, harrte er geduldig, bis dieser Augenblick an ihn käme.

Ein Privatdozent und ein Fräulein Dr. phil. redeten gegenseitig aufeinander los. Als der Herr bemerkte, dass die Leute aufmerksam wurden, schlug er ein Bein über das andere, legte dazwischen seine dünne weiße Hand und sagte laut: „Was nennen Sie Männlichkeit! Kennen Sie den Trieb zum geistigen Schaffen, das Zerren des Gehirns, das Erfolge seiner Ideen, Neuformung, Höhergestaltung des Vorhandenen erzwingt." Seine klugen Augen schauten verächtlich auf den nicht minder klugen Kopf des Mädchens, das ihm geduldig Zeit ließ, seinen Lieblingswunsch auszumalen. „Hat je eine Frau", fuhr er mit selbstgefälligem Lächeln fort, „mit Ausnahmen, die die Regel bestätigen, etwas geschaffen, das eine Lücke in unsere Kultur zu reißen vermöchte? Sie studieren, arbeiten hernach brav nach den Voraussetzungen, aber zu erweitern vermögen sie keinesfalls ihre Wissenschaft. Ja, es ist ihnen dunkel, wo etwas daran anzusetzen wäre."

„Herr Kollege", entgegnete das Mädchen, „ich bin hiermit einverstanden, obwohl Sie nichts Neues vorbringen. Doch muss ich gestehen: ich kann in Ihrer wissenschaftlichen Tätigkeit ebenso wenig jenes Merkmal der Männlichkeit finden. Ihr Denken vermag, gleich dem meiner Kolleginnen, das Höchste zu ersteigen. Aber die ganz neue Stufe ist darin nicht zu finden. Ich bin überzeugt von der Mannesüberlegenheit, die Andersbeschaffensein[12] ist, aber ich möchte nicht jedem beliebigem Manne zugestehen, was nur hervorragende einzelne Männer kennzeichnet."

„Bravo!" klatschten die Frauen. Und junge Männer taten mit. „Streng genommen", setzte das Mädchen hinzu, „ist aber diese seltene Männlichkeit einfach *Genie* des Menschen. Wozu Ihr Mannesbrüsten, leisten doch

12 So im Original.

Ihresgleichen wenig genug, dass das Genie aus Eurer gepriesenen männlichen Durchschnittlichkeit herausleuchtet."

„So denke ich das auch", fuhr eine Künstlerin begeistert fort. „In der reproduzierenden Kunst kann sich die Frau sehr wohl mit dem Manne messen. Unsere großen Schauspielerinnen, Sängerinnen, die Virtuosinnen. Diese Kunst tausender Männer wäre nach der Ansicht des Herrn Privatdozenten also eine weibliche Kunst. Das große Nachempfinden dieser Frauen liegt jenseits von Stutengärten, Küche und Wochenbettzimmer, es umfasst Gefühle, Leidenschaften, alle Konflikte, Freuden und Tragödien des Lebens. Trotz Küche und Kinderstuben."

„Erlauben Sie", schloss sich die Ladnerin an, „dass ich die Männlichkeit von einem anderen Punkte betrachte. Das Ideal von den meisten Männlein ist Unfruchtbarkeit. Wenn aber die Zeugung des „erzeugenden" Mannes von Wirkung ist – nun, Sie kennen alle den Typus des sich drückenden Kindsvaters. Bevor man die Rasse von uns Frauen allein zu veredeln sucht, uns aus Berufen wirft, die wir kaum gewonnen haben, möge man die Rasse unsrer[13] Männer männlicher züchten …"

„Es sei denn", warf ein älteres Mädchen ein, „dass sich die Meute vernunftloser Trieblinge in jene unbeschützten Stutengärten stürzt, um die Verderbnis ihres edlen Mannesstammes in die geweihten Becken zu pflanzen."

Gelächter und Bravorufe folgten diesen Worten. Als es sich unter den Versammelten herumgeflüstert hatte, dass das ein Mädchen der Straße war, wurden die Leute ernsthaft. Es entstand eine Stille. Diese Worte hatten Wirkung hervorgebracht. Die Bitterkeit, die in ihnen lag, war ehrliches Empfinden aus dem Leben der erniedrigten Frau.

Endlich fuhr ein Künstler fort: „Das Weib, das man aus der Familie hinaustreibt an die Maschine, in Handelsgeschäfte oder Kunstinstitute und Hochschulen, dem muss das Recht im Unrecht zugestanden werden. Man muss darum auch den Irrtum konsequent durchführen. Die Frau sollte man nicht durch Kritik aus dieser Heimatlosigkeit in eine andere treiben, solange der Mann keine Hütten für sie baut."

Jetzt stand ein Arbeiter auf und sagte: „Nun, ich erwarte von der ‚Natur' der Frau das Beste. Ich glaube aber: Vernunft ist ein seltenes Ding. Man sollte es mit ernstem Willen von *beiden* Geschlechtern fordern

13 So im Original.

durch Selbsterziehung. Ich bin Arbeiter, ich stehe im Gewerkschafts- und politischen Kampfe. Aber für uns ist Kampf Freude. Wir suchen keine Zuflucht vor ihm, sondern Verständnis für ihn. Ich möchte, im Gegensatz zu Herrn Professor Sandstein, keine Frau, die mein inneres Leben nicht kennt. Sonst wäre sie mir fremd, trotz Mütterlichkeit und Hingabe. Ich möchte nicht das Leuchten ihrer Augen missen, wenn ich ihr von[14] Sieg erzählen kann. Sie braucht nicht mitzukämpfen, aber verstehen muss sie, was mich bewegt. Wenn sie aber mitkämpft – kann sie nur nützen. Sie gebiert ihre Kinder nicht für den Vorteil einer Nation – und Elitenklasse – sondern ihr Schoß schenkt uns Menschen für das Leben schlechthin. Wie sie die Welt nach uns schaffen wollen, in der Wahrheit unserer Menschheitsträume."

Die Versammelten verhielten sich zurückhaltend. Während dieser Pause ergriff eine junge Frau das Wort: „Wir sind jetzt auf dem springenden Punkt angelangt. Durch das kindliche Gedankenspiel von Stutengärten ändert man keine Gesellschaft. Sooft und soviel wurde uns heute von vernunftbegabten Männern erzählt. Aber keiner sagte uns, dass man einen unvernünftigen Gesellschaftsbau vom Grunde aufrichten muss. Ängstlich, ja unter unwürdigen Späßen" – „Stutengärten!" schrien Männer und Mädchen – „umging der Vorredner das Kulturproblem unserer Zeit.

Wir Frauen lieben die Männer, die Neues schaffen, die mit Vernunft Stufen über das Alte hinausbauen. Wir möchten uns tätig dem männlichen Schaffensgeist unterordnen – aber in der Welt des Professors Sandstein finden wir nur begriffliche, keine wirkliche Männlichkeit, auf alle Fälle sterile Männlichkeit, weil sie ihre Kraft am Untergang zerreibt. Es ist unpassend, dass jetzt feminine Männer sich mit Männlichkeit brüsten. Wir finden Schöpfungskraft nur in einer neuen fruchtbaren Weltanschauung, im Sozialismus. In ihm ist die Hoffnung, dass sich die Menschlichkeit würdig vereint in Weiblichkeit und Männlichkeit. Im Sozialismus ist logischer Umwandlungsprozess, der alle Wurzeln erfasst. Er will keine Bruchteile und launische[n] Versuche ..."

„Wie Stutengärten! Stutengärten!" brauste es in gehobenem Gelächter durch den Saal. Man umringte die Frau, die den Abend wertvoll gemacht hatte. Nur eine geringe Anzahl Leute gingen verdrießlich davon. Man

14 So im Original.

hatte Professor Sandstein, der längst einen Ausgang gefunden hatte, vergessen. Die vorsitzenden Damen waren geknickt über den Misserfolg ihrer Versammlung. Das Läuten des Ordnungsglöckchen[s] erstickte unter lebendigen Menschenstimmen. Und Professor Sandstein hatte doch, als Vorsitzender des Menschenzuchtvereins,[15] die menschliche Rasse emporzüchten[16] wollen!

Die Kindesmörderin[17]

Durch die Weltgeschichte des Frauenelends schleicht das blutige Gespenst der Kindesmörderin. Unzählige sind in Schande und Marter zugrunde gegangen, und die Frau *allein* trug das Martyrium. Der Mann erscheint an ihrer Seite nur als Richter, Folterknecht und Henker; aber der *mitschuldige* Mann, der das Kind zeugte, ist niemals dort zu finden, wo die Frau geopfert wird, er zieht leichten Herzens ungestraft seines Weges, den lustigen Geschmack genossener Buhlschaft auf den Lippen, nach neuem Zeitvertreib auslugend.

Bis in das Ende des 18. Jahrhunderts lastet die ganze Grausamkeit mittelalterlicher Justiz auf der armen Dirne, die unehelich empfing, um ein bisschen Liebe zu genießen. Die uneheliche Mutter war nicht nur gesellschaftlich geächtet, sondern sie verfiel durch die „Unzucht" auch

15 Gemeint waren hier vermutlich von der Lebensreform beeinflusste Vereinigungen wie die 1904 in Leipzig gegründete „Deutsche Erneuerungs-Gemeinde", deren rassistische Zielsetzung in der „Züchtung" und „Auslese" von „überlegenen Ariern" bestand und die zudem genossenschaftlich-agrarische Ansätze vertrat. Das im Text geschilderte Bild der Frau als Hausfrau und Mutter entsprach ebenfalls der Sichtweise dieser konservativ-völkischen Vereinigungen. Vgl. hierzu Heinz Mürmel, „Die Religion liegt im Blut" – sächsisch-arische Konzepte der Kaiserzeit. Kurze Bemerkungen zur „arischen Lebensreform", in: Edith Franke/Christoph Kleine/Heinz Mürmel (Hrsg.), Devianz und Dynamik. Festschrift für Hubert Seiwert zum 65. Geburtstag, Göttingen 2014, S. 97–121.

16 So im Original.

17 Arbeiter-Feuilleton, Nr. 23, August 1910, SAPMO-BArch NY/4060/51: Arbeiter-Feuilleton, Artikel von Kurt Eisner 1909–1910, Bl. 54 f. Der Beitrag wurde abgedruckt als: Dr. K. E. [Dr. Kurt Eisner], Die Kindesmörderin, in: Die neue Generation 7 (1911) 9, S. 393 f. Auch nachgewiesen in SAPMO-BArch NY/4060/146, Bl. 150–152.

der kriminellen Ahndung.[18] Und doch stießen die vielen Eheverbote und Eheerschwerungen ständischer, konfessioneller und materieller Art die Frau fast gewaltsam in das ungeweihte Bett der Liebe. Die Geburt eines Kindes bedeutete ihre Ausstoßung aus der Gesellschaft, entledigte sie sich aber der verfluchten Bürde, die in Angst und Qual ihren Schoß unentrinnbar schwellen ließ, so ward sie von rohen Knechten mit glühenden Zangen zum Geständnis gebracht, an den Galgen geknüpft, gepfählt, im Sack ertränkt oder lebendig begraben – unter pfäffischen Gebeten.

Die revolutionäre Weltstimmung am Ende des 18. Jahrhunderts, das[19] die Menschlichkeit wiederentdeckte, linderte auch das Los der Kindesmörderin. Pestalozzi,[20] der große Erzieher, der die ganze Tragik eines einsamen, allzu feurigen Idealismus in seinem Dasein auskosten musste, hatte aus dem Studium der Gerichtsakten die Erkenntnis gewonnen, dass häufig die uneheliche Mutter im Augenblick der Geburt im kranken Zustande geistigen Wahns unfrei und bewusstlos das Verbrechen mechanisch verübte, und predigte leidenschaftlich Milde für die Unglücklichen. Eine Preisaufgabe wurde gestellt: „Welches sind die besten ausführbaren Mittel, dem Kindesmorde abzuhelfen, ohne die Unzucht zu begünstigen." Die drei preisgekrönten Arbeiten wurden 1784 in Mannheim veröffentlicht.[21] Die

18 Norm und Praxis wichen hier allerdings voneinander ab, da die Eheschließung auch ein Privileg war, das nur bestimmten gesellschaftlichen Gruppen zustand. Hinzu kam, dass die Ächtung unehelicher Geburten auch von Faktoren wie der religiösen Prägung der jeweiligen Stadt- oder Dorfgesellschaft abhing, zudem gab es Unterschiede zwischen Stadt und Land – wobei die ledige Frau nicht zwingend auf dem Dorf weniger diskriminiert sein musste als in der Stadt, da beispielsweise die soziale Herkunft der Mutter und teils auch des Vaters ebenfalls eine Rolle spielten. Mit unehelichen Geburten wurde also deutlich vielfältiger umgegangen, als es Eisner hier für seine Argumentation brauchen konnte. Vgl. Sybille Buske, Fräulein Mutter und ihr Bastard. Eine Geschichte der Unehelichkeit in Deutschland 1900–1970, Göttingen 2004, S. 34–36.

19 So im Original.

20 Hier ist der Pädagoge Johann Heinrich Pestalozzi (1746–1827) gemeint.

21 1780 wurde in den „Rheinischen Beiträgen zur Gelehrsamkeit" durch den Mannheimer Juristen Ferdinand Adrian von Lamezan (1742–1817) die im Text genannte Preisfrage ausgeschrieben, der eine regelrechte Flut von Aufsätzen in Zeitschriften und Pamphleten folgte. Pestalozzi beteiligte sich an dieser Debatte und veröffentlichte 1783 eine Kleinschrift zum Thema. Vgl. hierfür Johann Heinrich Pestalozzi, Über Gesetzgebung und Kindermord, Dessau 1783; Kindermord, in: Carl von Rotteck/Carl Welcker (Hrsg.), Das Staats-Lexikon. Encyklopädie der sämmtlichen Staatswissenschaften für alle Stände, Bd. 8, Altona 1847,

Dichtung nahm sich der Kindesmörderin an: H. L. Wagner,[22] Bürger,[23] Schiller[24] weihten die Märtyrerin, und in der Gretchen-Tragödie des Faust schuf Goethe erbarmend und begreifend aus der gefolterten Kreatur der Henkersknechte eine weltliche mater dolorosa.[25]

Heute hat das Recht die Strafe für Kindesmord gemildert, aber nur unter gewissen Voraussetzungen gilt diese Tötung nicht als Mord. Das deutsche Strafgesetzbuch versteht unter Kindesmord nur die Tötung eines *unehelichen* Kindes in oder gleich nach der Geburt durch die Mutter.[26] Das französische Strafgesetz begreift darunter die Tötung jedes Neugeborenen durch irgendeine Person.[27] Im Vorentwurf zum schwei-

S. 116–137, hier S. 125 f., sowie die im Text genannte Schrift: Drei Preisschriften über die Frage: Welches sind die besten und ausführbarsten Mittel, dem Kindermorde abzuhelfen, ohne die Unzucht zu begünstigen?, Mannheim 1784.

22 Der Schriftsteller Heinrich Leopold Wagner (1747–1779) veröffentlichte 1776 das Drama „Die Kindermörderin. Trauerspiel in sechs Akten". Generell war das Motiv des Kindsmords und der Kindsmörderin ein zentrales Motiv des „Sturm und Drang". Vgl. Kirsten Peters, Der Kindsmord als schöne Kunst betrachtet. Eine motivgeschichtliche Untersuchung der Literatur des 18. Jahrhunderts, Würzburg 2001.

23 Der Dichter Gottfried August Bürger (1747–1794) verfasste 1782 die Ballade „Des Pfarrers Tochter von Taubenhain", die den realen Fall der Kindsmöderin Catharina Elisabeth Erdmann aus Göttingen verarbeitete. Vgl. Hartmut Laufhütte, Vom Gebrauch des Schaurigen als Provokation zur Erkenntnis. Gottfried August Bürger: „Des Pfarrers Tochter von Taubenhain", In: Karl Richter (Hrsg.), Gedichte und Interpretationen, Bd. 2: Aufklärung und Sturm und Drang, Stuttgart 1983, S. 393–410

24 Friedrich Schiller (1759–1805) verfasste 1792 die Ballade „Die Kindsmorderin".

25 Die Mater Dolorosa ist eine Mariendarstellung, die die Mutter Jesu in Sorge oder im Schmerz um ihren Sohn darstellt. Die insgesamt sieben Schmerzensdarstellungen waren ein wichtiger Teil der mittelalterlichen Marienverehrung in Bild und Skulptur. Mit der Gretchentragödie ist ein Drama aus Goethes „Urfaust" gemeint, das dann in „Faust I" Aufnahme fand: Diese endet im Kerker, in dem die wegen Kindsmord eingesperrte und verwirrte Margarete ihres Urteils harrt.

26 Das „Strafgesetzbuch" wurde 1871 beschlossen und zum 1. Januar 1872 als „Strafgesetzbuch für das Deutsche Reich" in Kraft gesetzt. Die Kindstötung war dort unter § 217 geregelt. Vgl. André Brambring, Kindstötung (§ 217 A.F. STGB). Reformdiskussion und Gesetzgebung seit 1870, Berlin/New York 2010.

27 Der „code pénal impérial" war bereits 1810 in Kraft getreten, Artikel 300 und 302 behandelten den Kindsmord und seine Bestrafung. Vgl. Maya Gerig, Jenseits von Tugend und Empfindsamkeit. Gesellschaftspolitik im Frauenroman um 1800, Köln/Weimar/Wien 2008, S. 37.

zerischen Strafgesetzbuch ist Kindesmord die vorsätzliche Tötung eines Kindes durch die Gebärende unter dem Einfluss des Gebäraktes.[28]

Die Rechtswissenschaft streitet über die Gründe, welche solche Milderung der Strafe vor dem gewöhnlichen Mord rechtfertigen. Die Auffassung Pestalozzis von der Bewusstseinstrübung im Vorgang des Gebärens kämpft mit der anderen, die mit der Furcht vor Schande die Herabsetzung der Strafe rechtfertigt. Die psychologischen Einwirkungen des Geburtsaktes auf die Zurechnungsfähigkeit werden von einzelnen Kriminalisten gänzlich geleugnet, die nur den „Ehrennotstand" gelten lassen, die Furcht vor Schande.

Von dieser Streitfrage ausgehend, sich aber weit über ihre Enge erhebend, untersucht *Margarete Meier,*[29] auf Grund von Material des Züricher Universitätsinstituts für gerichtliche Medizin,[30] die Psychologie des Kindesmordes. Die Ergebnisse ihrer Untersuchung veröffentlicht sie in einer ganz hervorragenden Arbeit im „Archiv für Kriminal-Anthropologie" (1910, Heft 3/4).[31] Dieser auf persönlicher Beobachtung von Kindesmörderinnen und Aktenstudium beruhende „Beitrag zur Psychologie des Kindesmordes" müsste unmittelbar eine fundamentale Änderung der Gesetzgebung veranlassen, wenn diese durch Vernunft und Humanität, statt durch Klasseninteressen bestimmt würde.

Jene Streitfrage beantwortet Margarete Meier dahin, dass eine durch den Geburtsvorgang verursachte Verminderung der Zurechnungsfähigkeit in keinem Falle nachzuweisen sei. Wenn aber auch keine Bewusstseinstrübung

28 Das Schweizerische Strafgesetzbuch lag seit 1893 in einem Vorentwurf vor, trat aber erst im Januar 1942 in Kraft. Der im Text genannte Zusammenhang von Kindsmord und Gebärakt war dabei bereits im Vorentwurf enthalten. Vgl. Schweizerisches Strafrecht. Verhandlungen der vor dem Eidgenössischen Justiz- und Polizeidepartment einberufenen Expertenkommission über den Vorentwurf zu einem Schweizerischen Strafgesetzbuch, Bd. 1, Bern 1896, S. 326 f.

29 Gemeint war hier die Ärztin, Psychoanalytikerin und spätere SPD-Reichstagsabgeordnete Margarete Stegmann (1871–1936, geb. Maier, auch Meyer), die über den zweiten Bildungsweg in Zürich und Bern studiert hatte und 1910 mit der Arbeit „Zur Psychologie des Kindsmords" promoviert wurde.

30 Gemeint war hier der 1905 eingerichtete Lehrstuhl für Gerichtliche Medizin und dessen Sammlung, erst 1912 wurde an der Universität Zürich ein Institut für Gerichtliche Medizin gegründet.

31 Vgl. Margarete Maier, Beitrag zur Psychologie des Kindesmordes, in: Archiv für Kriminal-Anthropologie und Kriminalistik 37 (1910) 3/4, S. 313–375. Alle folgenden Zitate sind diesem Aufsatz entnommen.

vorhanden ist, so befindet sich die Frau dennoch durch die Geburt „in einer so neuen, ungewohnten Situation, sie steht unter dem Zwange einer solchen Menge drückender Tatsachen. An einem solchen Wendepunkt ihres Lebens, dass ihr Zustand nicht normal genannt werden kann“. Gerechtfertigt sei, den Geburtsvorgang als strafmildernd zu berücksichtigen, nicht berechtigt aber, dass er „*das* strafmildernd überhaupt sei“. In der Tat sind die *anderen* Motive des Verbrechens ungleich wichtiger. In den von Margarete Meier untersuchten Fällen wirkten als *Motive der Tat*, sich mehr oder weniger miteinander verflechtend:

Verlassenheit (im engeren Sinne) durch den Kindesvater 8 mal;
Verlassenheit im weiteren Sinne (weil die Frau kein[en] Halt an ihrer Umgebung hatte) 11 mal;
Ehrennotstand 6 mal;
Finanzielle Not 8 mal;
Abneigung gegen Kind und Vater 3 mal;
Abneigung gegen das Kind 1 mal.

Gemeinsam ist allen Fällen:

Dass die schwersten Verantwortlichkeiten nicht in den Täterinnen selbst liegen.
Dass die Täterinnen Gelegenheitsverbrecherinnen sind.
Dass die Verhältnisse überall der Entwicklung des mütterlichen Gefühls entgegenwirken.

Zur Erläuterung bemerkt die Verfasserin: „Bei den Verbrechen der Frau und namentlich bei ihren sexuellen Verbrechen, wie Kindesmord usw. *den Mann zu suchen*, der selbstverständlich dahintersteckt, das wäre so naheliegend und natürlich.“ Aber den Mann zu suchen, würde nichts nützen; „denn das Gesetz kann ihm nichts tun, weil er entweder … nichts juristisch Wägbares getan hat oder, weil er wie die unehelichen Väter durch ein besonderes Gesetz geschützt ist“. „Er kann durch das Gesetz nur höchstens zur Linderung der finanziellen Not herangezogen werden; dafür, dass er die uneheliche Mutter der Schande und der Verzweiflung des Verlassenseins preisgibt, dafür kann kein Gesetz ihm etwas anhaben. Viel mehr als die finanzielle Not drängen aber die letzteren Momente die

Unglücklichen zu ihren Verzweiflungstaten." „Jedenfalls existiert meines Wissens zurzeit kein Gesetz, das dem Manne für die unehelichen Kinder die gleiche Verantwortlichkeit auferlegt, wie für die ehelichen. Bei diesem Rechtszustand sollte es für jedes Gesetz und für jedes Gericht Ehrensache sein, die Tötung eines unehelichen Kindes durch die Mutter oder einen anderen Anverwandten, auf den die Last fallen würde, so gelinde als irgend möglich zu bestrafen, denn dieser Rechtszustand ist an allen diesen Verbrechen mitschuldig. Die scharfsinnigen Erwägungen über Ehrennotstand und Einfluss der Geburt sollten also eigentlich für diese Fälle überflüssig sein.

Ist so der heutige Rechtszustand mitschuldig, so nennt Margarete Meier die Tötung des Kindes mit Fug eine Art mütterlichen Selbstmordes. Fast alle die[32] Kindesmörderinnen stammen aus kleinbäuerlichen, durch Geisteskrankheit und Alkoholismus entarteten Familien. Es sind kranke Sprösslinge, deren Beseitigung für die Gesellschaft, wie Margarete Meier mit einer gewissen Härte meint, keine Schädigung bedeutet. Fast könnte man glauben, dass die Natur den Kindesmord bisweilen als Kunstgriff wählt, um die Gesellschaft nicht mit menschlichen Krüppeln zu belasten. Ein Teil der Täterinnen ist geisteskrank, fast alle in verschieden hohem Grade geistig oder moralisch oder geistig und moralisch minderwertig. Endlich ist der Entschluss zur Tat in den seltensten Fällen vorgefasst und wird meistens „den Täterinnen durch den Wunsch erdrückender Tatsachen und Verhältnisse erst im Moment der Tat aufgezwungen".

Es sind armselige Geschöpfe, deren Schicksal uns Margarete Meier zeichnet. Aber keine, auch die nicht, welche für Lebenszeit ins Zuchthaus gesteckt wurden, ist so verworfen, wie – Goethes Gretchen, deren Missetaten die Verfasserin aus der Sprache des Dichterherzens in die heutige Gerichtssprache übersetzt: ein besonders leichtsinniges verbrecherisches Mädchen, das sich einem herausgelaufenen Manne ergibt, von dem es nichts weiß, der ihm nicht einmal die Ehe verspricht, das die Mutter vergiftet, das Kind ertränkt. Der Dichter macht die Seele reden, den „dunklen Drang", mit dem „das Gericht bis jetzt nichts anzufangen weiß".

Die Fälle, die Margarete Meier darstellt, lassen in die Abgründe unserer Kultur blicken. Da tötet eine arme Großmutter das Enkelkind, weil sie schon so viel Plage mit den unehelichen Kindern ihrer Töchter gehabt hat.

32 So im Original.

Eine furchtbare Tragödie zerschmettert eine guterzogene,[33] aus günstigen Familienverhältnissen stammende Frau. Zwei Schwestern, die in Bureaus tätig sind. Sie leben zusammen, schlafen in einem Zimmer, prüde, ein Jahrzehnt lang scheinbar ohne sexuelles Leben. Aber die eine Schwester hat ihren heimlichen Roman, mit einem verheirateten Manne. Sie wird schwanger. Sie wird von Wehen befallen, und ohne dass die Schwester etwas ahnt, gebiert sie nachts ein Kind und vernichtet es. Kein Arzt. Sie schleppt sich aufrecht und wird schwer krank. Das verrät die heimliche Geburt. In einem Spital erhängt sie sich an einem Bettlaken. „Das gleiche, wofür ihrem Geliebten weder von der Welt noch von den Gesetzen ein Haar gekrümmt wird, muss sie mit einem Verbrechen und mit dem Leben bezahlen." Ein Dienstmädchen tötet aus Angst vor Schande und Not ihr Kind, das ein Witwer ihr gezeugt hat. Wie sie wieder freikommt, verkriecht sie sich vor allen Menschen; „sie würden mit den Fingern auf mich zeigen", schreibt sie der Verfasserin. Eine in einem Hotel beschäftigte Bauerntochter wird von einem Reisenden trunken gemacht und verführt. Der prahlt am anderen Tage, „die habe er erwischt". Das Mädchen hat niemals einen Menschen gehabt, zu dem sie Vertrauen gehabt hat; nie jemanden geliebt. Sie verlobt sich während der Schwangerschaft mit einem Handwerker, dem sie ihren Zustand verbirgt. Dann tötet sie das Kind, das zwei Monate zu früh in die Welt will. Im Zuchthaus findet das verängstete[34] und verstoßene Wesen Frieden.

Ein anderes Mädchen wird durch ein Eheversprechen gefügig gemacht. Sie lebt mit dem Geliebten zusammen – vor der Welt Mann und Frau. Vor der Hochzeit und der Geburt verschwindet der Liebhaber. Sie kommt sich vor „wie die unglücklichste, verlassenste[35] Kreatur der ganzen Welt". Nun wird die Welt erfahren, dass sie nicht verheiratet waren. Sie ist ganz arm, muss 10 Franken stehlen. Und sie lässt das Kind in der Geburt verbluten. Diese Frau ist wie die meisten anderen ganz unwissend. Sie wird gefragt, wer die Jungfrau Maria gewesen sei. Sie antwortet: Die Mutter Jesus. Auf den Einwand: wie konnte sie denn Jungfrau sein, ist sie ganz verdutzt und sagt: Dann war sie wohl die Schwester Jesus.

33 So im Original.
34 So im Original.
35 So im Original.

Wie sich der Mann verhält, zeigt der Fall eines erblich schwer belasteten Mädchens, das ihr Kind vergiftet. Als der Geliebte für das – noch lebende – Kind nicht mehr zahlen wollte, schrieb er ihr die zärtlichsten Briefe, sie solle nur alles zahlen, er würde ihr's später zurückgeben. Als er aber die Tat erfuhr und in der Zeitung las, dass das Mädchen leugnete, schrieb er an das „hohe Schwurgericht", es wäre ganz verfehlt, eine „solche überwiesene leichtfertige Person" gelinde zu strafen; „der Jammer des lieben Kindes soll gesühnt werden in seiner ganzen Schwere". Und in einem Postskript bittet er – um Rückzahlung der Beiträge, die er anfangs für das Kind geleistet hatte.

Unter diesen Kindesmörderinnen findet sich auch ein Glied jener Trinker- und Vagantenfamilie Zero, die Dr. Jörger beschrieben hat.[36] Lina Zero, ein Typus völliger Entartung, zweifellos geisteskrank, und doch nicht ohne menschliche Züge, die sich in alles fand, weil sie niemals ein vernünftiges Leben fand, sondern nur eine Welt von Elend, Verwüstung und Erbarmungslosigkeit kannte. Ein Kind, das sie leben ließ, war ein taubstummer Idiot. Lina Zero strengte stolz niemals Vaterschaftsklagen an; mochten die Männer gehen, wenn sie nicht *freiwillig* gaben. Sie tötete ein Kind aus finanziellen Gründen. „Sie hasste die Kinder nicht, aber so lange sie da waren, musste sie ihren ganzen Verdienst hergeben."

Margarete Meier verlangt in ihrer Schlussbetrachtung Hinzuziehung von Frauen zu den Gerichten, Gleichstellung von ehelichen und unehelichen Kindern, strafrechtliche Verantwortung des Mannes, wenn er durch seine Schuld das Motiv der Tat mit verantwortet hat...

36 Josef Jörger (1860–1933) war ein Schweizer Arzt und Psychiater, der sich neben seiner Praxistätigkeit auch mit den jenischen Familien in Graubünden befasste. Jörger vertrat dabei einen rassebiologischen Standpunkt und ging bei diesen Gruppen von vornherein von der „Degeneration" durch „gewöhnliche Vererbung" aus. Er trug damit wesentlich zur rassistischen Stigmatisierung und Marginalisierung der Jenischen bei – der Familienname Zero war fiktiv, offenbarte aber zugleich Jörgers Perspektive –, die Eisner hier im Duktus der Zeit wiederholte. Vgl. Josef Jörger, Die Familie Zero, in: Archiv für Rassen- und Gesellschafts-Biologie einschließlich Rassen- und Gesellschaftshygiene 2 (1905) 4, S. 494–559. Diesem Aufsatz ist auch das folgende Zitat entnommen. Vgl. zudem Stefan Schulz, Jörger, Johann Joseph, in: Historisches Lexikon der Schweiz, http://www.hls-dhs-dss.ch/textes/d/D11986.php [14. 2. 2017].

Brouardel[37] hat in seinem Buch über den „Kindesmord“[38] den Satz ausgesprochen, dass nur die anständigeren verführten Mädchen ihr Kind töten; die schamloseren bringen es zur Engelmacherin, bezahlen einige Monate lang, dann verschwinden die Mütter und kümmern sich um die Kinder nie mehr. Dieser *indirekte* Kindesmord ist für die Gesellschaft unendlich wichtiger, als das direkte Verbrechen, weil er um so viel[39] häufiger ist. Aber das gesellschaftliche Elend und der soziale Unverstand ist[40] auf diesem Gebiet so riesengroß, dass moralische Entrüstung überhaupt nicht an das Problem heranreicht. Ist doch die verheerende Säuglingssterblichkeit nicht wie Kindesmord, den die Gesellschaft unablässig verschuldet und verübt.

Ehe: Zum „Grenzfall“ Herberich[41]

Das öffentliche Gewissen darf sich befriedigt anderen Erregungen zuwenden. Die Frau des Schulrektors Herberich[42] wird einige Jahre hindurch im Gefängnis büßen, dass sie durch Browning-Schüsse[43] den Menschen eine wertvolle Kraft geraubt, sich selbst von einem gehassten Gatten befreit hat. Siedelt sie nicht vor dem Ablauf der Straffrist in ein Irrenhaus über, so wird sie als völlig zerrüttetes Wesen den Kerker verlassen; der Gerechtigkeit ist Genüge geschehen!

37 Gemeint war der französische Rechtsmediziner und Pathologe Paul Brouardel (1837–1906).
38 Vgl. Paul Brouardel, L'infanticide, Paris 1897.
39 So im Original.
40 So im Original.
41 Arbeiter-Feuilleton, Nr. 4, Januar 1911, SAPMO-BArch NY/4060/52: Arbeiter-Feuilleton, Artikel von Kurt Eisner 1911, Bl. 17.
42 Es handelte sich dabei um den Rektor der Nürnberger höheren Mädchenschule Dr. Gustav Herberich, der 1910 von seiner Frau erschossen worden war. Der in diesem Artikel erwähnte Prozess fand 1910/11 in Nürnberg statt. Vgl. Prof. Dr. Höpfner, Zum Prozeß Herberich und § 313 StrPO, in: Deutsche Juristen-Zeitung 16 (1911) 4, S. 269 f.
43 Gemeint war hier eine Pistole aus der Produktion des US-amerikanischen Waffenherstellers John M. Browning (1855–1926). Eisner verwendete auch in anderen Texten in diesem Band den Begriff „Browning“, den er vermutlich synonym für Pistole bzw. Revolver nutzte.

Welch plumpe Barbarei diese strafende Justiz! Weß[44] Sinn ist so verderbt, dass ihre Akte in ihm die Tragödienreinigung gesühnter Schuld lösen? Alles, was sie mit ihren harten, gewerblichen Händen anpackt, wird ungewollt zur gemeinen Sensation. Die Frau, die der Schrecken der Gesellschaft war und die man mit gezwungener Höflichkeit als lästigen Gast duldete, wird jetzt von einer ganzen Stadt zu schauen begehrt, nachdem sie einen Menschen niedergeknallt, mit dem sie und weil sie mit ihm verheiratet war. Zeugen, die sich in dem wichtigen Gefühl spreizen, auch dabei sein zu können und mitzuhelfen, dass auf Erden Recht werde, entblößen ihre eigenen Charaktere, indem sie über fremde Schicksale und Menschen eidliche Urteile abzugeben wähnen; alle wandeln sich in Detektive und jeder Klatsch gewinnt eine heilige Bedeutsamkeit, um deretwillen man den Namen Gottes anruft. Sachverständige tummeln sich eifrig in den Grenzfragen, wo die kriminelle freie Verantwortlichkeit aufhören und die geschlossene Irrenanstalt beginnen möchte. Das Geheimste und das Unaussprechbarste wird in derbe eidschwürige Sätze emporgezerrt. Und von draußen kreischt der urewige Chor des Wahns: Verbrennt die Hexe! Die Gabe *liebenswürdiger* Nervenkrisen war dieser Angeklagten versagt; man weigerte ihr jede Sympathie, die der Frau v. Schönebeck nie ganz entzogen wurde.[45] Wenn die Mörderin wenigstens noch ein Weib gewusst hätte, mit dem ihr Mann sie betrogen, dann hätte die offizielle Sittlichkeit sich auf sich selbst besonnen und allerlei verständlich gefunden. So aber kämpfte sie mit törichten Mitteln für eine verlorene Sache. Es gelang ihr nicht, was doch so leicht ist, ein bisschen Märtyrermitlied zu erlisten.

Es scheint, dass man im Gerichtssaal zu einfach menschlichen Erwägungen unfähig wird; dass das Klarste verwirrt, das Geradeste verzerrt werden muss. Hat denn niemand von all den Mitwirkenden des „Grenzfalles" bemerkt, dass sich hier eine ganz gewöhnliche, in jedem bürgerlichen

44 So im Original.

45 Gemeint war hier Antonie von Schönebeck (1876–1931, auch Schoenebeck) und der in Allenstein im Juni 1910 durchgeführte Prozess gegen sie wegen Anstiftung zum Mord. Wegen Verhandlungsunfähigkeit war der Prozess zuerst unterbrochen worden und wurde später nicht wieder aufgenommen. Schoenebeck galt als „Hysterikerin" und „Nymphomanin". Vgl. Siegfried Placzek, Das Geschlechtsleben der Hysterischen. Eine medizinische, soziologische und forensische Studie, Bonn 1922, S. 126–138.

Hause erlebte *Normalehe* entschleierte, die nur ganz *zufällig* ins Kriminelle entgleist war? Oder hat man es doch dunkel gefühlt und hat man gerade deshalb die Abschreckung von so mörderischen Konsequenzen des Alltäglichen verlangt?

Ich habe die beiden Menschen gekannt, die in diesem Eheskandal umgekommen sind. Sie sind beide Opfer geworden.

Der Leiter der höheren Mädchenschule in Nürnberg, Dr. Herberich, war der Sohn eines ledigen Dienstmädchens. Er hatte sich aus der Tiefe emporgearbeitet. Er war zu einem Mann geworden, der an Umfang und Tiefe geistiger Interessen zu den ungewöhnlichen Erscheinungen gehörte. Kein schöpferischer, vielleicht auch kein ursprünglicher Geist, aber einer, der alle Dinge zu erfassen und zu ergründen bemüht war. Ein Mann ohne Vorurteile, der in seinem intellektuellen Leben ganz gewiss kein schulmeisternder Pedant war. Überall grübelte er über letzte Fragen wissenschaftlichen Denkens und auch künstlerischen Empfindens. Mochte man mit ihm über philosophische oder physikalische Grundprobleme, über Sprachliches oder Pädagogisches, über Politik und Gesellschaft sprechen, immer hatte er etwas Bedeutsames zu sagen. Er war ein Verehrer und Kenner Bernhard[46] Shaws,[47] dessen Art von sozialistischer Weltbetrachtung auch er wohl huldigte; wenige Tage vor seinem Tode hatte er auf meine Veranlassung über Bab's Shawbuch geschrieben.[48] Dieser Mann dunkler und plebejischer Herkunft war von vornehmer Gesinnung und gesellschaftlicher Sicherheit. Er hatte sich im Zügel, sein Urteil war stets gemessen und begreifend, nie lieblos. Die innerliche Autorität, die in seinem Wesen war, schreckte auch die rohesten und plattesten Zyniker ab, ihn zum Ziel des üblichen Stammtischspotts zu wählen. Wenn aber aus diesem ruhigen, besonnenen und durchbildeten Verhalten Zeugen die Unmöglichkeit schließen wollten, dass er *zu Hause* so ganz

46 So im Original.

47 Bernard Shaw (1856–1950), irischer Schriftsteller, Politiker und Pazifist.

48 Der Berliner Schriftsteller, Theaterkritiker und Dramatiker Julius Bab (1880–1955) veröffentlichte 1910 ein umfangreiches Buch über Bernhard Shaw, das 1911 in einer russischen Übersetzung erschien und mehrere Auflagen erlebte. Vgl. Julius Bab, Bernhard Shaw, Berlin 1910. Die Passage im Text oben weist darauf hin, dass sich Eisner und das Mordopfer Herberich kannten bzw. durch Eisners journalistische Arbeit – vermutlich bei der „Fränkischen Tagespost“ – miteinander in Kontakt gestanden hatten.

anders gewesen sein könnte, dass er seine Frau beschimpft, gar misshandelt habe, so waren das schlechte Psychologen. Zwischen zwei Menschen, die nicht zueinander taugen, ist alles möglich, *alles*! Da spricht nicht die Natur ihrer *Charaktere*, sondern die Natur ihres *Bundes*. Übrigens war Herberich, gerade weil er an eine „Emanzipierte“ geraten war, tief überzeugt von der Notwendigkeit der Frauenbildung und Gleichberechtigung der Frau. Der Lehrer, der noch ganze Generationen von jungen Mädchen hätte entscheidend zu beeinflussen vermocht, war nicht imstande, eine einzige, die eigene Frau zu beeinflussen. Wieder ein ganz gewöhnlicher Fall! Herberich sprach nie und zu niemandem über sein häusliches Geschick; aber auf seinem ernsten, blutlosen, zerwühlten und ein wenig ermüdetem Gesicht war das Schicksal einer lastenden Entsagung für ein scharfes Auge lesbar eingeschrieben.

Die Frau gehörte, wenn man von allen krankhaften Einflüssen einer unheimlichen Ahnenbelastung absieht, zu den unglücklichen Geschöpfen, die vor der Welt eine größere Begabung zu spielen begehren, als ihnen beschieden ist. Leidenschaftlich, nach Tätigkeit drängend und begehrlich zu wirken, verlieren solche Frauen leicht das Gleichgewicht und, indem sie ihre Kräfte eitel überspannen, werden sie ganz und gar unnatürlich. Die Welt nährte in diesem Falle die krankhaften Triebe. Die gesellschaftliche Stellung, die ihr Mann einnahm, ließ ihre herrische Energie, voranzustehen, erfolgreich werden. Man fürchtete sie. Ihr explosives Wesen erzeugte in jeder geselligen Runde, in der sie saß, die unbehagliche Angst vor Überfällen ihres Temperaments. Aber die gute Gesellschaft war viel zu höflich, um der Frau zu sagen, was man über sie dachte, weil sie doch zu dem Kreis der hohen Mandarinen gehörte, die man nicht verletzen darf. Ihr Mann kannte natürlich die geringe Tiefe ihres Wissens und die mangelnde Schärfe ihres Urteils; und taktvoll, wie dieser uneheliche Sohn einer Dienstmagd war, vermied er es, die taktlose Sprossin erlauchter Ahnen, die feingebildete Dame, an seiner bescheidenen Geselligkeit teilnehmen zu lassen. Dieses Absondern ihres Mannes gehörte zu den Gründen ihres Hasses. Die bürgerlichen Frauen aber machten sie zur Vorsitzenden des Frauenstimmrechtsvereins,[49] in dem sie gelegentlich auch

49 Gemeint war die Nürnberger Ortsgruppe des 1908 von Anita Augspurg (1857–1943) und Lida Gustava Heymann (1868–1943) gegründeten „Bayerischen Landesvereins für Frauenstimmrecht“. Der genaue Zeitraum von Paula Herberichs

krause Vorträge hielt. Sie dünkte sich höchst freigeistig, radikal und aufgeklärt, während in ihr doch faules feudales Blut kochte, das sie stumpf gegen den ersten sittlichen Grundsatz freier Menschlichkeit machte: die Achtung vor der Freiheit des andern. Dieses sich modern wähnende Weib war im Grunde noch besessen von dem alten Eigentumsrecht am Menschen, und in diesem Wahn agierte sie mit dem Browning die Heldenrolle einer sich selbst rächenden beleidigten Weiblichkeit. Ein ganzes Jahrzehnt älter, als das gefährliche Alter der Karin Michaelis,[50] war sie schon durch ihr Temperament untauglich zur Ehe, für die ihr auch die Fähigkeit mangelte, durch zuverlässige, geräuschlose Mechanisierung der Hauswirtschaft Behagen zu schaffen.

Und doch hätte diese regsame Frau, *außerhalb* der Ehe, eine vielleicht nützliche Tätigkeit finden können. Der stete Widerspruch, die unausgesetzte Hemmung, die sie in der Ehe bedrückte – die Ehe kennt und übt keine Geduld! – vergiftete ihr krankes Wesen vollends. Sie war im Grunde keine Kanaille. Ich erinnere mich einer Unterhaltung. Man debattierte, wie man in einem Kreis debattiert, der durch keine gleichen sachlichen Interessen zusammengehalten ist, mehr aus geistigem Spieltrieb als um eines Ertrages willen. Die Frau sprach irgendeine Meinung aus, die man am Tische lebhaft bekämpfte; sie führte ihre Sache nicht ungeschickt, aber gereizt. Schließlich trat ich auf ihre Seite. Ich merkte, wie sich ihre Stimmung sofort änderte. Sie wurde gütiger und milder, weil ihr – ungewohnterweise – ein Mann aus dem Kreise ihres Gatten beistand; ihre Augen leuchteten beinahe dankbar.

Zwei Menschen, die sich im Innersten tödlich hassen, weil sie nicht zueinander gehören, und die dennoch beisammen bleiben – eine ganz ausgezeichnete bürgerliche Ehe also, in der man aus „Pflicht" sich gegenseitig

Vorsitz der Nürnberger Frauenstimmrechtsgruppe ist nicht bekannt. Vgl. Eine Professorsfrau als Mörderin, in: Volksstimme. Sozialdemokratisches Organ für den Regierungsbezirk Magdeburg, Nr. 17 vom 22. 1. 1911.

50 Die dänische Schriftstellerin und Journalistin Karin Michaëlis (1872–1950) veröffentlichte 1910 den im selben Jahr in einer deutschen Übersetzung publizierten Briefroman „Das gefährliche Alter", in dem die tabuisierten Wünsche einer Frau um die 40 geschildert wurden. Das Buch hatte erhebliche Resonanz, erlebte zahlreiche Neuauflagen, wurde mehrfach übersetzt und auch verfilmt. Vgl. Karin Michaëlis, Das gefährliche Alter. Tagebuch-Aufzeichnungen und Briefe einer vierzigjährigen Frau. Aus dem Dänischen übersetzt von Mathilde Mann, Berlin 1910.

zu Grunde richtet.[51] Nur die pathologische Erbschaft, die die Frau mitschleppte, führte dieses Zugrunderichten in kriminell abgekürztem Verfahren herbei. Das Verbrechen, das diese Ehe endigte, ist wirklich nur eine pathologische Zufälligkeit und deshalb ganz und gar nicht interessant. Aber bedeutsam ist die Frage, warum wurde diese Ehe weitergetragen, ohne die der wertvolle Mann noch heute seiner fruchtbaren Arbeit leben und die etwas parasitäre Frau in irgendeiner harmlosen Geschäftigkeit sich nützlich machen könnte.

Dass die Frau im Joch blieb, das sie schon als „Emanzipierte“ verabscheute, ist verständlich. Sie wusste, dass ihre ganze gesellschaftliche Stellung in der ihres Mannes wurzelte. Auch wirtschaftlich war sie gebunden. Und sie war zu alt, als dass sie etwa in den Abenteuern einer neuen Leidenschaft hätte Befriedigung finden können.

Aber warum blieb der Mann in dem unseligen Käfig? Selbst wenn unser aberwitziges klerikales Eherecht die gesetzliche Scheidung nicht ermöglicht haben sollte, er hätte sich doch trennen können und brauchte sich nicht täglich wieder in ein „Heim“ zu begeben, an dessen Schwelle er schließlich wie ein toller Hund abgeschossen wurde. Hatte er religiöse Bedenken? Er war frei davon. Zögerte er aus sittlichen Gründen? Er war überzeugt, dass es nichts Unsittlicheres gibt, als solche Ehe. Rücksicht auf das Kind? Er war ein viel zu guter Pädagoge, um nicht zu wissen, dass Kinder schon in einer seelenlosen Ehe verkümmern, geschweige in einer feindseligen.

Warum harrte er also aus? Aus einem einzigen Grunde! Er wollte seine Stellung behaupten, und er war sich klar darüber, dass er als Mädchenerzieher unmöglich war, wenn er *durch eine öffentliche Trennung Ärgernis erregte*. Man erlaubt in der Ehe jeden Frevel. Man kann sich wörtlich, tätlich, wirtschaftlich auf jede Weise misshandeln – das mindert das Ansehen und schädigt die Stellung nicht. Nur darf es durch die öffentlich nachweisbare Trennung keinen Skandal geben; nur darf man sich nicht *aus* der Ehe flüchten.

Getrennte *Zimmer* – das geht niemand etwas an. Getrennte *Wohnungen* – das reizt ein Disziplinarverfahren. Dr. Herberich hatte sich mühsam emporgearbeitet, er war entschlossen, das Amt, das ihm ans Herz

51 Hierbei handelt es sich sicherlich auch um eine Anspielung auf Eisners eigene erste Ehe, die ähnlich glücklos verlaufen war. Vgl. hierzu Grau, Eisner, S. 231 f.

gewachsen, um keines persönlichen Ungemachs willen preiszugeben. Er wusste, dass der einzelne im Kampf gegen Staat und Gesellschaft der schwächere ist. Auch als er einmal in einer öffentlichen Angelegenheit in einen kleinen Konflikt geriet, wich er zurück, würdig zwar, doch er wich. Er wollte sich in seinem Wirken durch nichts stören lassen. Er war sich klar darüber, was es bedeutet, an die bürgerliche Gesellschaft gefesselt zu sein. Darum liebte er Bernhard Shaw, den Freien. Darum ließ er sich aber auch, als anständiger Mensch, braver Bürger und hervorragender Mädchenschulrektor erst sein Menschenglück stehlen und dann als unversehrter Ehren- und Ehemann niederknallen. …

3.

Politische Schriften

Magdeburger Sauerkraut[1]

Bevor du auf den Parteitag gehst, stelle dir eine Liste der Teilnehmer auf, die du leiden und derer, die du nicht leiden kannst. Stimme immer mit den letzteren; dann kommen richtige Beschlüsse heraus.

*

Gebundene Mandate sind Butterbrote, die einem zu Hause eingepackt sind und die man erst am vierten Tage in der Manteltasche entdeckt. Bedenke, in der Wirtschaft des Parteitagslokals gibt es immer frische Butterbrote.

*

Luftveränderung ist auch für geistige Epidemien ein Heilmittel. Nur schleppe nicht in die neue Gegend alle Bekannte deines Wohnortes mit, sonst bist du wieder dort, wo du herkamst.

*

Auch in der politischen Welt ereignet sich manchmal etwas Neues. Es ist also nicht immer beweiskräftig, wenn man eine Meinung begründet: „Schon XYZ sagt sehr richtig …"

*

Die Phantasie des Zukünftigen arbeitet pessimistisch. Wenn man die sozialistische Gesellschaft des Zukunftsstaates bekämpft, so malt man ein Gemälde, als ob im Gegenwartsstaat ein Haufen von Narren und Verbrechern schrankenlos wütete. Zukunftsgedanken über die Parteientwicklung lassen sich mit *einem* Worte ausrotten: Das führt zur Versumpfung!

*

Es ist mir aufgefallen, dass kein Mensch so wenig verstanden wird, als wer in seinem persönlichen Leben Einheit von Theorie und Praxis zu erreichen sucht und gar erreicht. Man empfindet das als eine Beleidigung der andern.

1 Arbeiter-Feuilleton, Nr. 24/25, September 1910, SAPMO-BArch NY/4060/51: Arbeiter-Feuilleton, Artikel von Kurt Eisner 1909–1910, Bl. 57. Der Beitrag wurde abgedruckt in: Münchner Post, Nr. 217 vom 18./19. 9. 1910.

*

Das bürgerliche Moralgefühl besteht in dem Neid der Feigheit, dass sich der andere getraut, was man doch selbst gern möchte.

*

Man soll auf Parteitagen die Geographie und die Dialekte vergessen. Der Segen ist nicht zu ermessen, wenn sich ein Leipziger für einen Badenser und ein Münchener für einen Berliner hielte.

*

Diskutiere so, als ob du schon zehn Jahre danach lebtest.

*

Es ist nützlich, sich bei dem, was man sagt, etwas zu denken; man sagt es dann meist nicht.

*

Es ist ein Unglück für einen Redner, gute Gründe zu entwickeln; sein Gegner hält das für eine besonders empörende Gemeinheit.

*

Demokratisches Bewusstsein – die Überzeugung, übermorgen die Mehrheit zu gewinnen. Demagogie – die Routine, sie schon heute unter allen Umständen zu erzwingen oder sich ihr anzupassen.

*

Für einen weltgewandten Menschen setzt sich die eigene Überzeugung aus den Händen zusammen, welche die andern aufheben.

*

Ein allbekanntes Wort ist wirksamer als tausend neue Gedanken. Nichts ist eitler als das Publikum. Es will immer nur in den Gedanken des andern die Bestätigung seiner eigenen Gescheitheit wiederfinden. Man soll deshalb immer nur reden, was alle schon wissen. So entstehen die Zwischenrufe: Sehr richtig!

*

Alles Unheil in der Welt kommt von den Verbotstafeln. Weil im Paradies zu lesen war: es ist verboten, Äpfel zu essen, verloren wir es. Wird die Verbotstafel allgemein, so nennen das Manche „Prinzip".

*

Wenn nur ein Tausendstel der Leidenschaft, die aufgewendet wird, um Beschlüsse durchzusetzen über das, was man *nicht* tun darf, hergegeben würde für das, was man *tun* soll!

*

Lies vor jedem Parteitag alle Protokolle der vorhergehenden durch. Und dann habe den Mut, die Beschlüsse zu vermehren.

*

Sittliche Entrüstung ist der Kunstgriff der Vernunft, sich Denkarbeit zu ersparen. Das eine Wort „Schweinehund" hat größere Wirkungen erzeugt als alle Philosophie und Wissenschaft zusammengenommen.

*

Es ist so schwer, einen anderen zu widerlegen, weil der Erfolg voraussetzt, dass der andere so bescheiden und so klug ist, sich selbst widerlegen zu wollen.

*

Nur der bedeutende Mensch weiß menschliche Bedeutung zu verehren.

*

Ich kenne kein größeres Vergnügen, als Menschen zu finden, die klüger sind als ich selbst. Es ist merkwürdig, wie wenige sich dieses Vergnügen gönnen.

*

Die Abneigung gegen den Heldenkult entspringt häufig der Begierde, zu verbergen, dass man selber kein Held ist. Man glaubt zu wachsen, wenn man die andern um einen Kopf kürzt.

*

Mitläufer gewinnen – die Kraft neuer Aussaat. Die eigentliche Fruchtbarkeit einer Partei äußert sich in dem Maße, in dem sie außerhalb ihres Kreises wirkt.

*

Regierungen lenken von inneren Schwierigkeiten ab, indem sie die Leidenschaft nach außen leiten. Bei Parteien ist es umgekehrt: äußere Hemmnisse fressen nach innen. Unbefriedigtes Machtgefühl gegen den Feind schlägt in Kampflust gegen den Freund um. Kann ich keinen Minister stürzen, so doch wenigstens meinen Freund Schultze.

*

Ein Wähler ist stets der Inbegriff aller Gescheitheit. Aber er soll deshalb nicht übermütig werden. Er kann über Nacht zum Idioten werden: wenn er sich nämlich wählen lässt.

*

Nur *die* Disziplin ist revolutionär, der sich zu unterwerfen, Gefahr und Opfer verlangt.

*

Parteien müssen gegen die Mitglieder noch mehr Toleranz üben als Staat und Regierung gegen die Bürger. Es wird gegen diese Auffassung eingewendet: dem Staat gehöre man durch Zwang, der Partei freiwillig an. Wer so denkt, *lebt* nicht in der Partei. Aus dem Staat kann man auswandern und gewinnt vielleicht dabei; die Partei verlassen, heißt aus seinem Leben auswandern. Wer mit einer Partei innerlich verwachsen ist, wem sie persönlicher Inhalt des Daseins geworden ist, der ächtet sich selbst, wenn er sie verliert, verurteilt sich selbst zum bürgerlichen Tod und seine Seele findet nirgends in der Welt mehr ein Asyl. Die Partei ist der stärkste Zwang, so unfreiwillig wie das Dasein selbst.

*

Der Glaube an die Zukunft ist die einzige Lebensmöglichkeit der Gegenwart.

*

Die Titel- und Ordenssucht ist unausrottbar. Innerhalb der Parteien nennt man's „Richtungen", wir „–isten", d. h. wir besseren Leute mit dem roten Adler vierter.

*

Spott ist die Schutzmaske des Idealismus; magische Feierlichkeit nicht selten die Locklampe für geschäftstüchtige Animierkneipen.

Theobalds Großvater[2]

I.

Der Absolutismus des heute herrschenden Kaisertums hebt das bisschen deutsche Verfassung auch darin auf, dass er dem einzigen formell verantwortlichen Beamten des Reiches nicht gestattet, eine *Persönlichkeit* zu sein. Deutschland wird gegenwärtig von einem Reichskanzler regiert,

2 Arbeiter-Feuilleton, Nr. 26/27, September 1910, SAPMO-BArch NY/4060/51: Arbeiter-Feuilleton, Artikel von Kurt Eisner 1909–1910, Bl. 61 f. Dieser Beitrag trägt keine Signatur von Kurt Eisner, stammt aber mit hoher Wahrscheinlichkeit von ihm; er wird beispielsweise auch als sein Werk ausgewiesen in ebenda 146, Bl. 101.

von dessen Vergangenheit, Gegenwart und Zukunft man nicht das mindeste weiß. Weil man den sogar dem Konversationslexikon erst seit den Supplement-Bänden von 1910[3] bekannt gewordenen Herrn v. Bethmann Hollweg[4] ebenso wenig kennt wie die Philosophie, hält man ihn selbst für einen Philosophen; und weil er unfähig ist, sich im Wogenprall der Öffentlichkeit zu behaupten, wird er für vornehm erklärt. Die kaiserliche Persönlichkeit[5] heischt, allein zu reden und zu wirken; deshalb muss sein Kanzler schweigen und sich jeden menschlichen Wesens entleeren. So ist der deutsche Reichskanzler schon vor der Mitwelt ein wesenloser Mythus,[6] und wem daran liegt, zu erforschen, was für ein Kern in der Hülle stecken möge, der muss schon den Umweg geschichtlicher Forschung wählen.

Der heutige Bethmann gibt kein Material zu seiner Ergründung. Erst das biologische Gesetz der Vererbung lässt von dem Toten auf den Lebenden schließen. Für die Vererbung des Wesens vom Großvater auf den Enkel bietet der heutige Bethmann ein prächtiges Beispiel: Der unfassbare, verschwimmende Enkel wird körperlich, wenn man seinen Großvater studiert. Der Kanzler Wilhelms II. ist ein Beispiel zugleich der Vererbung und der Erschöpfung großväterlicher Eigenschaften. Inhalt und Form ist geblieben, aber was bei dem Vorfahren noch eine gewisse Kraft und Frische, Zielwillen und Festigkeit besaß, ist bei dem kümmerlichen Nachkommen schattenhaft, ängstlich, verblasst und zur Karikatur einer Karikatur geworden.

Aus den Unbestimmtheiten des heutigen Kanzlers setzt sich schnell der einzige bestimmte Eindruck zusammen: kein Staatsmann und auch kein Mensch, sondern nur ein „*Professor des Königs*"! Aber ein Professor des Königs ohne Wissenschaft, selbst ohne Gelehrsamkeit. Bethmann Hollweg, der Enkel, schillert nur, was sein Großvater war;[7] er ist nur ein

3 Gemeint war hier vermutlich Meyers Großes Konversations-Lexikon. Ergänzungsband und Supplemente, Bd. 21: Ergänzungen und Nachträge, Leipzig/Wien 1910.

4 Theobald von Bethmann Hollweg (1856–1921) war von 1909 bis 1917 deutscher Reichskanzler.

5 Gemeint war der deutsche Kaiser Wilhelm II. (1859–1941).

6 So im Original.

7 Gemeint war der Jurist Moritz August von Bethmann Hollweg (1795–1877), der zwar Mitglied der Ersten und Zweiten preußischen Kammer sowie von 1858 bis 1862 preußischer Kultusminister gewesen war, zeitlebens aber der Wissenschaft

alt gewordener *Privatdozent* des Königs, den man wegen seiner Mittel und wegen seiner Familie zugelassen hat, dagegen war sein Großvater ein wirklicher Professor; zwar von jener verstockten, dumpfen, stickigen Art des preußischen Hofgelehrten, ein übler Scholastiker der besonderen preußischen Dialektik, doch immerhin ein Gelehrter von Wissen und Kaliber und ein Politiker von einem gewissen pedantischen Eigensinn, der dem Oberflächlichen fast wie Charakter erscheinen konnte. Im Übrigen ist es ein nicht unlustiges Spiel, in den versichten Zügen des Enkels eine fast lächerliche Ähnlichkeit mit jenen Moritz August v. Bethmann Hollwegs aufzuspüren, der in der Zeit der preußischen Gegenrevolution die Fahne der „*gesunden* Reaktion" schwang;[8] der sich umsonst bemühte, das Königtum Friedrich Wilhelms IV.[9] vor der feudalen Wut der Gerlach-Kamarilla[10] zu retten; und der vielleicht seinen Enkel gerade dadurch dem Großneffen seines Königs[11] empfahl, dass er ein Gegner

verbunden bzw. ein „Mann der Wissenschaft" blieb – von 1820 bis 1842 wirkte er als Professor für Römisches Recht an den Universitäten Berlin und Bonn. Theobald von Bethmann Hollweg war der Sohn des zweiten Sohnes von Moritz August von Bethmann Hollweg. Vgl. Jochen-Christoph Kaiser, Moritz August von Bethmann Hollweg, in: Michael Häusler/Jürgen Kampmann (Hrsg.), Protestantismus in Preußen. Von der Mitte des 19. Jahrhunderts bis zum Ersten Weltkrieg, Frankfurt a. M. 2013, S. 23–50.

8 Bethmann Hollweg vertrat als führender Kopf der „Wochenblattpartei" – benannt nach deren zwischen 1851 und 1861 erscheinendem Organ „Preußisches Wochenblatt" – in den 1850er-/1860er-Jahren zwar liberal-konservative Ansichten und plädierte für den Aufbau einer konstitutionellen Monarchie nach englischem Vorbild, ohne gleiches und allgemeines Wahlrecht. Im Kern redete er aber auch einer preußischen Hegemonie das Wort und akzeptierte stillschweigend konservative Tendenzen der Reaktionszeit nach 1848/49; schon in den 1820er-Jahren hatte ihn die staatlich-repressive Politik zurückweichen lassen und von politischen Aktivitäten abgehalten. Vgl. Kaiser, Bethmann Hollweg; Dagmar Bussiek, „Mit Gott für König und Vaterland!" Die Neue Preußische Zeitung (Kreuzzeitung) 1848–1892, Münster 2002, S. 139.

9 Friedrich Wilhelm IV. (1795–1861) war von 1840 bis 1861 preußischer König.

10 Gemeint waren hier die Brüder Ludwig von Gerlach (1795–1877), Leopold von Gerlach (1790–1861) und Wilhelm von Gerlach (1789–1834), die zu einem als „Kamarilla" bezeichneten Kreis um Friedrich Wilhelm IV. gehörten, in dem sich auch Bismarck bewegte und die mit der „Neuen Preußischen Zeitung" (wegen des Eisernen Kreuzes im Kopf auch „Kreuzzeitung") – und im direkten Gegensatz zum „Wochenblatt" – wesentlich den Boden bereiteten für die Konservative Partei und die deutsche Reaktion. Vgl. hierzu Bussiek, Zeitung.

11 Gemeint war der spätere deutsche Kaiser Wilhelm II.

Bismarcks gewesen und als letzte politische Kundgebung im Juli 1866 Wilhelm I.[12] schrieb, er müsse zur Gewinnung öffentlichen Vertrauens Bismarck entlassen.

II.

Moritz August v. Bethmann war als Schüler Savignys ein Lehrer jener „historischen Rechtsschule",[13] die in ihrer gelehrten Andacht vor der Rechtsschöpfungskraft der Vergangenheit und der Leugnung zeitgenössischer Jurispotenz von allen afterwissenschaftlichen Formeln losgelöst, nichts weiter bedeutet, wie die dogmatisch verkleidete Gegenrevolution, die jede Änderung des Bestehenden, von elendem Flickwerk abgesehen, bekämpft. Als die Stürme des Jahres 1848[14] über seinen historisch denkenden Kopf fegten, ergab er sich „liberaler" Frömmelei im Geiste seines Freundes, des preußischen Kultusministers Eichhorn,[15] der nach den Märztagen den Trostspruch niederschrieb: „Es wird ein anderer Geist kommen…, nicht menschlich, sondern göttlichen Ursprungs, wird er die in Selbstsucht Versunkenen wieder aufrichten, die Gedanken des Ewigen wieder in ihnen erwecken und im segnendem Walten neues Leben zur Blüte und Frucht fördern. Ich kann sagen, dass ich mitten im Brausen der Gegenwart das Wehen dieses Geistes schon fühle." – Das Wehen dieses Geistes hieß – Wrangel![16]

Bethmann tröstete sich 1848 durch Einberufung einer Kirchenversammlung nach Wittenberg und durch Einrichtung der „inneren

12 Hier ist der deutsche Kaiser Wilhelm I. (1797–1888) gemeint.

13 Friedrich Carl von Savigny (1779–1861) war ein deutscher Jurist und der Begründer der deutschen Rechtsschule, seit 1810 wirkte er an der Universität zu Berlin. Moritz August von Bethmann Hollweg war während seines Studiums in Berlin wesentlich von Savigny beeinflusst worden. Vgl. Kaiser, Bethmann Hollweg.

14 Gemeint war hier die deutsche Revolution 1848/49.

15 Friedrich Eichhorn (1779–1856) war von 1840 bis 1848 preußischer Kultusminister, wie Bethmann Hollweg war er in der „Inneren Mission" Johann Hinrich Wicherns (1808–1881) aktiv.

16 Friedrich von Wrangel (1784–1877) hatte als General und Oberbefehlshaber im November 1848 die preußischen Truppen in das revolutionäre Berlin geführt. Zwar war es hier zu keinen Kämpfen gekommen. Das entschlossene Auftreten der Armee hatte aber die Revolution im ganzen deutschsprachigen Raum gehemmt, Wrangel blieb bis 1864 Gouverneur von Berlin.

Mission".[17] In der ersten Kammer[18] stand er anfangs auf der äußersten Rechten, nächst Stahl,[19] dem Philosophie- und Systemjuden des preußischen Junkertums. Dann kam es zum Bruch mit den Männern der Kreuzzeitung, mit dem Gerlach,[20] Bismarck, Westfalen[21] (dem Schwager von Karl Marx[22]). Er wurde in die Zweite Kammer[23] gewählt, als Führer der neuen Partei Bethmann Hollweg, deren Organ das „Preußische Wochenblatt"[24] war. 1855 verlor er sein Mandat und verschwand aus dem politischen Leben; gerade in dieser Zeit fand sein Sohn den Mut, Theobald zu zeugen, der im Herbst 1856 auf die Welt kam. Erst mit der Regentschaft Wilhelms I. taucht er wieder auf. Im November 1858 wird er Kultusminister und bleibt es bis zum Ministerium Bismarck 1862.[25] Er war der Minister der „neuen Ära",[26] die darum ewig neu war, weil sie

17 Eisner meinte hier den von Bethmann Hollweg einberufenen Wittenberger Kirchentag im Jahr 1848, auf dem auf Wicherns Initiative hin der „Central-Ausschuss für Innere Mission" gegründet wurde. Bethmann Hollweg war der erste Präsident dieses Central-Ausschusses und amtierte fortan bis 1872 auch als Präsident der Deutschen Evangelischen Kirchentage. Wesentlich durch die Erweckungsbewegung beeinflusst, suchte die „Innere Mission" als karitative Organisation christlich-evangelische Antworten auf die Herausforderungen der Industrialisierung und auf die soziale Frage. Vgl. hierzu Jochen-Christoph Kaiser, Die Gründung des Central-Ausschusses für Innere Mission. Ein historisch-theologischer Rückblick, in: ders., Evangelische Kirche und sozialer Staat. Diakonie im 19. und 20. Jahrhundert, Stuttgart 2008, S. 18–30.

18 Bethmann Hollweg gehörte zwischen 1849 und 1851 der Ersten preußischen Kammer an.

19 Der Jurist und Politiker Friedrich Julius Stahl (1802–1861) war ein zentraler Vordenker der deutschen konservativen Bewegung und 1848 wesentlich an der Gründung der „Neuen Preußischen Zeitung" beteiligt.

20 Gemeint war hier vermutlich der Bruch des „konservativen Outsiders" Bethmann Hollweg mit Ludwig von Gerlach und der „Kreuzzeitung" im Jahr 1851. Vgl. Bussiek, Zeitung, S. 139.

21 Ferdinand von Westphalen (1799–1876) war von 1850 bis 1858 preußischer Innenminister. Er gehörte ebenfalls in die konservative „Kreuzzeitungs"-Gruppe. Vgl. ebenda, S. 109.

22 Ferdinand von Westphalens Halbschwester Jenny von Westphalen (1814–1881) und Karl Marx (1818–1883) hatten im Juni 1843 geheiratet.

23 Bethmann Hollweg gehörte von 1852 bis 1855 und von 1859 bis 1861 der Zweiten preußischen Kammer bzw. dem Preußischen Abgeordnetenhaus an.

24 Gemeint war hier die sogenannte Wochenblattpartei, vgl. auch Anm. 8 auf S. 61.

25 Am 23. September 1862 wurde Otto von Bismarck von Wilhelm I. zum vorläufigen preußischen Ministerpräsidenten ernannt, dem folgte eine Kabinettsumbildung.

26 Als „Neue Ära" wird die Ablösung des konservativen preußischen Kabinetts unter Otto Theodor von Manteuffel (1805–1882) im Jahr 1858 durch das

wieder einmal alle liberalen Illusionen zerstörte. Als Minister strebte er nach „Befestigung des christlichen Charakters der Volksschule". Sein einziger fruchtbarer Versuch eines Fortschritts, die Einführung der falkultativen Zivilehe,[27] scheiterte am Widerstand des Herrenhauses. Seine politische Bedeutung aber beruht ausschließlich in den früheren Kämpfen mit der Feudal-Kamarilla Friedrich Wilhelms IV., deren Geschichte unlängst in einem mit doktoralen Gebärden gedruckten Äußerungen zerfaserndem Buch Dr. Walter *Schmidt*[28] geschrieben hat („Die Partei Bethmann Hollweg und die Reaktion in Preußen 1850 bis 1858. Berlin 1910. Alexander Duncker Verlag.")[29]

III.

Schon im Jahre 1845 wurde Bethmann Hollweg als Nachfolger Eichhorns im Kultusministerium benannt: *„Auch ein Serviler, ein Frömmler, ein Duckmäuser"*, schrieb bei dieser Nachricht Varnhagen v. Ense.[30] Zu der Wittenberger Tagung, im Herbst 1848, bemerkte derselbe Varnhagen,

liberal-konservative Kabinett bezeichnet, dem auch Bethmann Hollweg angehörte. Der Beginn dieser Ära „liberaler Lockerung" war verbunden mit dem Antritt der Regentschaft Wilhelms I. als preußischer König, im Frühjahr 1862 endete sie mit einer konservativen Wende.

27 Hier ist die Wahl zwischen kirchlicher und bürgerlicher Eheschließung gemeint, deren audrücklicher Befürworter Bethmann Hollweg gewesen war: Mit seiner Amtsübernahme 1858 wurde eine entsprechende Reform in Gang gesetzt, die 1859 zwar die Zweite Kammer passierte, 1861 aber von der Ersten Kammer abgelehnt wurde. Dies war auch Gegenstand zahlreicher Debatten in den folgenden Jahren, an deren Ende die Einführung der obligatorischen Zivilehe mit dem im Februar 1875 im gesamten Deutschen Reich in Kraft getretenen „Personenstandsgesetz" stand. Die kirchliche Eheschließung hatte fortan keine bürgerlich-rechtliche Bindung mehr. Vgl. Wiebke Mund, Das preußische Eheschließungsrecht in der Judikatur des Berliner Obertribunals von 1835 bis 1879, Frankfurt a. M. 2008, S. 72–75.

28 Vgl. Walter Schmidt, Die Partei Bethmann Hollweg und die Reaktion in Preußen 1850–1858, Berlin 1910. Im selben Jahr erschien zudem Schmidts deutlich kürzere Schrift: Die Begründung der Partei Bethmann Hollweg im Gegensatz zu der konservativen Reaktion in Preußen 1848–1851, Berlin 1910.

29 Es handelte sich dabei um die 1909 an der Universität Tübingen eingereichte Dissertation „Die Partei Bethmann Hollweg und die Reaktion in Preußen 1850–1858".

30 Gemeint war der Erzähler und Diplomat Karl August Varnhagen von Ense (1785–1858), das Zitat entstammt seinem Tagebucheintrag vom 24. Juni 1845. Vgl. Tagebücher von K. A. Varnhagen von Ense, Bd. 3, Leipzig 1862, S. 101.

dass diese protestantischen Fanatiker und Jesuiten in jetziger Zeit weniger gefährlich seien, „doch muss man auf Schelmenstreiche gefasst sein und die Burschen im Auge behalten".[31] In der Reaktionszeit warb Bethmann mit heißem Bemühen um das Vertrauen des Königs, das immer wieder von der Kamarilla unterwühlt wurde. Aber er bewährte schon in dieser Zeit die Fähigkeit, ein preußisches Ministergeschlecht zu erzeugen, durch die Geduld, sich stumm von Potentaten *anschreien* zu lassen. Von dieser Kunst erzählt Varnhagen unter dem 30. November 1851: „Der König hat am Freitag die sämtlichen Kammermitglieder zur Wirtstafel eingeladen; er schrie wütend den Herrn v. Bethmann-Hollweg an, sprach von seiner Gnade, die man erwerben solle, von seiner Ungnade, die man verdiene. *Bethmann-Hollweg sah den König an und erwiderte nichts.*"[32] Ein paar Tage darauf, heißt es in den Tagebüchern Varnhagens: „Bethmann-Hollweg und seine Genossen haben dem König ihre Unterwürfigkeit, ihre guten Gesinnungen dargelegt; er hat sie zu Gnaden angenommen; wenn es so gemeint sei, so habe er nichts wider sie, sie möchten nur fortfahren, gute Untertanen zu sein."[33] Bisweilen tauchen bei Varnhagen für den Kämpfer gegen die Kamarilla leise Sympathien auf, aber er sieht doch immer wieder auf den Grund seines Charakters. Zu einer Kammerrede bemerkt er am 27. April 1854: „Bethmann-Hollweg geht jämmerlich zurück, und glaubt gegen die Scheußlichkeit des Straßenunfugs im Jahre 1848 zu Berlin reden zu müssen."[34] Und ein Jahr später findet er die glänzend charakterisierende Wendung, die förmlich den Enkel erzeugt: „*Ein schüchterner Intrigant!*"[35]

31 Vgl. den Eintrag vom 4. Oktober 1848 in ebenda, Bd. 5, Leipzig 1862, S. 219.
32 Eisner verkürzte Varnhagen von Ense leicht, im Eintrag vom 30. November 1851 heißt es: „Der König hatte am Freitage die sämtlichen Kammermitglieder zur Mittagstafel eingeladen. Von seiner Weise den Wirth zu machen, ging er auch diesmal nicht ab. Er schrie wüthend den Herrn von Bethmann-Hollweg an, sprach von seiner Gnade, die man erwerben solle, von seiner Ungnade, die man verdiene, die genaueren Worte konnte Pitt-Arnim, der doch in der Nähe war, nicht hören. Bethmann-Hollweg sah den König an und erwiederte nichts." Vgl. den Eintrag vom 30. November 1851 in ebenda., Bd. 8, Zürich 1865, S. 447 f. Mit Pitt-Arnim war vermutlich der Diplomat und Schriftsteller Karl Otto Ludwig von Arnim (1779–1861) gemeint.
33 Vgl. den Eintrag vom 5. Dezember 1851 in ebenda, S. 460.
34 Vgl. den Eintrag vom 27. April 1854 in ebenda, Bd. 11, Hamburg 1869, S. 50.
35 Vgl. den Eintrag vom 17. Mai 1855 in ebenda, Bd. 12, Hamburg 1870, S. 79.

Ein ihm wohlwollener Franzose Adolphe de Circourt,[36] der im Jahre 1848 im Auftrage der französischen Regierung Deutschland bereiste – seine Aufzeichnungen sind im vorigen Jahre veröffentlicht worden[37] –, fällte das Urteil: „In der Politik stießen die *Neigungen* Bethmann-Hollwegs, die weniger vernünftig waren als seine *Meinungen*, ihn von der Erbaristokratie zurück, und hielten ihn in *unermesslichem Abstand von der kämpfenden Demagogie.*“[38] Er habe für den preußischen Staat etwas ähnliches wie die englische Verfassung erreichen wollen. Niemals habe er einen so grundsätzlichen *Gegner des römisch-katholischen Systems* gesehen: „Er betrachtete die Päpste vom achten bis zum achtzehnten Jahrhundert als die Verkörperung des schlechten Geistes Deutschlands.“[39] Das ist die Entwicklung vom Großvater zum Enkel: mit seinem gespreizten Tiefsinn, seiner gelehrten Tünche, seinem Widerwillen gegen die „Demagogie“ hat der schüchterne Intrigant von *heute,* der sicher schweigend aufzublicken versteht, wenn er von oben angeschrien wird, den Weg zurückgefunden zur Erbaristokratie[40] und zum Ultramontanismus.[41] Theobald ist der Großvater der *ersten* Periode, da dieser mit den Gerlachs zusammen am 18. Januar 1850 Friedrich Wilhelm IV. die von der Junkerfronde unterzeichnete Petition überreichte, die sich *gegen* die Einführung der Budgetbewilligung durch die Kammern wandte.[42] Aus den Kampfjahren des Großvaters hat er nur den monarchistischen Knechtssinn und die Doktrin

36 Adolphe de Circourt (1801–1879) war ein französischer Diplomat, der 1848 nach Berlin entsandt worden war.

37 Vgl. Adolphe de Circourt, Souvenirs d'une mission à Berlin en 1848, 2 Bde., Paris 1908/09.

38 Vgl. Tagebücher von K. A. Varnhagen von Ense, Bd. 2, Leipzig 1861, S. 425.

39 Ebenda.

40 Auch Erb- bzw. Geburtsadel. Damit wird das Prinzip der Weitergabe von Herrschaft und Besitz durch die Zugehörigkeit zu adligen Familien bezeichnet.

41 Als ultramontan bezeichnete man eine Richtung im politischen Katholizismus des 19. und 20. Jahrhunderts, die sich strikt an den Positionen des Vatikans orientierte – ultra montes meint „jenseits der Berge“ bzw. „jenseits der Alpen“. Insbesondere in der Zeit des sogenannten Kulturkampfes (1871–1878) entwickelte sich der Begriff zu einem regelrechten Schlagwort, um konservativ-katholische Positionen zu kennzeichnen.

42 Vgl. hierzu Bussiek, Zeitung, S. 95; Richard Kohnen, Pressepolitik des Deutschen Bundes: Methoden staatlicher Pressepolitik nach der Revolution von 1848, Tübingen 1995, S. 167. Mit „Junkerfronde“ meinte Eisner das Bündnis adligpreußischer Großgrundbesitzer.

der „gesunden Reaktion" übernommen; und wenn Theobald wie Moritz August alles für einen liberal gemäßigten Konservatismus zu sammeln sucht, so tut er das nicht im Kampfe gegen Junkertum und Ultramontanismus, sondern im Verein mit diesen Mächten und zu ihrer Stärkung.

IV.

Die radikale „Urwählerzeitung"[43] hat 1852 witzig treffend die Partei Bethmann Hollwegs mit den Meilenzeigern an den alten Wegen verglichen, auf denen niemand mehr geht. Die heftige und leidenschaftliche Opposition, in die der ehemalige Bundesgenosse der Feudal-Reaktionäre[44] geriet, war in der Tat nur das Erzeugnis einer anderen *gelehrten* reaktionären Marotte. Die persönliche Heftigkeit des Tones, in dem die Auseinandersetzungen der alten Freunde vor sich gingen, die wüsten gegenseitigen Beschimpfungen, die Verfolgungen des „Preußischen Wochenblattes" das sehr häufig konfisziert und dessen Redakteur gelegentlich eingesperrt wurde,[45] können nicht über den kaum weniger reaktionären Geist der Partei Bethmann Hollweg täuschen. Der Unterschied der Gerlach-Bismarckschen Kamarilla und der Partei Bethmann Hollweg lag wesentlich darin, dass diese sich durch das erzielte Maß der konterrevolutionären Staatsstreiche gesättigt fühlte, während jene auch die letzten Errungenschaften der Revolution wieder vernichten wollte, bis zur Wiedereinführung der gutsherrlichen Gerichtsbarkeit und Steuerfreiheit. Die Reaktion des preußischen Junkertums zielte auf die ständische unumschränkte Herrschaft der Rittergüter ab, deren bloßes Instrument der Monarch sein sollte. Dagegen war Bethmann Hollweg bemüht, die Macht der Krone und deren Bureaukratie zu stärken. Es ist der Gegensatz der Reaktion westlich und östlich der Elbe. Die konservativ-monarchische Staatsauffassung

43 Die „Urwähler-Zeitung" erschien zuerst in drei Nummern im März 1849 und dann ab April 1849 als Tageszeitung, im März 1853 wurde das demokratisch orientierte Blatt verboten. Vgl. Kohnen, Pressepolitik, S. 132.

44 Eisner offenbarte in dieser Wortwahl seine marxistische Prägung, wurde der Adel doch abwertend zugleich als reaktionär (den eigenen Besitzstand verteidigend) bezeichnet.

45 Gemeint war Dr. Julius von Jasmund (1827–1879), der das „Wochenblatt" von 1851 bis 1858 herausgab und danach eine diplomatische Karriere einschlug. Zwischen 1851 und 1857 war das „Wochenblatt" 21-mal beschlagnahmt worden. Vgl. Bericht aus dem Haus der Abgeordneten, in: Allgemeine Zeitung, Nr. 116 vom 26. 4. 1857.

Bethmanns, welche die ständische Gliederung dem Staatsganzen unterwerfen wollte, geriet in Widerspruch zu jenem märkisch-preußischen Junkertum, das im tiefsten Grunde unfähig und unlustig zur Staatsbildung ist. Das Wesen des Junkertums wurzelt in der Anarchie der in sich abgesonderten ländlichen Häuptlingschaften, der gutsbezirklichen Privatsultanate. Daher die mangelnde Fähigkeit, fremde Volksteile aufzunehmen. Nur niederschlagen, nicht versöhnen, ist seine Politik. So wurden unter der Junkerherrschaft die polnischen Gebiete immer mehr polonisiert, die Dänen der preußischen Nordmark zu immer stärkeren Sympathien für Dänemark getrieben, und im Elsass wird heute mehr französisch gesprochen als unter französischer Herrschaft.

Aber nicht nur die fremdsprachlichen Elemente werden zurückgestoßen; die Junkerpolitik ist der Todfeind jeder überlegenen Kultur. Heute ist es der mehr demokratische Süden, der mit hinterpommerschen Bajonetten bedroht wird. Bis zur Reichsgründung, der das Junkertum bis zum letzten Augenblick misstrauisch widerstrebte, galten ihm als das echte Preußen nur die alten preußischen Provinzen östlich der Elbe. Die Gerlachs, die eigentlichen Irrenwärter König Friedrich Wilhelms IV., verlangten, dass innerhalb des preußischen Staates diese alten Provinzen als „herrschende Klasse" anzuerkennen seien. Rheinland und Westfalen wurden als „eroberte" Provinzen bezeichnet, die nur durch die Furcht vor der preußischen Militärmacht an der Treue festgehalten werden könnten. Von den „Rheinländern und Ausländern" sprachen die Männer der Kreuzzeitung, wenn sie mit der Partei Bethmann Hollwegs polemisierten. Der deutsche Bund[46] war den Ratgebern Friedrich Wilhelms IV. nur eine preußische Polizeiorganisation zur Niederschlagung der revolutionären Bewegung. Seit der Einsetzung des „Reaktionsausschusses" im Sommer 1851[47] leistete ja auch der deutsche

46 Der Deutsche Bund wurde 1815 als Staatenbund gegründet und 1866 aufgelöst. Die Hauptaufgabe der Vereinigung, der auch Österreich angehörte, bestand in der Sicherung im Inneren und Äußeren. Die Mitgliedstaaten waren aber politisch weitgehend souverän.

47 Am 23. August 1851 erfolgte der „Bundesbeschluß über Maßregeln zur Wahrung der öffentlichen Sicherheit und Ordnung im Deutschen Bund", der nach dem Vorbild der Karlsbader Beschlüsse von 1819 auf dem Gebiet des Deutschen Bundes die Rücknahme aller 1848/49 entstandenen demokratischen Einrichtungen (Pressefreiheit, Wahlrecht etc.) ermöglichte. Entsprechende Maßnahmen waren einem Ausschuss zu berichten, den Eisner hier als „Reaktionsausschuss"

Bund unter Preußens Diktatur nichts anderes, als die „von der demokratischen Epidemie ergriffenen Staaten“ wieder für den Absolutismus zurückzuerobern, so wurde durch Bundesexekution z. B. die hannöverische[48] Revolutionsverfassung wieder zertrümmert.[49] Von *dieser* Leistung der deutschen Einheit abgesehen, die auch das Junkertum billigte, fühlten sich die Ostelbier viel mehr als Provinz Russlands denn als Staat Deutschlands. „Noch steht Sewastopol“,[50] schrieb Ludwig v. Gerlach, der Rundschauer der Kreuzzeitung, Ostern 1855, „das Bollwerk der Macht und Ehre Russlands und das Bollwerk des Gleichgewichts, des Rechts und der Freiheit Europas, und vorzüglich des Rechts und der Freiheit Deutschlands und Preußens.“ Und er dankte den tapferen Verteidigern von Sewastopol, „dass sie in ihren Schlachten auch unsere Schlachten schlagen, dass sie ihr und unser Recht, ihre und unsere Freiheit behaupten!“[51] Die Freiheit von der Freiheit nämlich! Der gleiche Gedanke wurde noch im Russisch-Japanischen Kriege,[52] wie erinnerlich, von Berlin nach Petersburg telegraphiert.

bezeichnet – in Anlehnung an die umgangssprachliche Bezeichnung des Bundesbeschlusses, der als „Bundesreaktionsbeschluss“ firmierte. Zwar war die Souveränität der Mitgliedstaaten und damit auch deren Widerstand überaus stark – Bayern verweigerte sich beispielsweise entsprechenden Maßnahmen –, der Wille zur Restauration in den Teilstaaten machte dann aber den Erfolg des Bundesbeschlusses aus, der nahezu überall im Deutschen Bund demokratische Errungenschaften zerstörte. Vgl. Otto Büsch, Handbuch der preußischen Geschichte, Bd. 2, Berlin/New York 1992, S. 315.

48 So im Original.

49 Hannover war einer der wenigen Mittelstaaten, in dessen innenpolitische Verhältnisse direkt eingegriffen wurde – hier wurde 1855 der Verfassungszustand des Jahres 1840 wiederhergestellt. Vgl. Michael Wrage, Der Staatsrat im Königreich Hannover 1839–1866, Münster 2001, S. 75.

50 Hier war die Belagerung der Hafenstadt Sewastopol im Krimkrieg (1853–1856) gemeint, die von Oktober 1854 bis September 1855 andauerte. In dem Konflikt kämpfte Russland gegen das Osmanische Reich. Frankreich und Großbritannien sowie ab 1855 auch das Königreich Sardinien kämpften an der Seite des Osmanischen Reiches. Die Einnahme Sewastopols beendete den Krimkrieg mit einer russischen Niederlage, im März 1856 wurde der Pariser Frieden geschlossen.

51 Vgl. den entsprechenden Artikel in Neue Preußische Zeitung, Nr. 85 vom 13. 4. 1855.

52 Der Russisch-Japanische Krieg brach mit dem japanischen Angriff auf den chinesischen Hafen Port Arthur aus, er endete mit dem Friedensvertrag von Portsmouth im September 1905 und einer russischen Niederlage.

Das war der eine Gegensatz Bethmann Hollwegs zu der Hofpartei; als Frankfurter gehörte er selbst zu den „Rheinländern und Ausländern“, die unter dem Einfluss der industriell-kapitalistischen Entwicklung des Westens der reinen Rittergutspolitik des Ostens widerstrebten. Aber gegen diese „ungesunde“ Reaktion wusste Bethmann Hollweg nichts anderes ins Feld zu führen als ethische Salbadereien über das historische Recht, als Predigten über die „individuellen Ehren und Schönheiten“, womit er die deutschen Einzelstaaten meinte, die der schönste Schmuck und die Lebensbedingungen des deutschen Vaterlandes seien. Schon 1848 hatte er sich gegen das preußische Erbkaisertum aufgelehnt, dessen Annahme ihm nur ein Beweis gewesen wäre, „dass aller Kern von Gesinnung und Ehre“ aus Preußen gewichen sei. Solche deutsche Einheit hieß ihm, „mit all unserer Schwäche in den Pfuhl des undeutschen Demokratismus versinken“.[53] In seinem Kampf für das Dreiklassenwahlrecht hat Theobald zwei Menschenalter später solche Großvatersätze kindisch nachgeleiert.[54]

Als Jurist hatte Bethmann Hollweg zwar durchaus keine Bedenken gegen die Rechtsbrüche der Staatsstreichverfassung, aber er nahm diese selbst nun als historisches Recht hin, das man nicht mehr umstürzen dürfe. Damit geriet er abermals in Widerspruch zu der Kamarilla, der die Verfassung nur ein leerer papierner Wisch war und die das leidenschaftlichste Begehren des Königs hätschelte, der bis zu den letzten Tagen seines Wahnsinns immer wieder daran dachte, die Verfassung durch einen königlichen Freibrief aufzuheben, durch den die ständische Steuerbewilligung wieder hergestellt werden sollte; Friedrich Wilhelm IV. hat ja auch seinen Nachfolger beim Antritt der Regentschaft beschworen, nicht den Eid auf die Verfassung zu leisten. Aber nur gegen diese

53 Die Zitate stammen aus August von Bethmann-Hollweg, Reaction und Sonderthümlerei. Sermon an die Conservativen, Berlin 1848, S. 35, 39.

54 Als preußischer Innenminister hatte Theobald von Bethmann Hollweg noch mit dem Gedanken eines Pluralrechts in Preußen gespielt. Nach seiner Ernennung zum Reichskanzler und preußischen Ministerpräsidenten legte er dann im Februar 1910 eine Wahlrechtsreformvorlage vor, die die Beibehaltung des Dreiklassenwahlrechtes vorsah. Dies beflügelte die Wahlrechtsbewegung, die die SPD seit 1908 auf den Straßen organisierte. Vgl. Jörg Rössel, Soziale Mobilisierung und Demokratie. Die preußischen Wahlrechtskonflikte 1900 bis 1918, Wiesbaden 2000, S. 156.

formale Beseitigung der Verfassung richtete sich Bethmann, nicht gegen ihre innerliche Aushöhlung. Für die Kamarilla war die Verfassung ein wertloses Stück Papier, das man beliebig zerreißen und außer Kraft setzen könne; für den Juristen Bethmann war es ein ehrwürdiges Rechtsdokument, das man nicht antasten dürfe, um so eher aber umdeuten könne, sofern ihre Bestimmungen unbequem wurden. Das war der ganze Unterschied. In der Praxis ergab die verschiedene Phraseologie die gleiche Wirkung. Bethmanns Enkel regiert ganz wie sein Großvater *und* die Kamarilla. Er lebt *mit* der Verfassung *ohne* und *gegen* sie!

Entscheidend war nur *ein* Gegensatz zwischen Bethmann Hollweg und dem Junkertum, und der trat in den Erörterungen über die Zusammensetzung der Ersten Kammer Preußens hervor. Ursprünglich, nach der Verfassungsurkunde,[55] sollte mindestens die Hälfte der Mitglieder gewählt werden, und zwar im Wesentlichen von den Rittergutsbesitzern. Das war die völlige Beherrschung des Staates und des Königs durch den ostelbischen Adel. Dagegen lehnte sich Friedrich Wilhelm IV. auf, und dieser Anspruch entfremdete ihn zeitweilig der Kamarilla und näherte ihn der Partei Bethmann Hollweg [an], die für die Stärkung der königlichen Gewalt eintrat. Friedrich Wilhelm IV. und Bethmann Hollweg erreichten zwar nicht, dass alle Mitglieder der Kammer vom Könige berufen würden, aber in dem Kompromiss, das schließlich zustande kam, wurde doch der königliche Schein gewahrt: der König erhielt formell ein nahezu unumschränktes Berufungsrecht, die Geschichte des Herrenhauses aber lehrt, dass es in Wirklichkeit ein gesetzgebendes Majorat des ostelbischen Kleinadels ist.

Bethmann Hollweg scheiterte als Führer der Opposition mit all seinen Absichten, die im Grunde nur Einwendungen und Erwägungen eines Professors waren. Er trat vom Schauplatz ab. Ebenso wenig gelang es ihm später, mit seinen dozierenden Gebärden eines gemäßigten Konservatismus den Konflikt der Liberalen mit der Reaktionspolitik der neuen Ära zu beschwören. Sein Enkel versucht mit seiner Sammelpolitik das gleiche Spiel bei der gewaltigen Auseinandersetzung der sozialistischen Demokratie mit dem preußischen Absolutismus der Krone, der Kirche und der Junker. Auch er weiß nichts aufzubieten als einen matten Aufguss

55 Gemeint war die preußische Verfassung von 1850.

großväterlicher Kathederweisheiten, nur dass er seine Politik jetzt nicht mehr als die der gesunden Reaktion tauft – die Revolution ist ja schon so lange vorbei! –, sondern sich gegen den Aberglauben wendet, „dass irgendetwas einer geistigen oder wirtschaftlichen Reaktion ähnliches im Werke sei". Bei der Familie Bethmann ist überhaupt niemals irgendetwas im Werke, und deshalb wird durch Theobald, wenn der ernste Zusammenstoß kommt, fern von der wimmelnden Straße der Großstadt einsam an dem Meilenstein einer eingeschlafenen Chaussee über den ererbten großväterlichen Gedanken tiefsinnig grübeln.

V.

Der alte Bethmann hat seine schwärmenden Bewunderer gefunden, auch in der Gegenwart. Sein Biograph Wach[56] nennt ihn einen Christen, eine in Gott gegründete Natur, voll Demut und Bescheidenheit, voll unerschütterlicher Wahrhaftigkeit, voll inniger Liebe für seine Mitmenschen, frei von aller konfessionell dogmatischen Enge. „Parteimann im eigentlichen Sinne war er nie und konnte er nicht sein, weil ihm immer nur an der Sache, nicht an Doktrinen, noch an den Interessen bestimmter Gesellschaftsgruppen gelegen war. Er war konservativ im besten Sinne des Wortes, d. h. er stand felsenfest im Glauben an ein ewiges Ziel, an ein ewiges Heil, an ewig unverlierbare Güte und Pflichten der Menschheit. Er war zugleich liberal im besten Sinne, da er, allen Standesvorurteilen, aller Interessenpolitik fern, nur einen Rechtszustand erstrebte, welcher, ohne die Individualität vor das Allgemeine zu stellen, die Entfaltung der sittlichen und wirtschaftlichen Kräfte des Volkes darbieten sollte. Daher abscheute er die Reaktion. Daher war er nicht ein Gegner einer konstitutionellen Verfassung, sondern der Demokratie und eines seichten Liberalismus, welcher in Gleichmacherei, Überschätzung der Individualität und Abschwächung der Staatsgewalt das Heil suchte."[57]

56 Gemeint war der deutsche Rechtswissenschaftler Adolf Wach (1843–1926). Vgl. [Adolf] Wach, Bethmann-Hollweg, Moritz August, in: Allgemeine deutsche Biographie, Bd. 12, Leipzig 1880, S. 762–773.

57 Ebenda, S. 772 f.

Ungefähr auf die gleiche Weise begeistern sich heute Professoren wie Lamprecht[58] und Breyssig[59] für Theobald und preisen das unerhörte Glück, das mit dessen Kanzlerschaft dem deutschen Volke in den Schoß gefallen sei. Aber nach fünfzig Jahren wird für *Theobald* sich kein Professor mehr finden, der für ihn mehr Sätze übrighätte als den einen: Theobald, weiland deutscher Reichskanzler, Moritz Augusts Enkel und Plagiator.

Ha! Ha!
Eine Moabiter Zukunftsschlacht[60]

Zu Moabit wandelte eines Abends ein Mann. Der hatte einmal wegen Vergehens gegen die öffentliche Ordnung im Gefängnis gesessen, und seitdem konnte er jede Unordnung in den Tod nicht leiden, vielmehr fühlte er sich verpflichtet, jedwedem Ärgernis, das ihm begegnen mochte, nach Kräften zu steuern. Darum reizte es ihn im höchsten Grade, dass eine friedlich brennende Laterne, wie vom Zeitgeist der Unbotmäßigkeit erfasst, plötzlich davonlaufen wollte. „Halt, hierbleiben", rief der Mann. Die Laterne aber war taub und gehorchte nicht der väterlichen Mahnung,

58 Der Historiker Karl Lamprecht (1856–1915) lehrte seit 1891 an der Universität Leipzig und nahm im sogenannten Methodenstreit der Geschichtswissenschaft, in dem er das Konzept der Universalgeschichte entwickelte und vertrat, eine zentrale Rolle ein. Lamprecht hatte Bethmann Hollweg 1910 in einem Vortrag als „die Hoffnung des neudeutschen Idealismus" bezeichnet. Vgl. hierzu Jonas Flöter/Gerald Diesener (Hrsg.), Karl Lamprecht (1856–1915). Durchbruch in der Geschichtswissenschaft, Leipzig 2015. Vgl. zudem für das Zitat und Lamprechts entsprechenden Vortrag in den Niederlanden Renate Loos, Deutschland zwischen „Schwärmertum" und „Realpolitik". Die Sicht der niederländischen Kulturzeitschrift De Gids auf die politische Kultur des Nachbarn Preußen-Deutschland 1837–1914, Münster 2004, S. 224.

59 So im Original. Der Historiker Kurt Breysig (1866–1940) lehrte seit 1893 in Berlin Universalgeschichte und Gesellschaftslehre, er stand mit Bethmann Hollweg über kulturpolitische Fragen in Briefverkehr. Vgl. Pierluca Azzaro, Deutsche Geschichtsdenker um die Jahrhundertwende und ihr Einfluss in Italien: Kurt Breysig, Walther Rathenau, Oswald Spengler, Bern 2005, S. 73.

60 Arbeiter-Feuilleton, Nr. 34, November 1910, SAPMO-BArch NY/4060/51: Arbeiter-Feuilleton, Artikel von Kurt Eisner 1909–1910, Bl. 88.

sie lief im Gegenteil noch schneller und zog sogar neben sich eine zweite verführte Laterne mit. Der Mann wusste jetzt, was er als gebesserter Sträfling seinem Staate schuldig wäre. Er lief der Laterne nach, holte sie ein, und da sie sich losriss und weiterraste, stürzte er sich, unter Absingen eines patriotischen Liedes, auf sie und begann mit ihr einen wahren Ringkampf, indem er sie umklammerte. Oberflächliche Individuen hätten diese aufopfernde Tätigkeit wohl so gedeutet, dass ein Betrunkener um einen Laternenpfahl getorkelt sei.

Aber es befand sich in der ganzen Gegend kein solches, oberflächliches Individuum, sondern vielmehr nur ein Schutzmann. Der gewahrte das Schauspiel, und in seinem Gehirn begann es sofort angestrengt geistig zu arbeiten. Die logischen Schlussfolgerungen jagten sich nur so. Er hatte irgendwo gelesen, dass ein sozialdemokratischer Parteitag den Schnapsboykott beschlossen habe.[61] Dann haftete in seinem Schädel der Satz der staatsanwaltlichen Anklageschrift aus einem alten Moabiter Aufruhrprozess: „Der Zusammenhang zwischen dem Aufruhr und der sozialdemokratischen Parteileitung wird endlich dadurch bewiesen, dass das Zentralorgan dieser Partei sich zu dem offenen Geständnis hat hinreißen lassen, dass sozialdemokratische Ordner die Ruhe ohne jede Gewalt in kurzer Zeit hergestellt haben würden. Wenn trotzdem der Aufruhr fortgesetzt wurde, so folgt daraus, dass die sozialdemokratische Partei denselben nicht nur hat beilegen bezw. besänftigen wollen, sondern dass sie derselben vorsätzlich hervorgerufen und inszeniert hat." Sonach war es für den Schutzmann klar, dass, wenn der Mann am Laternenpfahl trotz des Schnapsboykotts betrunken war, die Sozialdemokratie die Betrunkenheit dieses Mannes nicht nur in ihren Willen aufgenommen, sondern ihn dazu verleitet hätte. Nunmehr war auch ersichtlich, was dieser Beauftragte der Umsturzpartei bei der Laterne beabsichtigte. Er wollte sie offenbar vorsätzlich auslöschen, die Straße auf diese Weise in Dunkelheit versetzen und damit das Signal zu einem Aufruhr lichtscheuer Revolutionäre geben.

Ein Schutzmann und ein Betrunkener ergeben nach der preußischen Arithmetik zehn Zivilisten und zwei Schutzleute. Zehn Zivilisten, zwei Schutzleute und ein Betrunkener aber werden, kraft einer unaufhaltsamen, gesetzmäßig sich fortpflanzenden Reihe, zu hundert Zivilisten, zehn Schutzleuten (darunter zwei reitenden) und zwei Betrunkenen. Im vierten

61 Vgl. hierzu Anm. 3 auf S. 32 in diesem Band.

Grade dieser Reihe ist bereits die Ausschreitung, im sechsten – tausend Zivilisten, hundert Schutzleute (zwanzig reitende) zehn Betrunkene – der Krawall, im achten Grade der Aufruhr, im zehnten Grade die Revolution fertig.

Binnen zwanzig Minuten befand sich Moabit im achten, und weitere drei Minuten später im zehnten Grade. Das Stadtviertel wandelte sich in ein Schlachtfeld.[62]

Als die Schutzleute im besten Einhauen waren, kam ein englischer Journalist des Weges, und da er des Preußischen nicht mächtig und erst kurze Zeit im Lande war, fragte er ein wenig erstaunt: „Uas maken Sie da?"

„Wir machen Angeklagte", erwiderte der zuständige Schutzmann pflichteifrig, und bekräftigte die Antwort mit einem kleinen Säbelhieb, so dass der Engländer nicht nur mit gebrochener Sprache, sondern auch mit gebrochenem Schädel das Feld der journalistischen Berufsehre bedeckte.[63]

In knappen zwei Stunden waren so viele Verwundete und Tote hergestellt, dass der Bedarf des Schwurgerichtssaals nach Gästen für Jahre hinaus gedeckt war. Als man aber am Abend im Polizeipräsidium die Liste der Gefallenen und Verhafteten musterte, blickte der Polizeipräsident unzufrieden, fast verzweifelt. Dann äußerte er: „Meine tapferen Leute haben sich heute umsonst geschlagen. Wir müssen noch einmal losgehen."

Am nächsten Abend war zwar kein Betrunkener in Moabit, wohl aber 500 Schutzleute. Infolgedessen verlor man diesmal keine Zeit. Die Steigerung bis zur Revolution und zum Schlachtfeld entwickelte sich im Handumdrehen.

Die Strategie des Straßenkampfes zeigte an diesem Abend einen neuen, geheimnisvollen Zug. Bevor die Schutzleute einhieben und schossen,

62 Gemeint waren hier die Moabiter Unruhen (auch Moabiter Krawalle), an denen im September 1910 zeitweise 30 000 Menschen beteiligt waren; zwei Menschen kamen ums Leben, mehr als einhundert wurden teils schwer verletzt. Auslöser der Unruhen waren – anders als in Eisners Artikel dargestellt – Zusammenstöße zwischen Streikenden und Teilen der Moabiter Bevölkerung mit Streikbrechern und der Polizei. Vgl hierzu Udo Achten (Hrsg.), Nicht betteln, nicht bitten. Moabiter Streikunruhen 1910, Essen 2011.

63 Diese Attacken auch auf „Berichterstatter ausländischer Zeitungen" dokumentierte Franz Mehring, Die Moabiter Krawalle, in: Die Neue Zeit 1 (1910) 2, S. 33–35, hier S. 34. Vgl. zudem zu den juristischen Folgen ders., Der Moabiter Prozeß, in: ebenda 15, S. 505–508.

forderten sie die Masse auf, ihre Namen zu nennen, die alsbald notiert und telefunkisch[64] ins Polizeipräsidium gemeldet wurden. Die uniformierten Kämpfer wurden bei diesen Namenfeststellungen sichtlich von Minute zu Minute erregter. Erbittert bemerkte ein Polizeihauptmann zu einem Polizeileutnant: „Die sozialdemokratische Mache ist ganz klar, die Bande hat verhindert, dass auch nur ein Einziger darunter ist!"

Schon nahte die Mitternacht. Und noch immer hatte die Polizei nicht die Ruhe herstellen dürfen. Es schien, als ob man noch jemand suchte, der fehlte. Jetzt wurden die Schutzleute angewiesen, im *weiteren* Umkreis eine Razzia zu veranstalten.

Bei diesem Bemühen ereigneten sich etliche denkwürdige Szenen. Ein Schutzmann traf in einer menschenleeren Straße einen einsamen Wanderer. „Wie heißen Sie?" – Der Einsame antwortete, vor Schreck schwer atmend: „h-h-h-Ammel." Der Schutzmann gab sichtlich freudig bewegt, dem Mann einen gelinden Klaps mit dem Säbel über die Nase und bemerkte jovial: „So, leichter können wir's nicht machen, lieber Herr Hammel." „Mein Name ist Ammel", keuchte der Mann. Der Schutzmann erglühte heftig und schrie: „Können Sie das Maul nicht aufreißen und deutlich sprechen?" Darauf bekam Herr Ammel ein halbes Dutzend scharfer Hiebe und wurde verhaftet.

Ein Mann, der sich Müller zu heißen erfrechte, wurde ohne weitere Umstände mit dem Höchstmaß von Polizeihieben bedacht.

Auf den Straßen Moabits war kein lebendiger Mensch mehr zu sehen. Aber noch immer rasten die Säbel und schossen die Selbstlade- und Selbstzielrevolver. Der Geheimnisvolle, den man suchte, war offenbar noch immer nicht dingfest gemacht. Da erscholl das Kommando: „Häuser absuchen!" Die Tore wurden aufgeschlossen. Mit Blendlaternen wurden die Namenschilder gemustert. Wieder deutete alles auf die revolutionäre Organisation. Es waren lauter Müller, Schulze, Krüger, Lehmann und Kulicke. Ein Teil dieser Rebellen wurde aus den Betten geholt und fortgeschleppt.

Auch das half nichts. Alle Mittel schienen erschöpft. Endlich entdeckte man im fünften Stock eines Hauses, das freilich längst nicht mehr zu Moabit, sondern schon zum Wedding gehörte, ein Schild: „*Halunsky*".

64 So im Original.

Ein Jubelschrei entrang sich dem Busen des glücklichen Entdeckers. Er drang ein, Halunsky saß noch beim Biere und verfärbte sich ein wenig. Dann dachte er über die Konstruktion eines Alibis nach. Aber der Schutzmann ging gerührt auf ihn zu und bot ihm freundschaftlich eine Zigarre an. Halunsky knipste seinen Benzinzigarrenanzünder. Was hätte geschehen können, wenn diese Höllenmaschine funktioniert hätte! Sie versagte aber zum Glück. Und der Schutzmann kam so mit dem Leben davon. Immerhin war es ein Versuch des Widerstandes gegen die Staatsgewalt. Aber der Schutzmann hatte Gemüt. Er beruhigte Halunsky: „Es ist ein ganz leichter Fall, Sie kriegen ein paar Wochen und werden sicher begnadigt. Kommen Sie nur mit.“

Darauf war für diesmal die Schlacht zu Ende. Noch in derselben Nacht meldete der die Revolution leitende Polizeihauptmann dem Polizeipräsidenten, und der gab alsbald an den angstvoll harrenden Justizminister und den Vorsitzenden der H-lunkenkammer (so genannt, weil vor dieser Kammer gerade die ärgsten Verbrecher kamen), die frohe Botschaft telephonisch weiter: „In Moabit alles ruhig. *Wir haben einen mit H.*“

*

Während der Untersuchung stellte sich heraus, dass Halunsky mancherlei auf dem Kerbholz hatte und gar nicht Halunsky, sondern Schlömpke hieß.

In den maßgebenden Kreisen war man ratlos. Schlömpke – was nützte ein Schlömpke!

Der Polizeipräsident meinte ahnungsvoll düster: „Ich fürchte, es wird in Moabit wieder losgehen.“

Aber die Schutzleute verlangten immer stürmischer Bezahlung von Überstunden und Friedrich Hintze brach gerade in Hinteroberwolterdorf unabkömmlich Streik.

Der Justizminister erwog, ob man nicht eine Verordnung erlassen könnte, dass für die Zuständigkeit der Strafkammer der Anfangsbuchstabe der verteidigenden Rechtsanwälte entscheidend sein solle, und er murmelte die Namen: Heine, Heinemann.

Der Ausweg schien gesetzlich zulässig; *jeder* Ausweg ist für einen preußischen Justizminister gesetzlich zulässig. Aber es bestand die Gefahr, dass die Anwälte das Mandat niederlegen könnten.

Endlich wusste man Rat. Schlömpke wurde angewiesen, sofort darum einzukommen, dass man ihm gestatte, sich künftig Halunsky zu nennen. Schon nach vierundzwanzig Stunden traf der Gnadenakt ein.

Acht Tage darauf begann der *Prozess Halunsky und Genossen – vor der dritten Strafkammer.*

Kronprinzenfahrt[65]

Der deutsche Kronprinz unternimmt eine vergnügliche Weltfahrt.[66] Das ist eine Privatangelegenheit, die nur die neuerdings um 3 ½ Millionen erhöhten Einkünfte seines Vaters oder auch eine deutsche Schifffahrtsgesellschaft angeht, nachdem man offenbar den erst gehegten Plan aufgegeben hat, die Reisekosten sich vom Reich bezahlen zu lassen.

Aber auf demselben Schiffe haben sich auch deutsche Schmöker eingenistet und sie verbreiten nun in der Presse weltgeschichtliche Reiseberichte.[67] Schon übermittelten sie telefunkisch über Bombay[68] dem entzückten deutschen Bürger die Kunde, dass auf dem Kronprinzenschiff sportliche Spiele stattgefunden hätten und dass der Kronprinz und seine Frau geruht hätten, dabei erste Preise zu gewinnen.

Die bürgerliche deutsche Presse atmet noch in der vormärzlichen Stickluft, da die Zensur nur fünfbeinige Kälber und edle Züge von Potentaten dem Nachdenken ihrer Leser anvertrauen durfte. Und der deutsche Bürger, durch die monarchische Elephantiasis,[69] an der Deutschland krankt, seit Jahrhunderten für Hofgeschichten gezüchtet, schleckt immer noch begierig das süße, klebrig blanke Zeug, als wäre er immer noch

65 Arbeiter-Feuilleton, Nr. 35, November 1910, SAPMO-BArch NY/4060/51: Arbeiter-Feuilleton, Artikel von Kurt Eisner 1909–1910, Bl. 93 f. Dieser Beitrag trägt keine Signatur von Kurt Eisner, stammt aber – berücksichtigt man die Sammlungspolitik des Instituts für Marxismus-Leninismus beim ZK der SED und den Stil des Artikels – mit hoher Wahrscheinlichkeit von ihm.

66 Es handelte sich dabei um die mehrmonatige Indien- und Ägyptenreise Wilhelms von Preußen (1882–1951) und seiner Frau zwischen November 1910 und März 1911.

67 Vgl. exemplarisch die nachgedruckten Reiseberichte des Kolonialbeamten und -schriftstellers Hans Zache (1869–1930), der an der Reise teilnahm. Hans Zache, Mit dem Kronprinzen durch Indien. Tagebuchblätter, Hamburg 1913.

68 Seit 1996 Mumbai.

69 Auch Elefantiasis. Krankheit, bei der sich durch Lymphstau zumeist äußere Körperteile abnorm vergrößern.

gezwungen, als ein von jeder öffentlichen Betätigung ausgeschlossener ängstlicher Untertan nur nach den Fußspuren allerhöchster Herrschaften zu wittern.

Im Vormärz[70] hat einmal ein Hauptmitarbeiter der Deutsch-Französischen Jahrbücher[71] von Karl Marx, *Ferdinand Cölestin Bernays,*[72] eine grausam lustige Hinrichtung an den Redakteuren der deutschen Presse vorgenommen, die er wegen ihres winselnden Hofklatsches als „Deutsche[s] Redactoren-Lumpenpack" entlarvte und stäupte. Aber damals wütete noch der Zensor über dem deutschen Geist und die Presse wurde *gewaltsam* verkrüppelt.[73] Wie würde er heute die Redakteure der deutschen Presse erst nennen müssen, auf denen kein staatlicher Zwang mehr lastet, und die dennoch ihre Leser mit byzantinischem Hundekuchen[74] überfüttern! ...

Es ist ein sehr interessantes, lebendig gebliebenes Büchlein, in dem Bernays 1843 die „Schandgeschichten zur Charakteristik des deutschen Censoren- und Redactorenpacks"[75] erzählt hat; und es scheint fast, dass mit jedem Jahre der weiteren Entwicklung der deutschen bürgerlichen Presse jene Schrift aus dem Vormärz an Aktualität gewinnt, so dass sie einen

70 Nachträglich eingeführter Epochenbegriff für die Zeit vor der vor allem im März 1848 im Deutschen Bund aufflammenden Revolution (Märzforderungen).

71 Die „Deutsch-Französischen Jahrbücher" wurden von Arnold Ruge (1802–1880) und Karl Marx in Paris herausgegeben, veröffentlicht wurde aber lediglich eine Ausgabe im Februar 1844.

72 Karl Ludwig Bernays (1815–1878, auch Ferdinand Cœlestin Bernays, später Charles Louis Bernays) war ein deutscher Journalist, er arbeitete mit Karl Marx bei der „Rheinischen Zeitung" und der „Deutsch-Brüsseler Zeitung" zusammen. In der einzigen Ausgabe der „Deutsch-Französischen Jahrbücher" zeichnete er für die „Deutsche Zeitungsschau" verantwortlich. Vgl. Helmut Hirsch, Freund von Heine, Marx, Engels und Lincoln. Eine Karl-Ludwig-Bernays-Biographie, Frankfurt a. M. 2002.

73 Die Praxis der Zensur unterlag dabei regionalen wie zeitlichen Unterschieden, Eisner verallgemeinerte hier folglich einen deutlich komplexeren Prozess. Vgl. hierzu die Beiträge in Gabriele B. Clemens (Hrsg.), Zensur im Vormärz. Pressefreiheit und Informationskontrolle in Europa, Stuttgart 2013.

74 Der Begriff byzantinisch wurde noch im frühen 20. Jahrhundert und zumeist in bildungssprachlichen Kontexten als Synonym für schmeichlerisch oder kriecherisch verwendet.

75 Vgl. Ferdinand Cölestin Bernays [Karl Ludwig Bernays], Schandgeschichten zur Charakteristik des deutschen Censoren- und Redactorenpacks. Aktenstücke zur Geschichte des Tages, Straßburg 1843.

Neudruck verdienen würde.[76] Da nun die Leser der *sozialdemokratischen* Presse nicht das Glück haben, durch Spezial-Korrespondenten über die Ereignisse der Kronprinzenfahrt tagtäglich unterrichtet zu werden, wollen wir ihnen als Ersatz so eine Art vormärzlicher Kronprinzenfahrt vorsetzen, indem wir ihnen ein Stück aus jenen zu Unrecht vergessenen, in einer verschollenen Flugschrift begrabenen „Schandgeschichten" darbieten.

Wir saßen ruhig beim Nachtisch zusammen, so berichtet Bernays, und tranken noch ein Glas Wein, als mein Vetter, der Redakteur der Mannheimer Abendzeitung, hereintrat. Wir sahen es ihm schon an, dass der Antichrist Censor Fuchs wieder furchtbar gehaust haben müsse.[77] Nun frag ich euch, rief er beim Eintreten, ob ich nicht recht habe, wenn ich sage, der Fuchs sei der elendeste Bube, der unter Gottes Sonne lebe! Er streicht mir folgenden Artikel, der eine bloße Kritik einer *ehernen Statue* enthält, die der Kaiser Nikolaus dem König Friedrich Wilhelm IV. geschenkt hat![78]

Berlin, 13. September. Die beiden kolossalen ehernen Rossebändiger von Baron Clot, welche der Kaiser von Russland unserem König geschenkt hat,[79] und welche die servilen Zeitungen natürlich pflichtschuldigst mit Lobeserhebungen überschütten, sind nicht viel wert. Es ist ein noch

76 Auf dieser Veröffentlichung beruhen weite Teile des folgenden Artikels, aus der Eisner ganze Textpassagen übernahm und woraus sich auch die gehäufte Verwendung von C statt K ergibt, welche für zeit- bzw- kontextbezogene Begriffe wie Censor oder Redactor beibehalten wurde. Die Nachweise erfolgen jeweils am Ende der betreffenden Absätze.

77 Die 1843 veröffentlichten „Schandgeschichten" beschäftigten sich hauptsächlich mit den Aktivitäten von „Censor Fuchs aus Mannheim", von denen die überregional wahrgenommene, demokratisch-republikanische „Mannheimer Abendzeitung" betroffen war. Karl Ludwig Bernays berichtete hier allerdings nicht über die Erfahrungen seines „Vetters". Vielmehr gab er unter Pseudonym seine eigenen Erfahrungen mit der Zensur bei der „Mannheimer Abendzeitung" im Jahr 1840 und seine folgenden Aktivitäten wieder: Gezielt hatte Bernays falsche und in Teilen auch unsinnige Meldungen an die Presse lanciert, um die Zensur bloßzustellen, weil sie diese durchgehen ließ.

78 Gemeint war der russische Kaiser Nikolaus I. (1796–1855), der mit Friedrich Wilhelm IV. verschwägert war. Diesen Absatz hat Eisner wortwörtlich übernommen aus Bernays, Schandgeschichten, S. 58.

79 Peter Clodt von Jürgensburg (1805–1867) war ein von Kaiser Nikolaus I. geschätzter russischer Bildhauer deutschbaltischer Abstammung. Die beiden „Rossbändiger"-Figuren, die der Kaiser 1852 nach Berlin verschenkte, wurden dort vor dem Schloss aufgestellt.

unfreier Geist, der sich in diesen Werken ausspricht. Die Rosse zeigen eine knechtische Naturnachahmung und den Mangel aller höher strebenden Idealität, und die Jünglinge, welche die sich bäumenden Tiere halten, haben geradezu Sklavenseelen. Etwas Lebloseres ist uns nie vorgekommen, als die Köpfe dieser Rossebändiger. Dabei sind die Rosse auch auf das Geschmackloseste mit Decken (in Erz) belegt, um die Scham der Jünglinge bedecken zu können. Auch Scham muss der Sklave haben! Die freie Kunst kennt keine Scham, so wenig wie die Natur sie kennt. Die einzelnen Teile der Gruppen sind dagegen gut modelliert.[80]

Wir schimpfen nun natürlich alle auf den Barbaren, und kommen von den Censoren auf die Redactoren. Der Redactor der Mannheimer Abendzeitung behauptete, die meisten seien schlecht, aber alle viel dümmer als die Censoren! Ich stimmte mit ihm darin vollständig überein, und bemerkte, dass es zum Beispiel wohl eben so niederträchtig sei, wenn das Mannheimer Journal[81] etwa erzählte: „Unsere Stadt genoss heute das unverhoffte Glück, die Pferde seiner königl. Hoheit des Prinzen Karl[82] an unserer Stadt vorbeiziehen zu sehen, höchstwelche dem hohen Herrn voraus zu den Manövern am Rhein eilen", als wenn Censor Fuchs gleich ganze Columnen strich – und nach wenig Minuten waren wir alle darüber einig, dass das redigierende Doctoren- und Professorenpack gerade so gut den Galgen ums deutsche Vaterland verdiene, als Censor Fuchs! Allein dass die Kerle durch den Schlendrian ihres schlechten Treibens auch ihr Restchen von Verstand eingebüßt hätten, das glaubten die wenigsten. Um dem Streit ein Ende zu machen, erbot ich mich, zehn gegen eins zu wetten, dass ich den Redactoren der ganzen servilen Presse in den nächsten acht Tagen fünfzig, sage fünfzig Stück von den albernsten Erfindungen und Lügen aufbürde, denen es jeder Mann, der die Verhältnisse nur leidlich kennt, auf den ersten Blick ansehen muss! Wenn

80 Diesen Absatz übernahm Eisner wortwörtlich aus Bernays, Schandgeschichten, S. 58.

81 Das „Mannheimer Journal" erschien als katholische Tageszeitung seit 1837 und war eher im konservativen Lager zu verorten, erhielt allerdings ab 1845 mit Gustav Struve (1805–1870) einen radikaldemokratischen Redakteur. Fortan war auch diese Zeitung von der Zensur betroffen. Vgl. Udo Leuchner, Vom Intelligenzblatt zur demokratischen Kampfpresse. Mannheimer Zeitungen bis 1850, Mannheim 2008, S. 45, online unter http://www.udo-leuschner.de/pdf/PresseMA.pdf [15. 2. 2017].

82 Hier ist vermutlich Karl von Baden (1831–1906) gemeint.

von fünfzig *zwei* nicht gedruckt würden, so will ich die Wett[83] verloren haben. Doch ich hatte auf die Schlechtigkeit und Dummheit deutscher Zeitungsredactoren gerechnet: – Juchhe, Champagner her, ich habe die Wette gewonnen![84]

Wie machte ich es, dass die Tröpfe alle meine Lügen glaubten! Ich verschaffte mir ein Siegel mit einer Grafenkrone über den Buchstaben C. v. R. und ein *noch* vornehmeres, nahm Postpapier mit Goldschnitt, vom feinsten Siegellack, unterzeichnete mich je nach Umständen als Baron, Graf, Regierungsrat, hatte in den Begleitungsschreiben alle Nachrichten von „hohen Militairs", „Banquierhäusern", „Hofcavalieren", „aus offizieller Quelle" oder von einer „hochstehenden Person" und war hierdurch zu jeder Lüge autorisiert. Dass der Inhalt nur niederträchtig, hündisch und dumm, oder besser, albern zu sein brauchte, um für solche Kerle als *wahr* zu gelten, davon hatte ich viele Beweise. Ich log also wie es mir gerade in den Kopf kam, darauf zu, und schickte immer die gröbsten Lügen an die *klügsten* Redactoren.[85]

Zuerst machte ich die Königin von Griechenland und die Kronprinzessin von Bayern schwanger. Ich beging damals den unverzeihlichen Fehler, nicht auch zu gleicher Zeit der Erbgroßherzogin von Hessen zu gedenken, einige treue, deutsche Untertanenherzen mehr wären ob solcher Hoffnung einige Tage lang gehüpft! Ich schrieb also an die Rhein- und Moselzeitung[86] so:[87]

(Karlsruhe, 17. September.) Laut einer so eben aus Aschaffenburg vom Hofe Seiner Majestät des Königs von Bayern hier eingehenden Nachricht, befindet sich Ihre königl. Hoh. die Kronprinzessin von Bayern in einem Zustande, der ganz Bayern mit der höchsten Freude erfüllen muss. „Der

83 So im Original.

84 Diesen Absatz hat Eisner wortwörtlich und leicht gekürzt übernommen aus Bernays, Schandgeschichten, S. 59.

85 Diesen Absatz hat Eisner wortwörtlich und leicht gekürzt übernommen aus ebenda, S. 60.

86 Die „Rhein- und Mosel-Zeitung" erschien in Trier und war seit Juni 1844 katholisch ausgerichtet. Dem waren ein gezielter Boykott und der inhaltliche Richtungswechsel ins konservative Lager vorausgegangen. Vgl. Kurt Koszyk, Geschichte der deutschen Presse, Bd. 2: Deutsche Presse im 19. Jahrhundert, Berlin 1966, S. 165.

87 Diesen Absatz hat Eisner wortwörtlich und leicht gekürzt übernommen aus Bernays, Schandgeschichten, S. 60.

Wittelsbacher Stamm[88] wird, so hofft man in Aschaffenburg, einen neuen Ast aus seiner Mitte treiben, unter dessen Schatten das bayerische Volk auf Jahrhunderte hinaus in Glück und Frieden leben wird." (Worte des Handschreibens Sr. Majestät aus Aschaffenburg.)[89]

Dieser Artikel findet sich reproduziert im „Frankfurter Journal"[90] Nr. 261, „Oberpostamtszeitung"[91] Nr. 261, „Hamburger Correspondent"[92] Nr. 227, „Preußische Staatszeitung"[93] Nr. 86, in vielen anderen Blättern.[94]

Ich wendete mich an das Mannheimer Journal:

(Heidelberg, 17. September.) So eben kommt der Courier hier durch, durch welchen Sr. Maj. der König von Bayern unserem Hof in Karlsruhe melden lässt, dass sich Ihre Maj. die Königin von Griechenland in einem Zustande befinde, der das griechische Volk zu den schönsten Hoffnungen für die lange Fortdauer der jetzigen Dynastie berechtigt. Diese Nachricht ist im gegenwärtigen Augenblick von um so größerer

88 Die Wittelsbacher waren ein europäisches Hochadelsgeschlecht, ihr Stammsitz ist die Burg Wittelsbach im bayerischen Oberwittelsbach. Das Haus stellte seit dem 12. Jahrhundert die Herrscher von Bayern.

89 Diesen Absatz hat Eisner wortwörtlich übernommen aus Bernays, Schandgeschichten, S. 60.

90 Das „Frankfurter Journal" war eine vergleichsweise alte Tageszeitung mit überregionaler Strahlkraft, die in der Zeit des Vormärz deutschkatholisch und liberal geprägt war, später wurde sie das zentrale Organ der südwestdeutschen Nationalliberalen. Vgl. Koszyk, Geschichte, S. 19, 152, 230.

91 Die „Frankfurter Postzeitung" war eine der ältesten Zeitungen im deutschsprachigen Raum und fimierte ab 1814 unter dem Titel „Frankfurter Ober-Post-Amts-Zeitung". Neben dem „Frankfurter Journal" war sie die zweite Tageszeitung aus Frankfurt am Main, die eine überregionale Leserschaft hatte. Ab 1829 suchte die Zeitung sich dezidiert unpolitisch zu positionieren und galt den Zeitgenossen als „Postille aller biedermeierlichen Spießer". 1848 tendierte die halbamtliche Zeitung ins konservative Lager, sie wurde „in der liberalen Presse als reaktionäre Hauspostille" angegriffen. Ebenda, S. 19, 62, 115, 118.

92 Der „Hamburger Correspondent" (auch „Hamburgischer Correspondent") galt um 1800 mit einer Auflage von 30 000 als das „meistgelesene Blatt Europas", seine Auflage ging aber bis in die 1840er-Jahre deutlich zurück. Im Vormärz positionierte sich die Zeitung unpolitisch bzw. keinem Lager zugehörig und galt als „farblos". Ebenda, S. 18 f., 126.

93 Die 1819 ins Leben gerufene „Allgemeine Preußische Staatszeitung" war das offizielle Organ der preußischen Regierung, ab 1871 übernahm der „Reichs- und Staatsanzeiger" ihre Aufgaben. Vgl. ebenda, S. 14.

94 Diesen Absatz hat Eisner wortwörtlich und leicht gekürzt übernommen aus Bernays, Schandgeschichten, S. 60 f.

Wichtigkeit, als nunmehr neue Anstrengungen von Seiten der bayerischen Krone für den Fortbestand des griechischen Königreichs den Ansprüchen der drei Großmächte gegenüber vollkommen gerechtfertigt erscheinen.[95]

Ohne Bedenken abgedruckt in den beiden Frankfurter Frau Basen[96] Nr. 260 und fast allen deutschen servilen Zeitungen.[97]

Der „Magdeburger Zeitung"[98] wird die boshafte Geschichte aufgehängt, dass der König von Bayern durch einen besonderen Geschäftsträger der Königin von England Prachtexemplar seiner Gedichte habe übergeben lassen. Die größten deutschen Blätter reproduzierten diesen Witz auf den königlichen Reimschied.[99] Die „Allgemeine preußische Zeitung"[100] brachte einen von Unsinn strotzenden Bericht über den wirtschaftlichen Aufschwung der bayerischen Pfalz.

Auch ein Brief des preußisch-nationalen Turners Matzmann[101] wurde gläubig gedruckt, vermutlich weil seine Schilderung einer militärischen Revue in Berlin „dem Zentralpunkte der deutschen Waffenkraft" diesen blödsinnigen Satz enthielt: „Das sechste Husarenregiment (Prinz von Braunschweig) sah wirklich aus wie eine einzige goldene Schwadron, der Glanz der Pferdedecken verblendete mein an dergleichen nicht gewöhntes

95 Diesen Absatz hat Eisner wortwörtlich und leicht gekürzt übernommen aus ebenda, S. 61.

96 Gemeint waren hier vermutlich die beiden in Frankfurt erscheinenden Zeitungen „Frankfurter Ober-Post-Amts-Zeitung" und „Frankfurter Journal".

97 Diesen Absatz hat Eisner wortwörtlich und leicht gekürzt übernommen aus Bernays, Schandgeschichten, S. 61.

98 Die „Magdeburgische Zeitung" war ebenfalls eine der ältesten Zeitungen im deutschsprachigen Raum und vertrat zurerst einen unpolitischen und später einen gemäßigt konservativen Standpunkt. Vgl. Koszyk, Geschichte, S. 16f., hier im Besonderen das zeitgenössische Zitat zur Zensurpraxis.

99 So im Original.

100 Andere Bezeichnung für die „Allgemeine Preußische Staatszeitung".

101 Hans Ferdinand Maßmann (1797–1874) war ein Philologe und Germanist, der zuerst ab 1829 in München lehrte und ab 1843 in Berlin mit Fragen des Schulunterrichts betraut war. Schon als Gymnasiast turnte er mit Friedrich Ludwig Jahn (1778–1852) in der Berliner Hasenheide, war in der nationaldeutschen und antinapoleonischen Bewegung aktiv, auch nahm er 1817 am Wartburgfest teil. Vgl. Joachim Burkhard Richter, Hans Ferdinand Maßmann. Altdeutscher Patriotismus im 19. Jahrhundert, Berlin/New York 1992.

Auge so sehr, dass ich stets gezwungen war, hinter dem großen Fächer meiner Frau Schutz zu suchen."[102]

Große Blätter bringen als Beweis, wie sehr die österreichische Zensur auf Sittlichkeit halte, die schöne Geschichte, dass ein Berliner Komponist, Schüler C. M. v. Webers,[103] die Erlaubnis zum Wiener Druck eines einer Gräfin gewidmeten Liederheftes erst erlangt habe, nachdem er das von der Berliner Polizei beglaubigte Attest seiner Gattin eingesendet, „dass sie gegen diese Widmung nichts einzuwenden habe."

Die „Kölnische Zeitung"[104] druckt aus einem anderen Blatt den Unsinn nach, dass das Verbot der Schriften Karl Gutzkows auf Befehl Sr. Majestät des Königs von Preußen aufgehoben sei,[105] nachdem sich herausgestellt, dass auch nicht der leiseste Verdacht einer Gemeinschaft mit einer kommunistischen Sekte (Weitling)[106] auf ihm haften bleibt.[107]

Auch Lokomotiven mit Segeln fuhren in dieser Zeit durch die deutsche Presse. Am lustigsten aber ist die Ludwig I. von Bayern[108] zugeschriebene Schöpfung eines Mäßigkeitsvereins für die Pfälzer, dessen

102 Vgl. die Einordnung, dass diese Äußerung Maßmanns von Bernays erfunden war und selbst das erwähnte Husarenregiment nicht existierte, in ebenda, S. 320.

103 Hier ist der Komponist Carl Maria von Weber (1786–1826) gemeint.

104 Die „Kölnische Zeitung" war eine liberale und überregional wahrgenommene Zeitung, die aufgrund ihres offen vertretenen Standpunkts im Vormärz eine wichtige Rolle spielte. Vgl. Koszyk, Geschichte, S. 18.

105 Karl Gutzkow (1811–1878) war ein deutscher Schriftsteller und Journalist, der in der jungdeutschen Bewegung eine zentrale Rolle spielte. Im November 1835 waren alle Schriften Gutzkows verboten worden. Er konnte dennoch weiter in Deutschland arbeiten. Gutzkow betätigte sich vor allem journalistisch und verfasste Theaterstücke. Mitte 1843 wurde das Verbot seiner Werke wieder aufgehoben. Vgl. zu Gutzkow vor allem Wolfgang Lukas/Ute Schneider (Hrsg.), Karl Gutzkow (1811–1878). Publizistik, Literatur und Buchmarkt zwischen Vormärz und Gründerzeit, Wiesbaden 2013.

106 Hier ist Wilhelm Weitling (1808–1871) gemeint, der als Frühsozialist und Theoretiker des Kommunismus gilt. Weitling hatte 1834 in Paris aus dem „Bund der Geächteten" den „Bund der Gerechten" abgespalten. 1840 verlegte Letzterer seinen Sitz nach London, kam hier unter den Einfluss von Karl Marx und wurde 1847 in „Bund der Kommunisten" umbenannt. Vgl. zu Weitling vor allem Waltraud Seidel-Höppner, Wilhelm Weitling (1808–1871). Eine politische Biographie, 2 Bde., Frankfurt a. M. 2014.

107 Diesen Absatz entnahm Eisner inhaltlich aus Bernays, Schandgeschichten, S. 69.

108 Ludwig I. (1786–1868) war seit 1835 König von Bayern, 1848 dankte er infolge der revolutionären Unruhen ab.

Statuten die von Professor Bülau herausgegebene „Deutsche allgemeine Zeitung“[109] zuerst zu veröffentlichen in der angenehmen Lage war, und die das „Frankfurter Journal“ und viele andere Blätter nachdruckten. Diese königliche Verordnung begann also „Ludwig. Nach Anhörung unseres Staatsrates und unseres Ministers des Innern haben wir beschlossen und beschließen: § 1. In allen Gemeinden der Pfalz sollen Mäßigkeitsvereine gebildet werden. § 2. Mitglieder des Mäßigkeitsvereins kann jedes Individuum werden, das sechzehn Jahre alt, Bekenner einer der *drei christlichen* Konfessionen und Ortsbürger der betreffenden Gemeinde ist.“ Dann folgen höchst drollig verzwickte Bestimmungen über die Organisation der Vereine. § 17 lautet: „Der oder die Eintretende verspricht, unter Ablegung des Handgelübdes, sich des Genusses des Branntweins ganz zu enthalten, innerhalb eines Tages von vierundzwanzig Stunden höchstens einen Schoppen Wein oder höchstens drei Schoppen Bier zu trinken. Zugleich erhält ein jedes Mitglied, und zwar die katholischen ein Kreuz von Kupfer an einem blau und weißen Band, als Abzeichen der Körperschaft, die Protestanten eine kupferne Münze mit der Inschrift: Nulla salus, nisi in Christo ac vita moderata et sobria (kein Heil, außer in Christus und in einem mäßigen nüchternen Leben).“ § 19: „Die Verhandlungen in den Vereinssitzungen dürfen weiter nichts zum Gegenstande haben, als den Zweck der Gesellschaft: ihre Mitglieder gegenseitig in der Haltung des abgelegten Gelübdes zu stärken.“ § 20: „Eine jede Sitzung beginnt mit einem Gebet.“[110]

Für wen ist wohl dieses allerhöchste Reskript, ruft Bernays aus, blamabler, für die Redactoren und Censoren, die es für echt hielten, oder für die Regierung, der ihre eigenen Beamten es zutrauten! Steht mir Rede, ihr bayerischen Censoren, die Ihr das Blatt, als es in das Gebiet Eures

109 Die vom Verlag Brockhaus herausgegebene „Leipziger Allgemeine Zeitung“ wurde im April 1843 in „Deutsche Allgemeine Zeitung“ umbenannt. Die Redaktion der Zeitung übernahm der Nationalökonom und Historiker Friedrich Bülau (1805–1859), seit 1828 lehrte er sächsisches Staatsrecht und später Staatswissenschaften an der Universität Leipzig. Infolge der Revolution 1848 trat Bülau im Juni 1848 von der Redaktion der „Deutschen Allgemeinen Zeitung“ zurück. Vgl. Koszyk, Geschichte, S. 19; Heinz-Dietrich Fischer, Die Deutsche Allgemeine Zeitung, in: ders. (Hrsg.), Deutsche Zeitungen des 17. bis 20. Jahrhunderts, Pullach 1972, S. 269–282.

110 Diesen Absatz hat Eisner wortwörtlich und leicht gekürzt übernommen aus Bernays, Schandgeschichten, S. 70–72.

Königs kam, nicht konfisziert habt, – hieltet Ihr Eure Regierung nicht für fähig, einen solchen Unsinn zu begehen, wart Ihr nicht zu feige, es zu unterdrücken, weil Ihr an jede Brutalität, an jede Gemeinheit gewöhnt, auch diese für möglich hieltet? Sagt mir es selbst, seid Ihr nicht treu bis zur Niederträchtigkeit? ......[111]

Die Zensur ist für die Presse längst abgeschafft, Hunderte von deutschen Fürstinnen und Prinzessinnen sind seitdem *wirklich* schwanger geworden, und es hat in den 65 Jahren Gesetze und Verordnungen, allerhöchste Handlungen in Fülle gegeben, die auch von einem Bernays hätten erfunden sein können, die gleichwohl bitterste Wahrheit waren. Aber die bürgerliche Presse ist gewaltig fortgeschritten. Sie braucht keinen Bernays mehr. Sie erfindet sich den byzantinischen Ulk jetzt selbst. Über Bombay wird telefunkisch gemeldet ......

Das Vaterrecht: Eine Novelle zur Strafprozessordnung[112]

Auch die preußische Polizei hat Mängel. Aber die preußische Regierung ist, sobald ein solcher Mangel zu ihrer Kenntnis kommt, auch sofort bereit, ihn abzustellen. Jede menschliche Unvollkommenheit wird in Preußen alsbald paragraphenmäßig beseitigt. Keine Erscheinung des *Moabiter Prozesses*[113] hat in hohen Kreisen so verstimmt, wie die Weigerung des Beamten, dem jungen Maler Weydemann zu gestatten, dass er das geforderte Sühnegeld für eine Polizeibeleidigung in *Raten* abzahlen könne.[114] Man erkennt gewiss gern an, dass das Prinzip der Barzahlung durchaus im

111 Diesen Absatz hat Eisner wortwörtlich und leicht gekürzt übernommen aus ebenda, S. 72 f.

112 Arbeiter-Feuilleton, Nr. 36, Dezember 1910, SAPMO-BArch NY/4060/51: Arbeiter-Feuilleton, Artikel von Kurt Eisner 1909–1910, Bl. 96.

113 Vgl. Mehring, Prozeß.

114 Dieses wie andere Details der Strafverfolgung erregten erhebliches Aufsehen bis in den Reichstag, am 9. Dezember 1910 wies dort beispielsweise Phillip Scheidemann (1865–1939) auf den „Kunstmaler Weidemann" und seine gesonderte Behandlung aufgrund seiner Verwandschaftsverhältnisse hin. Vgl. Stenographische Berichte über die Verhandlungen des Reichstags, XII. Legislaturperiode, II. Session 1905/06, Bd. 1, Berlin 1911, S. 3534.

Interesse einer soliden Geschäftsführung liegt. Aber man verkennt andererseits nicht, dass die strenge Durchführung des Prinzips gewisse Härten mit sich bringt, die in einem von christlichem Geiste erfüllten Staatswesen Ärgernis erregen müssen. Es ist doch etwas anderes, so meint man, ob Abzahlungsgeschäfte von einer jüdischen Firma oder von der Staatsgewalt betrieben werden. In letzterem Falle sind sie eben nicht jüdisch und verwerflich, sondern christlich und einwandfrei. Schließlich werden doch auch die Kriegsschiffe ratenweise vom Parlament bewilligt, und trotzdem trägt ein solches in Abzahlung hergestelltes Fahrzeug mit Stolz den Namen Sr. Majestät. Durch diese Überspannung des Barzahlungsbegriffs ist es denn zu dem unerhörten Skandal gekommen, dass der *leibhaftige Sohn eines preußischen Kriminalbeamten* mit allerlei Gesindel zusammen wegen Polizeibeleidigung auf der Anklagebank sitzen muss!

Um solche Schädigungen der Autorität für alle Zukunft unmöglich zu machen, hat man im preußischen Justizministerium unverzüglich eine Novelle zur Strafprozessordnung ausgearbeitet, die soeben vom Bundesrat angenommen und demnächst dem Reichstag zur Beschlussfassung zugehen wird. Die Exekutivorgane der Staatsanwaltschaft werden durch diese Novelle ausdrücklich angewiesen, im Falle der Ersetzung einer Kriminalstrafe durch eine außergerichtliche Geldbuße für wohltätige Zwecke die weitestgehende Milde walten zu lassen und jede mögliche Erleichterung im Zahlmodus zu gewähren.

Die preußische Regierung aber hat sich natürlich damit nicht begnügt, diesen *einen* Missstand auf gesetzgeberischem Wege zu beseitigen, sondern sie hat die Gelegenheit benützt, um die *ganze* Materie zu regeln. Dazu bestand längst ein dringendes Bedürfnis. Es war ein unleidlicher Zustand, dass jede Aktion eines höheren, feineren und edel abgestuften Rechtsempfindens von den Sozialdemokraten und ihren demokratischen Zutreibern als Klassenjustiz, als zweierlei Recht geschmäht wurde. Um künftig den Schreiern jeden Anlass zu nehmen, mit einem Schein von Grund derartige Vorwürfe zu erheben, wird nunmehr das, was immer gute Rechtspraxis war, auch in gesetzlicher unzweideutiger Fassung zum Durchbruch gelangen.

Man wollte es bekanntlich dem Kunstmaler Weydemann ersparen, im Moabiter Prozess als Angeklagter zu erscheinen. Man hatte ihm anheimgegeben, sich mit einer kleinen Geldbuße für die Schutzmannskasse loszukaufen; und nur an jener rigorosen Anwendung des Barzahlungsprinzips scheiterte dieser Akt der Menschlichkeit. Man begründete die Absicht, den jungen Mann der Lieberkammer[115] zu entziehen mit dem Hinweis, dass er als Sohn eines Kriminalbeamten mit seiner Polizeibeleidigung im Grunde ja seinen eigenen Vater getroffen habe, dass es sich also eigentlich um eine Selbstbeleidigung der Polizei handle, die nach dem Grundsatz volenti non fit injuria (wer mit einer Handlung einverstanden ist, dem wird kein Unrecht zugefügt), straffrei ist. Es lässt sich leicht erkennen, und es ist die einfachste logische Konsequenz, dass danach die Sprösslinge *aller* besseren und besten Väter nicht vor die Kriminaljustiz gehören, sondern dass man ihre formalen Rechtsverletzungen nach billigen und kulanten Regeln, durch Sühnegelder – auch in Raten – ablösen muss, gleichgültig, ob es sich um Verbrechen, Vergehen oder Übertretungen handelt. Alle höheren Klassen der Gesellschaft sind die natürlichen und berufenen Hüter der herrschenden Rechtsordnung. Wenn also Söhne oder Töchter dieser Klassen die Rechtsordnung durch Mord, Raub, Einbruch, Wechselfälschung, Sittlichkeitsverbrechen oder gar Majestäts- und Schutzmannbeleidigung verletzen, so treffen sie damit ihre *eigenen Väter*; sie schädigen sich nur selbst. Das ist Strafe genug, und wenn man solche Unüberlegtheiten mit einer mäßigen außergerichtlichen Geldbuße ahndet, so hat das den Zweck, die durch das inkorrekte Verhalten herbeigeführten Selbstschädigungen mittels der Mehrung von Wohltätigkeitsstiftungen wieder auszugleichen. Ganz anders verhält es sich mit den niederen Klassen der Gesellschaft. Diese erkennen die herrschende Rechtsordnung nicht an, sie suchen sie nach Kräften anzugreifen und zu zerstören. Wenn sie demnach auf diesem Wege die Bestimmungen des Strafgesetzbuches verletzen, so schädigen sie nicht die *eigenen* Interessen, wie die Abkömmlinge jener anderen Klassen, sondern sie verletzen *fremde* Interessen, indem sie die eigenen fördern und ein Stück vorwärts zu ihrem verbrecherischen Endziel vorgedrungen sind. Von dem kriminellen Abzahlungsprinzip kann also in diesen Fällen kein Gebrauch gemacht werden.

Gehandelt hat man nach dieser Unterscheidung bisher stets. Aber mangels gesetzlicher Regelung gab es manche Schwierigkeiten, dieser grundsätzlichen Unterscheidung gerecht zu werden. Gesetzlich anerkannt war die Straflosigkeit bisher nur in *einem* Falle: bei den Monarchen. Die Staatsrechtsphilosophen haben sich sehr viel Mühe gegeben, diese

115 So im Original.

Ausnahmestellung zu begründen. Man pflegt zu sagen, dass der Monarch als Träger der Souveränität, als moralischer Schöpfer aller Gesetze und Institutionen des Staates, den Gesetzen und Richtern nicht selber untergeordnet werden könnte. Aber diese Beweisführung aus dem Begriff der Souveränität verträgt sich nicht mit der anderen Tatsache, dass der Monarch zwar jedes Verbrechen begehen kann, ohne zur Verantwortung gezogen zu werden, dass er aber nicht einen Taler leihen kann, ohne haftpflichtig zu sein. Er ist also doch den Gesetzen, wenn auch nur den zivilen unterworfen. Er darf straflos morden, aber muss geliehenes Geld zurückzahlen. Natürlich; denn ohne diese Einschränkung der Unverantwortlichkeit und Unverletzlichkeit würde ihm niemand pumpen.

Alle Schwierigkeiten der staatsrechtlichen Deduktion verschwinden, wenn man jenen wirklichen Grund der notwendigen Befreiung des Monarchen von dem Zwang des Strafgesetzbuchs sich klar macht. Als Sohn eines Monarchen kann er in der scheinbaren Verletzung der Rechtsordnung überhaupt immer nur die eignen Interessen verletzen. Somit muss jede Bestrafung ausgeschlossen sein. Nur muss, wenn man diese Erkenntnis einmal gewonnen hat, das Prinzip sinngemäß auf *alle* Mitglieder der besseren Klassen angewandet werden. Bisher half man sich, so gut man konnte; der Staatsanwalt drückte ein bis zwei Augen zu, um vermeintliche Verfehlungen aus diesen Gesellschaftskreisen nicht zu sehen. Oder man urteilte sehr milde. Oder man fand den Ausweg des Sanatoriums. Oder endlich man veranlasste den Monarchen, die Verurteilten zu begnadigen. Aber es ist klar, wie sehr es das monarchische Rechtsgefühl verletzen muss, wenn man ihm zumutet, etwa Bonner Borussen[116] zu begnadigen, die doch nach jenem unveräußerlichen höchsten Rechtsgrundsatz überhaupt niemals hätten verurteilt werden dürfen.[117]

116 Hier sind Angehörige der 1821 gegründeten Studentenverbindung „Corps Borussia“ in Bonn gemeint. Der Verbindung gehörten fast ausschließlich Adlige an, auch Kaiser Wilhelm II. und andere Mitglieder des preußischen Herrscherhauses waren „Bonner Borussen“. Aufgrund dieses Zusammenhangs stand die Verbindung immer wieder im Licht der Öffentlichkeit und stellvertretend für den adligen Machterhalt bzw. das „Ideal der Wilhelminischen Elite“. Thomas Weber, Our Friend „The Enemy“. Elite Education in Britain and Germany Before World War I, Stanford 2008, S. 33.

117 Der hier gemeinte Vorfall ereignete sich 1910 im in Bonn stationierten Husaren-Regiment „König Wilhelm I.“, wo junge Soldaten einen Unteroffizier in seiner Wohnung verprügelt hatten – einige von ihnen gehörten dem „Corps Borussia“ an. Es

Auch noch eine andere Überlegung zeigt unzweideutig, dass die Kriminalität für die Mitglieder der besseren Klassen unmöglich gelten kann. Unsere ganze Gesellschaftsordnung beruht bekanntlich auf dem Familiensinn der Besitzenden. Alle Kultur, alle Entwicklung der Menschheit ist nur denkbar, wenn die Väter wissen, dass ihre Arbeit nicht mit ihrem Tode vertan ist, sondern dass sie ihren Kindern und Kindeskindern zugutekommt. Wie soll der bessere Mensch noch streben, wenn er niemals sicher ist, dass sein Sohn in die Maschen irgendeines Strafgesetzbuchparagraphen fallen und des Ertrags der Mühen seines Vaters also verlustig gehen könnte. Es bedeutet die Zerstörung der Familie, die Verwüstung von Sitte und Ordnung, die Zertrümmerung von Thron und Altar, das Ende aller Kultur, wenn die höheren Gesellschaftsklassen nicht dagegen gesichert werden, dass ihre Abkömmlinge von der für die niederen Menschenklassen bestimmten Kriminaljustiz befreit werden. Es ist ihrer unwürdig, dass sie sich auf das Wohlwollen eines Richters, den grünen Star eines Staatsanwalts oder einen Gnadenakt der Krone verlassen sollen. Sie haben ein *Recht* darauf, ihrem einzig zuständigen Richter nicht entzogen zu werden: *ihrem eigenen Ermessen.*

Diesen Grundgedanken bringt die Novelle zur Strafprozessordnung zur Geltung. Dem Recht des Kriminalabzahlungsgeschäftes werden alle diejenigen unterworfen, die einen besseren Vater haben, oder selbst bessere Väter geworden sind. Es fallen unter diese Klasse alle Söhne von Staatsbeamten mit tadelloser Gesinnung, vom Schutzmann- und Kriminalbeamtensohn aufwärts bis zum Ministersprössling. Selbstverständlich werden innerhalb dieses großen Kreises noch Unterschiede gemacht. Dem Sohn eines Schutzmanns wird die Höhe der Buße vorgeschrieben, dagegen ist es selbstverständlich, dass der Sohn eines Generals selbst entscheidet, wie hoch er sein Delikt bewertet und welche Verwendung das Bußgeld finden soll.

erfolgte zwar eine Verurteilung, später wurden die Beteiligten aber begnadigt. Im selben Jahr wurde auch der „Bonner Studentenkrawall" bis in den Reichstag diskutiert: Eine Gruppe Studierender, die dem „Corps Borussia" angehörten, hatte 1910 in der Bonner Innenstadt eine Straßenbahn gekapert, randaliert sowie Fahrgäste und das Personal belästigt. Sie wurden zu geringen Geldstrafen verurteilt. Beide Vorfälle wurden vor allem in Abgleich mit den Verurteilungen von Beteiligten in den von Eisner weiter oben und im folgenden Artikel in diesem Band thematisierten Moabiter Unruhen als Beispiele für Zweiklassenjustiz diskutiert. Vgl. Stenographische Berichte über die Verhandlungen des Reichstags, XII. Legislaturperiode, II. Session 1905/06, Bd. 1, Berlin 1911, S. 3534; ebenda, Bd. 2, S. 4794, 4833.

Einige Schwierigkeiten hat die Frage der *unehelichen* Söhne gemacht oder vielmehr die Behandlung derjenigen, die *nicht wissen*, wer ihr Vater ist. Sie durchweg der für die niederen Bevölkerungsschichten bestimmten Kriminaljustiz zu unterwerfen, schien grausam, da es doch nicht ausgeschlossen ist, dass der eine oder der andere vielleicht gar nicht von einem Reserveleutnant abstammt. Andererseits schien es auch nicht angängig, sie durchweg als Abkömmlinge der höheren Klassen zu reklamieren. Man hat, wie uns scheint, den sehr glücklichen Ausweg gefunden, dass man eine Art Servisklassen[118] nach den Orten eingerichtet hat. So werden Söhne unbekannter Väter, die in vornehmen Universitätsstädten wie *Bonn*, oder in *kleineren Garnisonen* an der östlichen und westlichen Grenze geboren worden sind, ausschließlich der Abzahlungsjustiz unterworfen.

Kein Mensch, der in Preußen-Deutschland auch nur mutmaßlich aus edlem Blute abstammt, wird hinfort einer anderen Justiz überantwortet werden, als der in Bar oder auch auf Abzahlung. Das *Vaterrecht* beginnt endlich!

Der heilige Rock[119]

Deshalb erkläre ich, dass die Meinung, als sei es erlaubt, ein solches Mittel des schärfsten Widerstandes im Rechte der Notwehr zu ergreifen, unrichtig ist. ... Weiter ist in den Ausführungen des Vorsitzenden die Meinung gefunden worden, dass jemand, der meint, das Auftreten der Behörde sei nicht rechtmäßig, wenngleich er sich im Irrtum befindet, in solchem Falle straffrei wäre.

118 Servisklassen wurden für die Besoldung etwa von Staatsbeamten oder Soldaten und die Bemessung von Zuschüssen (bspw. Wohngeld) oder Pensionen gebildet. In Preußen wurden diese Klassen nach den Städten kategorisiert, an der Spitze stand Berlin. Vgl. Christian Maus, Der ordentliche Professor und sein Gehalt. Die Rechtsstellung der juristischen Ordinarien an den Universitäten Berlin und Bonn zwischen 1810 und 1945 unter besonderer Berücksichtigung der Einkommensverhältnisse, Bonn 2013, S. 93.

119 Arbeiter-Feuilleton, Nr. 5, Februar 1911, SAPMO-BArch NY/4060/52: Arbeiter-Feuilleton, Artikel von Kurt Eisner 1911, Bl. 20.

> Da möchte ich mit allem Nachdruck erklären, dass diese Auffassung der preußischen und deutschen Auffassung nicht entspricht.
> Justizminister Beseler im preußischen Abgeordnetenhaus, 2. Februar 1911.[120]

Der Berliner Schutzmann Friedrich Wilhelm Lehmann war, wie alle Wächter der nationalen Ordnung in der Reichshauptstadt, aus Hinterpommern gebürtig und trug in sich noch immer die sprichwörtlichen Knochen eines Grenadiers jener Gegend. Wenn er in patriotisch besonders geräumter Stimmung hoher Festtage, wie des Geburtstages seines allerhöchsten Kriegsherrn, gelegentlich behauptete, er sei nur aus Westpreußen, so war diese falsche Behauptung aus der Bescheidenheit zu erklären, die einen Berliner Schutzmann auszeichnet und die in solchen gehobenen Augenblicken sich selbst auf Kosten der amtlichen Wahrheit durchsetzt. Friedrich Wilhelm Lehmann war wirklich aus Hinterpommern. Trotzdem konnte er die Rede des preußischen Justizministers Beseler vom 2. Februar 1911, wenn auch etwas langsam, lesen und sie ward ihm von Stund an ein teurer Talisman in seinem aufreibenden Dienst.

Eines Tages sah Lehmann auf einer belebten Straße ein zehn- bis elfjähriges Mädchen, offenbar niedrigen Standes, in frechem Kiebitz-Schritt vor sich hüpfen. Diese Schändung bürgerlicher Ruhe und Wohlfahrt hielt er mit seiner dienstlichen Instruktion für unvereinbar, und da er gerade sonst für sein durch Rost gefährdetes Schwert keine Verwendung hatte, eilte er von hinten auf das aufsässige Kind zu und hieb ihm einigemal über den Kopf. Das unterließ nun zwar das anstößige Hüpfen, legte sich dafur aber auf das Straßenpflaster und bildete somit ein Verkehrshindernis, was

120 Max von Beseler (1841–1921) war von 1905 bis 1917 preußischer Justizminister, von 1905 bis 1918 gehörte er auch dem Preußischen Herrenhaus (Erste Kammer) an. Eisner hatte das oben genannte Zitat, das Beseler in der Sitzung des Abgeordnetenhauses am 1. Februar 1911 und im Kontext der Moabiter Unruhen geäußert hatte, stark verkürzt und – wenn auch in der Aussage nicht entstellt – in seinem Sinne zugespitzt bzw. in Teilen auch ergänzt: Beseler sprach beispielsweise nur von der „deutschen Praxis“, nicht aber von der „preußischen und deutschen Auffassung“. Zudem müssten auch vor dem dritten Satz drei Auslassungspunkte stehen, da dieser aus einer späteren Passage des zitierten Absatzes stammt. Stenographische Berichte über die Verhandlungen des Preußischen Hauses der Abgeordneten, Bd. 1, Berlin 1911, S. 1177. Vgl. zu den Moabiter Unruhen zudem Anm. 62 und 63 auf S. 75 in diesem Band.

durch einige weitere Hiebe geahndet und beseitigt wurde. Um die Gruppe hatte sich ein andächtiger Menschenkreis gebildet. Plötzlich drängte sich ein vielleicht 14-jähriger Bursche durch die Menge und machte Miene, das Mädchen zu befreien. Entsetzt hielt ihn ein würdiger Greis fest. „Ich bin der Bruder", schrie der unbesonnene Knabe. „Um so schlimmer", versetzte der würdige Greis, „weißt du Unglücklicher denn nicht, was unser allverehrter Justizminister lehrt: dass es undeutsch und unpreußisch sei, einer Behörde, deren Handlungen jemand für unrechtmäßig hält, Widerstand zu leisten?" Da blieb der Knabe zerknirscht stehen und sah wie die anderen dem Schauspiel zu. Das Mädchen aber wurde nach einiger Zeit noch lebend ins Krankenhaus verbracht.

Tags darauf schlug der Justizminister den Friedrich Wilhelm Lehmann als Kronzeugen echter preußischer und deutscher Auffassung für einen Orden vor, während der Bruder des Mädchens wegen *Versuchs* des Widerstandes gegen die Staatsgewalt in Fürsorgeerziehung nach Mieleyn[121] verbracht wurde.

* * *

Ein andermal begegnete Friedrich Wilhelm Lehmann einem Mädchen älterer Art; es mochte schon 18 Jahre sein. Lehmann, menschenfreundlich und leutselig wie er war, ließ sich hierbei, dieser nicht unebnen Frauensperson seine Neigung zu schenken. Diese aber, eine Frucht sozialdemokratischer Erziehung und Verhetzung, leistete der Staatsgewalt offenen Widerstand. Da schleppte Friedrich Wilhelm die Unbotmäßige in einen dunklen Hausflur und lehrte sie, in milder Liebe, der Staatsgewalt, wenn auch sträubend, Gehorsam zu leisten.

Das Mädchen zeigte den Schutzmann wegen Vergewaltigung an und beschwor, dass Friedrich Wilhelm also an ihr gehandelt.

Lehmann klagte sie darauf des Meineids an und sagte vor Gericht, die alte Sau sei bei der Ausübung ihres unzüchtigen Gewerbes von ihm erwischt worden und habe ihrer Verhaftung Widerstand geleistet.

Die alte Sau wurde wegen Meineids zu vier Jahren Zuchthaus verurteilt. Der humane Vorsitzende tröstete die Weinende: sie solle nach 15 Jahren ein Wiederaufnahmeverfahren erwirken, da könne sie möglicherweise freigesprochen werden.

121 Dieser Ort konnte nicht recherchiert werden und ist vermutlich fiktiv.

Da der Schutzmann im Hausflur Kratzwunden auf seiner niedrigen, aber festen Stirn erhalten hatte, außerdem ihm ein Uniformknopf abgerissen war, wurde darauf gegen das Mädchen noch Anklage wegen Widerstand gegen die Staatsgewalt, tätlicher Beamtenbeleidigung, Körperverletzung, Sachbeschädigung und Aufruhrs erhoben. Als sie sich verteidigte, dass sie sich doch habe wehren müssen, setzte ihr der Vorsitzende auseinander, der Umstand, dass sie – die Wahrheit ihrer Behauptung selbst vorausgesetzt – geglaubt habe, Lehmann befinde sich nicht in rechtmäßiger Ausübung seines Amtes, berechtige sie nach deutscher und preußischer Auffassung noch lange nicht, zu so scharfen Mitteln der Notwehr zu greifen, wie Fingernägel sie darstellen. Sie erhielt eine Zusatzstrafe von zwei Jahren Gefängnis.

* * *

An einem schönen Maiabend wandelte der Justizminister Beseler die Straße entlang. Er memorierte gerade eine Reichsgerichtsentscheidung, und tief in Gedanken versunken, blieb er stehen. Das sah Friedrich Wilhelm Lehmann, trat auf ihn zu und äußerte höflich: „Willst du dich fortscheren, krummer Hund!“ Der Justizminister war so in dem Bann des reichsgerichtlichen Urteils, dass er nichts sah und nichts hörte. „Ich mache dich kalt, dreckiges Aas“, fuhr Friedrich Wilhelm liebenswürdig, mit seltener Selbstbeherrschung, fort. Beseler stand noch immer. „Wart, ich werde dir Pfeffer in dein A….loch (Friedrich Wilhelm sprach auch die Punkte) streuen“, beschloss der Schutzmann seine ruhigen, aber vergeblichen Aufforderungen; und schon fielen die Hiebe hageldicht auf das Haupt Beselers. Nun wachte er auf. Einen Augenblick griff er instinktiv nach seinem Browning – – – ein paar wohlgezielte Schüsse! … Aber er fand sofort seine juristische deutsche und preußische Auffassung wieder, und indem er der umstehenden Menge den Beweis seiner Seelengröße demonstrierte, zeigte er durch sein edles Vorbild, dass in der Tat niemand ein Recht auf Notwehr hat, bloß weil er sich einbildet, ein Schutzmann befinde sich nicht in rechtmäßiger Ausübung seines Amtes. Und Beseler rief inbrünstig: „Mehr, mehr!“ Das tat denn auch Friedrich Wilhelm Lehmann.

In der Klinik ergab die Sektion, dass an der Stelle, wo das Gehirnzentrum des Rechtssinnes sich zu befinden pflegt, ein leeres Loch war. Es konnte aber nicht festgestellt werden, ob das Loch nicht schon vorher da war, und Lehmann nur hineingestoßen hatte, wo schon nichts war. Jedenfalls war dieser Defekt mit die Todesursache. Friedrich Wilhelm hatte außerdem für eine ergiebige Auswahl anderweitiger Todesursachen Vorsorge getroffen.

Das letzte Wort Beselers verdient der Nachwelt erhalten zu werden: „Ich sterbe freudig auf dem Ehrenfelde preußischer und deutscher Rechtsauffassung, die von der Schmach der Notwehr nichts weiß."

Darauf hatte er Friedrich Wilhelm Lehmann gesegnet.

* * *

Es war unserem Vertreter der uniformierten Ordnung amtlich bekannt geworden, dass in der *NN*-Straße ein Mann wohnte, der einesteils sozialdemokratische Gesinnung, andernteils einen Geldschrank hatte. Lehmann, der gerade knapp bei Kasse war, entschloss sich, beide Übelstände zu beseitigen. Als er jedoch, mit einigen festen Fußtritten, in die Wohnung eingedrungen war, entdeckte er in einem Winkel den zitternden unbotmäßigen Untertan und vor dem Geldschrank einen Menschen in Zivil, der beschäftigt war, das dort angehäufte Geld an sich zu nehmen. Sofort fühlte Friedrich Wilhelm sich als Hüter der staatlichen Gesetze. Er schwang seinen Säbel. Da flüsterte der andere: *„Halt, Kollege!"* und zeigte seine Marke. Die vorzeitige Konkurrenz empfand Friedrich Wilhelm nicht gerade angenehm. Aber schnell gefasst, schlug er dem Kollegen vor, den Inhalt zu teilen. Das geschah auch. Aber bei dem Rückweg, schon auf der Treppe, brach ein Streit aus. Friedrich Wilhelm Lehmann behauptete, er sei beschummelt worden. Auf der Straße kam es zum Handgemenge: Lehmann hieb mit dem Säbel, der Zivil-Kollege mit dem bleiausgegossenen Stock. Das sich dicht ansammelnde Publikum wusste natürlich, was es der Staatsgewalt schuldig sei und wollte seinem Lehmann zu Hilfe eilen. Da wies der andere die Marke vor, und die Menge wich zurück.

Der Fall war schwierig. Die preußische und deutsche Auffassung Beselers genügte hier nicht. Was war da zu tun? Beide durften als Polizeibeamte tun, was sie wollten, und befanden sich, soweit sie *prügelten*, offenbar in berechtigter Ausübung ihres Amtes. Aber soweit sie geprügelt *wurden*, ward beiden zweifellos Widerstand geleistet. Beide waren zugleich berechtigt und unberechtigt! Unter diesen Umständen blieb man neutral und mischte sich nicht ein. Als sie beide müde waren, hörten sie ohnehin auf.

Auch die vorgesetzten Behörden kamen mit dem Problem nicht ins Reine. Wo hörte die berechtigte Prügelei auf und begann die unberechtigte Notwehr? Aber dass Friedrich Wilhelm Lehmann überhaupt seinen Vorgesetzten solche schwierige Denkprozesse aufnötigt, machte ihn auf jeden Fall suspekt. Er wurde wegen Missbrauchs der geistigen Amtsgewalt des Polizeipräsidenten von Jagow[122] strafversetzt – nach *Bonn.*

*

Wir kommen nunmehr zur letzten Station der Laufbahn Friedrich Wilhelm Lehmanns.

Eines Nachts untersagte der Schutzmann einigen kraftstrotzenden Borussen,[123] die gerade ein paar Häuser in Brand setzten, in Überspannung seines Diensteifers, solches Vorhaben schäumender Jugendlust. Die Borussen stürzten sich auf Friedrich Wilhelm Lehmann, traten auf ihn und suchten auch ihn ein wenig anzuzünden. In diesem Augenblick vergaß sich Friedrich Wilhelm so weit, dass er in höchst ungehörigem Tone rief: „Aber, meine Herren!"

Das Korps ließ diese Beschimpfung naturgemäß nicht auf sich. Es schrieb nach Berlin. Darauf wurde Friedrich Wilhelm Lehmann seines Amtes entsetzt und wegen Missbrauchs der Amtsgewalt, Beleidigung und Freiheitsberaubung zu einem Jahre Gefängnis verurteilt.

Der Nachfolger Beselers führte später im preußischen Abgeordnetenhaus den Fall Lehmann als Beweis an, wie unberechtigt es sei, davon zu reden, dass der Schutzmann allmächtig sei. Allerdings *trüge er einen heiligen Rock,* aber das berechtige ihn keineswegs, die Blüte unserer Jugend in ihrem berechtigten Tatendrang zu stören....

Sozialistische Bekenntnisse[124]

Die Wahrheit ist für das Lebendige, Lebenskräftige immer heilsam. Was an ihr siecht, ist wert, dass es zugrunde geht. Unsere abendländische Zivilisation ist durch die Lüge, die Zweideutigkeit, die Heuchelei, den

122 Traugott von Jagow (1865–1941) war von 1909 bis 1916 Polizeipräsident von Berlin.

123 Hier waren Angehörige der Studentenverbindung „Corps Borussia" in Bonn gemeint, Eisner spielte auf einen Vorfall in einer Bonner Kaserne im Jahr 1910 an. Vgl. Anm. 117 auf S. 90 in diesem Band.

124 Arbeiter-Feuilleton, Nr. 18, Mai 1911, SAPMO-BArch NY/4060/52: Arbeiter-Feuilleton, Artikel von Kurt Eisner 1911, Bl. 60. Der Titel des Beitrags ist versehen mit der Anmerkung „Lily Braun, Memoiren einer Sozialistin II. Kampfjahre. München, Albert Langen. (Preis 6 M., geb. 7.50 M.)".

Widerspruch schmerzhaft zerrissen und bösartig gelähmt. Privates und öffentliches Leben, Denken und Handeln, Begehren und Gebaren klafft auseinander. Aus tückischen und niedergeschlagenen Augen schielt das Leben uns an. Die schlichte, einfache, frohe und kindhafte Kraft, sich offen zu bekennen, ist versiegt. Und wer den Panzer der Konvention scheinbar sprengt, der tut es mit schamlosen Gebärden und widerlichem Lärmen, und statt sein Herz zu erleichtern, entlädt er seine Gedärme, brüstet sich mit übertriebenen Lastern und zerfleischt mühsam und kunstvoll gereckte Empfindungen. Nichts ist seltener als die Kunst, das uns Bewegende wie etwas Selbstverständliches anzusprechen.

Von der öffentlich wirkenden Persönlichkeit verlangt man erst recht das versteckte und stilisierte Komödiespielen. Was sie im Tiefsten erfüllt, davon soll sie nicht reden dürfen. Vielleicht gestattet man ihr, ihre Bekenntnisse im geheimsten Kämmerlein niederzuschreiben, damit sie künftige Geschlechter in einer längst veränderten Zeit als geschichtliche Urkunden gleichgültig lesen mögen. Das will sagen: man raubt ihr die Möglichkeit, vom Lebenden auf das Lebendige zu wirken. Immer sollen wir anders scheinen als wir sind, und den Offenbarungseid verlangt man von uns nur für Kassenscheine und alte Möbel, aber nicht für den eigentlichen Inhalt unseres Daseins; der mag in sich selbst stumm zergehen.

*

Wir dürfen nie offen und auch niemals wir *ganz* sein. Als ob der eine Mensch nur Arzt ist, der andere immer nur vor Gericht plädiert, der dritte nur Artikel schreibt, der vierte nur im Parlament redet, der fünfte nur Versammlungsbeschlüsse zuwege bringt. Wie das Getriebe der Welt auf uns einwirkt, wie wir unser innerstes Leben einrichten und empfinden, in all den tausendfältigen Wechseleinflüssen, das bleibt stumm und verborgen. Je mehr wir offiziell uns verhehlen müssen, desto üppiger wuchert freilich der lästernde Pesonalklatsch, der die vergeudeten Stunden einer schalen Geselligkeit ausfüllt. Was wissen wir von unseren Abgeordneten, Ministern, Gelehrten, von den Führern und Organisatoren. Und erleichtern wir in Romanen unser Gemüt, so werden Politik und Beruf, Zeitereignisse und private Wirtschaft allenfalls als Kulissen verwandt, zwischen denen das *eigentliche* Romandasein sich abspielt; und das besteht in nichts wie in Lieben oder auch Huren, in Familienjammer und Schulerinnerungen, in künstlerischem Genialsein,

Naturschwelgereien und Reiseabenteuern; oder die Menschen verschwinden in der zuständlichen Schilderung.

*

Aber ist es denn erlaubt, drucken zu lassen, was unser Dasein in seinen Tiefen bewegt; zu erzählen, wie wir die Menschen sehen und die Dinge, wie wir unter ihnen leiden und wie wir ihrer Herr werden? Ist es nicht Verrat, wenn wir die Geschehnisse unseres Daseins beichten; ist es nicht roh und verletzend, wenn wir öffentlich Personen schildern, die noch leben; heißt es nicht die Sache schädigen, wenn wir von ihren Menschlichkeiten und ihren Hintergründen berichten?

Gewiss, das *kann* es sein, aber es *braucht* es nicht zu sein, sofern nur zwei Bedingungen erfüllt sind: der seine Lebensbeichte ablegt, muss reinen Herzens und guten Willens sein; und das Werk, dem er dient, muss innerlich gesund und triebkräftig sein. Nur die Schönheit und die Kraft darf sich enthüllen, ohne unzüchtig zu wirken. Und nur die Bewegung ist unbesiegbar, die sich in allem zu bekennen wagen kann.

Es bezeugt die Entartung der herrschenden Gesellschaft, dass sie ohne Heuchelei und Hülle keinen Tag zu existieren vermöchte. Wo ist der König, der nackt vor das Volk zu treten vermöchte! Wo ist der Unternehmer, der die Geheimnisse seines Betriebes und seiner Nächte lüften dürfte. Welcher Minister würde es überleben, dass die Akten seines Geheimarchivs veröffentlicht, seine verstohlenen Privatbriefe gedruckt würden! Und wäre eine bürgerliche Partei denkbar, die ihr innerstes Getriebe, das politische, wie das persönliche, das geschäftliche wie das private, auf dem Markte für jedermann zur Schau stellte!

Der hinkende Teufel, der die Dächer von den verschwiegenen Häusern abhübe, würde alles zertrümmern, was unter dem Dach sich geborgen.

Kann man sich schließlich einen von der eigenen Klasse, Partei, Sippe Verfolgten und Geächteten in der *bürgerlichen* Welt vorstellen, der zu einem anderen Zwecke die Intimitäten seines Kreises preisgäbe, als um sich zu rächen oder zu zerstören – ein Abtrünniger, der zu vernichten strebt, was ihm als schädlich und schändlich sich offenbarte?

*

Aber was die Zukunft froh und selbstbewusst in sich trägt, das kann sich getrost bekennen; ja für alles Werdende, Emporsteigende ist es die stärkste Förderung, wenn alles, was geschieht, in dem Bewusstsein geschieht, es müsse auch vor der Öffentlichkeit verantwortet werden. Das schreckt das Niedrige und scheucht das Unsaubere, das auch mit beklemmendem Dunstkreis das Erhabendste einengt.

So ist es kein Zufall, dass der erste echte Parteiroman, der in der deutschen Literatur erschienen ist, in der sozialdemokratischen Welt sich auswirkt, und dazu ein Roman, der nichts erdichtet, sondern Wirkliches mit redlicher subjektiver Wahrhaftigkeit gestaltet. Aber noch mehr: Dieser Roman ist von einem Parteimitglied geschrieben, das aus der unmittelbaren Mitarbeit – ob durch eigene oder fremde „Schuld", ist unerheblich – gedrängt wurde, das in dem Gefühl abseits wandern musste, es sei ihm bitter Unrecht geschehen, und dessen von jeder schwächlichen Schonung und diplomatischen Vertuschung freien Geständnisse dennoch ein leidenschaftliches Bekenntnis für die Sache geworden sind, unter deren menschlichen Irrungen und Trübungen das Einzelschicksal fast zusammenzubrechen drohte. Das will besagen: Es gibt in unserer Zeit für eine starke und reine Persönlichkeit keine andere Lebensmöglichkeit als das Wirken für die proletarische Bewegung. Und ob man ihren Menschlichkeiten, deren zerreibende Härten niemandem erspart bleiben, erliegt, noch im Sterben müsste man die Sache segnen und fördern.

Darum sind Lily Brauns „Kampfjahre", die eben erschienen sind, ein Kampfbuch für die Weltmacht des Sozialismus.[125]

*

Ich bekenne: Dieses Buch *musste* einmal geschrieben werden. Wie das Parteileben auf den einzelnen wirkt, wie die Menschen und Dinge der Öffentlichkeit in ihrer Nacktheit mit den persönlichen Schicksalen sich verbinden, wie die Fäden von den großen oder nur lauten Weltbegebenheiten bis ins Brautgemach und Kinderzimmer, von der Staatswirtschaft in die privatwirtschaftlichen Nöte und Ängste sich spinnen, das musste einmal unbekümmert um üble Nachrede und dumpfes Missverständnis geschrieben werden. Es ist doch ein Ungeheures in dieser Neugestaltung

125 Die Schriftstellerin und Frauenrechtlerin Lily Braun (1865–1916, in erster Ehe Lily von Gizycki) veröffentlichte 1909 und 1911 ihre zweibändigen autobiografischen „Memoiren einer Sozialistin" (Bd. 1: Lehrjahre, Bd. 2: Kampfjahre), die zugleich ihre Erfahrungen in der sozialistischen Frauenbewegung, in der sie wegen ihrer adligen Herkunft eher abgelehnt worden war, und ihre gesellschaftlich-fortschrittlichen Ansätze etwa zum Geschlechterverhältnis oder zur weiblichen Erwerbstätigkeit dokumentierten. Vgl. Dieter Borkowski, Rebellin gegen Preußen. Das Leben der Lily Braun, Frankfurt a. M. 1984.

des einzelnen Menschenschicksals, das aus der familiären und beruflichen Enge des öden Philistertums hinausgewachsen und nun sich unlöslich mit den großen Angelegenheiten der Menschheit verschmilzt. Die gewaltige Tragik wie die lächerliche Komik großer und kleiner persönlicher Konflikte wirkt in solchem Zusammenhang doch als das reichste Erleben, das dem heutigen Menschen vergönnt ist.

Lily Brauns Beichtbuch wird viele aufrichten und befeuern. Als sie beschloss, wahr zu sein, musste sie die Personen und Geschehnisse so darstellen, wie sie ihrem Geist sich darboten, ohne Schminke und ohne Tünche, das echte Material in einfacher Formung. Wer sich durch diese Porträts verletzt fühlt, der beweist nur, dass er sich in seiner Menschlichkeit nicht sicher fühlt, dass er nicht den Mut seiner Schwächen hat. Die Partei darf stolz und unbefangen in diesen Spiegel blicken, der vielleicht nicht ganz ungetrübt ist, den ihr aber ein gutes Gewissen vorhielt. Es ist kein Buch der Verärgerung und Verbitterung. Es ist die Beichte einer Frau, die mit sich ins Klare gediehen ist; und wenn es nebenbei auch die Verteidigungsschrift von zwei Menschen ist, die sich verkannt fühlten, auch diese Absicht ist der ernsten Leidenschaft für unsere gemeinsame Sache untergeordnet.

*

Im ersten Teil der „Memoiren einer Sozialistin" lasen wir, wie die verwöhnte und umworbene preußische Generalstochter die Frau eines todkranken Professors, eines stillen Sozialisten, und eine ethische Vorkämpferin der bürgerlichen Frauenbewegung ward. In dem jetzt vorliegenden zweiten Teil erscheint vor uns die tätige Parteigenossin. Im Berliner Konfektionsarbeiterstreik wirkt sie zuerst öffentlich.[126] Mit den brausenden Akkorden der preußischen Wahlrechtsdemonstrationen schließt das Buch

126 Dieser Streik fand in Berlin ab Februar 1896 statt, in anderen Städten des Reiches hatte er nach der Ablehnung der Forderungen etwa nach höherem Lohn oder Tarifbindung durch die Textilunternehmer schon eher eingesetzt. Die Forderungen zielten vor allem auf die weibliche Arbeiterschaft, bis zu 30 000 Streikende beteiligten sich an dem Ausstand. Durch eine Intervention des Gewerbegerichts kam es schnell zu einer vorläufigen Einigung, an die sich aber die taktisch agierenden und ihre Marktmacht voll ausnutzenden Unternehmer nicht hielten – der Streik hatte zwar eine breite Öffentlichkeit und viel Zustimmung erfahren, auch im Reichstag äußerten sich Fürsprecher. Beides ebbte aber schnell ab. Erst Jahre später verbesserte sich deswegen die Situation der betroffenen Werktätigen, die zumeist Frauen waren. Vgl. hierzu Axel Weipert, Das Rote Berlin. Eine Geschichte der Berliner Arbeiterbewegung 1830–1934, Berlin 2013, S. 97 f.

ab.[127] Zwei Jahrzehnte deutschen Parteilebens rollen vor uns vorüber, mit ihren Problemen und Streitigkeiten, mit ihren Aktionen und Diskussionen, ihren Siegen und Misserfolgen. Das Herz Lily Brauns glüht in den Massenbewegungen, wenn der Sturm die Ungezählten aufwühlt; es klopft bang und verzagt in der Berührung mit den Notwendigkeiten der bureaukratischen Kleinarbeit. Sie will wirken, schaffen, kämpfen; frei, unabhängig, eigenwillig. Da sind Zusammenstöße unvermeidlich. Den Konflikt zwischen der Masse und der Persönlichkeit hat sie überwunden, aber nicht völlig gelöst. In der Sehnsucht nach einer seelenumbildenden, bezwingenden, freien Weltanschauung findet sie ihre persönliche Tröstung und neue Zuversicht.

Und wie als politische Kämpferin will sie auch in ihrem persönlichen Leben sein: frei, wahr, selbstgetreu. Mag der Weg auch einsam sein, sie will ihn mit reinen Händen *selbst* gebahnt haben. Das liebende und mütterliche Weib begehrt vom Leben ungebrochene Rechte.

*

Soll ich nach dem Kunstwert des neuen Buches fragen? Ich halte Lily Braun für keine Dichterin voll lyrischer Beseelung und Eigenart. Gerade da, wo sie innerste Empfindungen ausströmt, versagt die Kraft individuellen Gestaltens; es wird manches viel gewöhnlicher, als es gedacht ist. Aber sie kann Leben und Menschen mit überraschender Lebendigkeit darstellen; man ist niemals im Zweifel, wer gemeint ist, auch wenn sie nur mit ein paar Worten eine flüchtig vorübereilende Figur zeichnet.

Doch solche Rezensentenfragen sind recht gleichgültig. Sind die „Kampfjahre“ kein großes Dichtwerk, so sind sie ein starkes Erziehungsbuch für uns alle. Die Verfasserin hat sich altes Leid von der Seele geschrieben. Ich glaube, *jetzt* wäre sie reif, wieder ganz von vorn zu beginnen, ganz ohne die Störungen einer besonderen, persönlichen „Mission“, als einfache Kämpferin für die erhabenste Sache, der jemals Menschen gedient haben. Seine Persönlichkeit ganz in die große Sache versenken, das erst heißt *echte* Persönlichkeit werden.

127 Gemeint waren hier die sozialdemokratischen Wahlrechtsdemonstrationen gegen das preußische Dreiklassenwahlrecht, die 1908 einsetzten und im Frühjahr 1910 ihren Höhepunkt erreichten, nachdem Reichskanzler Bethmann Hollweg in seiner Funktion als preußischer Ministerpräsident entgegen der angekündigten Wahlrechtsreform am Dreiklassenwahlrecht festhielt. Vgl. Bernd Jürgen Warneken, Populare Kultur. Gehen – Protestieren – Erzählen – Imaginieren, Köln 2010, S. 107.

4.

Gesellschaftskritik

Herr Trunk[1]
Ein Schnapsmärchen

In einem Tale, vom Sonnenfirst in Schatten und Kälte gedrückt, war ein Volk, das in Arbeit lebte. In viel Arbeit und wenig Freude. Denn aus unfroher Arbeit konnte in den Herzen der Menschen nur dumpfe Lebensgier wachsen und die düstere Erde machte ihre Sinne stumpf, ihren Willen unmutig und lahm.

Ihre Herren, die Menschen vom First, hielten die Sehnsucht des dunklen Volkes nieder und ließ[en] es in seiner Trübsal glauben, dass sie noch die Wohltäter der Talmenschen seien. Denn sie machten die Armen ihr Elend vergessen. Ihre geistige Not linderten sie durch Gottesglauben und ihre anderen Menschentriebe zerstörten sie mit einem Gift. Man nannte

1 Arbeiter-Feuilleton, o. Nr., 1909, SAPMO-BArch NY/4060/51: Arbeiter-Feuilleton, Artikel von Kurt Eisner 1909–1910, Bl. 5–7. Dieser Beitrag trägt keine Signatur von Kurt Eisner und ist doppelt überliefert – sowohl in Eisners Ausarbeitungen für das „Arbeiter-Feuilleton" als auch in Else Bellis Schriftgut. Vgl. SAPMO-BArch NY/4060/99, Bl. 134. Eisner erwähnt den Artikel in einem Brief an Else Belli vom 25. November 1909: „Die schlimmste Sorge ist, dass Du eine Hilfe im Haushalt bekommst, und ein paar 100 M[.] für die beiden nächsten Monate, damit Du in Ruhe für unsere Korrespondenz und an Deinem Roman arbeiten kannst. Ich möchte für die erste Nummer etwas Weihnachtliches, das Alkoholmärchen ‚Herr Trunk' und etwas für die Frauenzimmer. Dann bringen wir die Probenummer vielleicht doch in der zweiten Novemberwoche [gemeint war Dezember] heraus. Ich würde mit Deinem Vater einmal offen und ernst besprechen, und ihm auch sagen, dass Du – wenn unsere Korrespondenz Anklang findet – ihm einen Teil seiner Opfer zurückerstatten möchtest. Aber Du brauchst doch für die nächste Zeit Ruhe und die sorglose Freiheit im Schaffen." Kurt Eisner an Else Belli, Nürnberg, 25. 11. 1909, SAPMO-BArch NY/4060/77, Bl. 368. In einem späteren Brief gibt Eisner dann konkrete Anweisungen, nach denen Else Belli den Beitrag verfassen soll, sodass hier zumindest Eisners direkter Einfluss auf die Entstehung des Artikels konstatiert werden kann. Vgl. Kurt Eisner an Else Belli, Nürnberg, 27. 11. 1909, SAPMO-BArch NY/4060/77, Bl. 373.

es das Feuerwasser. Und die Gier nach Schnaps blieb der ungehemmte Trieb dieser Menschen: er allein besaß die Kraft sich immer erneut zu erzeugen und aufzuwühlen. In harter Arbeit und in gemeinstem Genuss wurden so aus Menschengeschöpfen, die die Schönheit des Lebens und die Würde des Menschen nicht mehr entbehrten, Geschöpfe, die ihren Willen vergessen hatten und nicht wussten, was Freiheit sei.

Sie arbeiteten für die Menschen vom Berge, opferten ihnen Lebensfreude und Gesundheit und flehten nur immer um das Gift der Herren. Erniedrigten sich darum; denn die Wirklichkeit war unerträglich geworden und Betäubung schien ihnen Erlösung. So rann all ihr Schaffen in den Abgrund solcher Betäubung. Je härter sie arbeiteten, desto stärker wurde ihre Gier nach dem Gift. Baden wollten sie sich schier in dem Feuerwasser, in dem sie zugleich zu verbrennen und die Brunst löschen zu können schien. Als die Herren sahen, dass die unselige Leidenschaft ihnen unwiderstehlich geworden war, da verteuerten sie den Armen den einzigen Genuss, sodass die Männer vom Tal zu noch strengerer Frohn gezwungen waren. Da wühlte die Trunkenheit Empörung in ihren dunklen Seelen auf. Sie torkelten am Berge empor und warfen ihre Fäuste nach dem Sonnenfirst. Fluchten und sahen, welch eine Masse sie waren, wurden kühner und bedrohten die oben durch böse Worte. Und durch die Worte, die sie zu denken zwangen, kam manchem das zuckende Gefühl für sein Elend, für aller Erniedrigung. Wilder wurden die Drohungen, an denen sie sich berauschten.

Sie stürmten vor, den Berg hinauf, da es lichter wurde und unbekannte Schönheit in ihre Augen drang. Und soviel Sonne, dass sie es nicht ertragen konnten. Oben standen ein paar Männer vom Berge und lachten, wie diese Kreaturen ohnmächtig klagten und schrien. „Wir wollen mehr Geld!" kreischten die Rufe zu ihnen hinauf. Die oben höhnten und sprachen verächtlich von den Trunkenbolden. Die hatten überhaupt nichts zu fordern. Sie mussten froh sein, dass man hier oben auf dem Berge, dass die Herren für sie den Schnaps brannten. Wie Steine fielen die höhnenden Rufe auf die Männer ins Tal hinunter: „Ihr habt genug, zu viel habt ihr, sauft nicht ihr Kerls und spart!"

Ernüchtert von den Stimmen der Herren, geängstigt floh die wilde Schar zurück. Sie betäubten ihre Erregung mit neuem Gift und waren froh, dass man ihnen das nicht nahm. Viele waren noch unterwürfiger geworden und beschimpften jene Männer, welche die kleine Flucht aus dem Tale nicht vergessen konnten. Die hatten die Sonnenkraft des Berges einmal gefühlt, ihr Blut fand keine Ruhe mehr. Und dies junge Gefühl war stärker als das Gift.

Sie schrien in die Massen hinein: „Totschlagen müssen wir die Reichen, wenn sie uns nicht mehr Lohn geben. Zerreißt die Lumpen!" Die Masse ließ sich bewegen, sie war der Entrüstung voll, aber auch des Giftes. Sie tat nichts und schimpfte. Je mehr die Talmenschen soffen, desto heißer und heiserer wurden ihre Flüche, desto wüster ihre Drohungen. Sonst aber geschah nichts. Nur ab und zu torkelte einer an den Berg und stand dort mit stieren Augen und schlaffen Gliedern. Die Fäuste waren zu müde, als dass sie sich ballen konnten. Und der Trunk hatte die Stimmen rau gemacht. Die Schreie waren klanglos und drangen nicht auf den Berg.

Dort oben sahen sie einen der Herren stehen und sie verstanden seine Worte, dass sie Frei-Schnaps bekommen sollten. Denn es sei ein heiliger Feiertag. Das riefen die unten ihren Brüdern zu und alle kamen und empfingen willig das köstliche Geschenk. Den Alten, der solchen Feiertag verhöhnte, nannten sie Gotteslästerer und stießen ihn vom Feste aus. Und sie hockten zusammen und soffen zu Gottes Ehre. Sie priesen die gnädigen Herren als ihre Wohltäter, sprachen begeistert vom großen Kaiser, schrien ihm hurra zu und waren dankbar, dass ihnen die Menschen vom Berge so viel großer Güter zur Verehrung schenkten.

Die Herren frohlockten, als sie das Fest da unten sahen. Als sie die Leute beglückt schreien hörten über Wahnspiele, die sie selbst verlachten. Und sie verachteten immer mehr das Volk. Jetzt war es reif zu noch größerer Entwürdigung und weich, dass ihre knechtischen Begierden sich in eitel Herrengold kneten ließen. Und wieder erhöhten sie den Preis des Giftes. Die konnten doch nicht mehr von ihm lassen, und zahlten willig!

Abermals trieb die Gier nach dem Feuerwasser die Menschen vom Tale zur Empörung. Jetzt reißen sie Waffen an sich. Mit allerlei Handwerkzeug, mit Hämmern und Sensen stürmen sie hinauf. All die Wut, die schon durch ihr Blut geronnen ist, sie will jetzt Bewegung und Tat werden. Eine rohe Kraft will tausend Freveltaten rächen, die eigene Schwäche mit Mut und Aufopferung sühnen.

Aber die Herren sind mächtig. Die Talmenschen haben jenen mit ihren Händen und mit ihrer Gier Kraft und Macht geschaffen. Und für Geld, für dieses Blutgeld des Schnapses sind auch Menschen zu kaufen, welche die Brüder töten.

Die Herren rufen und zahlen die bunten Haufen, die gelernt haben, Menschen kunstvoll zu morden. Sie stechen und schießen, hauen und sprengen, und der Bergabhang bedeckt sich schnell mit den Leibern der Meuterer.

Die zerstückelten und verkrüppelten Körper der Toten, das rinnende Blut der Armen lässt die Talmenschen erwachen. Jener Alte, der Gotteslästerer, steht vor ihnen auf wie ein Prophet. Er war mit am Berge gewesen, er war am höchsten zur Sonne gestiegen.

„Damit wir keine Menschen wie sie selbst werden sollen, verstoßen sie uns in das Tal", sagt er zu den Lauschenden „wir müssen freudlos leben, man hat uns [in] eine Welt ohne Sonne gebannt, damit wir gar kein Verlangen nach Licht in uns regen fühlen sollen. Sie konnten uns arm und elend machen, die konnten uns mit ihrem Gift betäuben, dass wir den Menschen in uns schändeten, aber entmenschen können jene uns nicht. Wie eine Seele, so ist das Verlangen nach Licht und Freiheit in uns. Wir haben die Sonne auf unseren Körpern gefühlt, wir wissen, dass sie Freude und Glück bringt. Wir wollen die Sonne erkämpfen. Wir hatten nur den Mut, uns von jenen erniedrigen zu lassen. Wir werden den Mut haben, uns selbst zu erhöhen."

Den ernsten Worten folgte tiefe Erbitterung. Laut schrie die Trauer um die Toten. Dann wurde eine Begeisterung in ihnen groß, wie sie nur aus der Erschütterung Unglücklicher erwachsen kann. Sie gelobten sich, das Gift zu meiden. Wer einen Tropfen noch tränke, verfalle der Verachtung aller. Es galt als eine Entweihung der Toten. Die Talmenschen fügten sich in ruhigem sicherem Trotz.

Niemand schleppte mehr das Gift vom Berge. Und die oben brannten das „Wunder der Freude" vergebens. Niemand begehrte es mehr.

Da erschraken die Herren und lächelten schlimm. Sie verringerten den Preis, aber umso mehr schwollen die Vorräte an. Nur das Gold verringerte sich. Die vom Tal [ver]weigerten die alte Gier. Der Branntwein blieb in den Fässern, und die Kartoffeln faulten nutzlos.

Die Herren aber wussten Rat. Wenn der Pöbel nicht saufen <u>will</u>, so <u>muss</u> er. „Soldaten!" schrien sie „sperrt die Gefängnisse auf, sie haben Durst!" Aber es waren für sie keine Soldaten mehr zu mieten, sie konnten das Gold nicht mehr mit offenen Händen werfen. Da erließen sie ein Gesetz, dass wer nicht Schnaps trinke, ein Vaterlandsverräter sei. Also bestraft würde!

Die Menschen vom Tal ließen sich willig einsperren. Man gab ihnen statt Wasser und Nahrung den besten hitzigsten Schnaps. Aber das Volk verdurstete lieber. Es rührte das kostbare Gift nicht an.

Da wurden die Herren mürbe, sie bettelten, flehten: „Trinkt doch, ihr braven Leute. Ihr müsst die nationale Arbeit schützen, nehmt nur ein Gläschen, sonst geht unser Reichtum, ihr und die ganze Welt zugrunde".

Das Volk aber lachte: „Jetzt befolgen wir Euren Rat. Wir saufen nicht und sparen."

Die Begeisterung, die kluge Erkenntnis der Millionen brach endlich die blutige Grausamkeit tausendjähriger Herrschaft. Die Menschen vom Berge hatten nicht gelernt als im Übermut von anderer Arbeit zu leben. Sie verzweifelten und fanden keinen Weg der Rettung. Da soffen sie ihren eigenen Schnaps, den keiner mehr wollte und fielen in viehischer Betrunkenheit über einander her. In Mitten der Schönheit der Höhe verloren sie sich wie einst jene arme Talmenschen, die nur Hässlichkeit und Not gekannt haben. Die Herren zerstörten ihr Reich und rotteten einander aus. Am eigenen Gift fanden sie den Untergang.

Unten aber stieg die Menge feierlich bergwärts. Als sie die freie Schönheit des Firstes sah, ward sie sich erst bewusst, welch ein furchtbares Leben sie in Schatten und Schande geführt hat. Und es wuchs in ihr die Hoffnung und die unzerstörbare Kraft neuer Menschen.

Kleine Märchen vom Tage[2]

I.
Der Schwindler

Es war einmal ein frommer Knabe, der lernte fleißig Bibelsprüche, und sonst nichts. Gott liebte ihn und er bestand viele Prüfungen, wurde Professor, Geheimrat, Exzellenz. Da entdeckte man eines Tages zufällig, dass die Leuchte des Landes ein Einfaltspinsel war, gar nichts wusste und nicht fähig war, zwei Gedanken logisch zu entwickeln. Als man das sah,

2 Arbeiter-Feuilleton, Nr. 3, Februar 1910, SAPMO-BArch NY/4060/51: Arbeiter-Feuilleton, Artikel von Kurt Eisner 1909–1910, Bl. 17.

berief man ihn als erbliches Mitglied in die Erste Kammer[3] und alle Welt bewunderte ihn: Wie groß muss doch ein Mann sein, der nichts weiß, und es doch so weit gebracht hat!

Und es war ein anderer Knabe, ein gottloser Bube, der immer nur hinter den Büchern saß und es deshalb nur zum Hausdiener brachte. Nicht einmal das verstand er. Er lief davon, durchwanderte die Welt, lernte viele Sprachen und mancherlei Wissenschaft. Schließlich kehrte er in die Heimat zurück, voll Tücke und Bosheit. Und er benutzte eine schwache Stunde seiner Mitmenschen, nistete sich unbemerkt als Lehrer ein, gab Sprachunterricht und schrieb Bücher, die die Welt lobte. Die Schüler verehrten ihn, und eine Schülerin heiratete er sogar. Der Frau aber offenbarte er sich, dass er nicht das kleinste Examen bestanden habe. Die fiel erst in Ohnmacht, verweigerte dann die eheliche Pflicht und denunzierte schließlich den Unhold. So erfuhr man, dass der treffliche Gelehrte ein ganz gemeiner Hausdiener gewesen sei, und alle Welt fluchte dem Schwindler, der sich in die gebildeten Kreise eingeschlichen, und er ward ausgestoßen. Jetzt ist er Kohlengräber!

II.
Die Unzucht

Einen braven Diener der Kirche, einen Kaplan, quälte sein kräftiges Bauernblut, und er fing sich kleine Mädchen und reinigte sich von seinen Qualen. Als man daran in der Gemeinde Ärgernis nahm, versetzte man den Geistlichen in einen anderen Ort, verpflichtete ihn aber, seine Neigungen nicht schriftlich kundzutun, damit man das Ärgenis hinfort nicht nachweisen könnte. So rettete der Himmel den armen Sünder.

Satan aber holte einen anderen, einen hohen Würdenträger der Kirche. Der war in des Teufels Schlinge gefallen, liebte eine Frau, trat aus dem Orden aus und heiratete sie. Da verfluchte ihn die Kirche, und niemals wird ihm vergeben werden. Er hat den Glauben um der Unzucht willen geopfert!

3 Diese Berufungsmöglichkeit in die Erste Kammer bestand bis 1918 in den meisten Bundesstaaten und oblag zumeist dem Landesherrn. Im Falle der Ernennung zum erblichen Mitglied wurde die Familie in die Kammer berufen – nach dem Ausscheiden des ernannten Familienmitglieds etwa aus Altersgründen rückte ein anderer Angehöriger in die Kammer nach.

III.
Der Mord

Der Richter: Gestehe, Scheusal, Du hast Dein Kind in der Geburt erstickt.

Die Mutter: Ich gestehe. Ich war bettelarm und einsam auf eisiger Landstraße. Da erbarmte ich mich des Wurms.

Der Richter: Auf das Schafott, Verruchte!

* * *

Der Richter: Du hast Deinen Feind getötet. Weißt Du nicht, dass geschrieben steht: Liebe Deinen Nächsten!

Der Mörder: Er hat mich aber nicht geliebt. Er hat mich mit Wucherzinsen verfolgt, mir mein Letztes geraubt und mich in Elend und Verzweifelung gestoßen. So zertrat ich ihn.

Der Richter: Du verhöhnst noch das Gericht, und kennst keine Reue! Du erhältst einen Tag Haft wegen Ungebühr und verfällst dem Henker, weil Du aus Eigennutz, um einen Vermögensvorteil zu haben, einen unbemakelten Bürger grausam hingeschlachtet hast.

* * *

Der Richter: In Deiner Fabrik stirbt jährlich ein Viertel Deiner Arbeiter an Schwindsucht?[4]

Der Unternehmer: Jawohl, ich habe es zu einem großen Betrieb gebracht.

Der Richter: Der scharfe Staub zersetzt ihre Lungen? Das weißt Du?

Der Unternehmer: Jawohl, wo eine große Produktion ist, gibt es viel Staub.

Der Richter: Und das lässt sich nicht vermeiden?

Der Unternehmer: Nein, denn es würde die Unkosten steigern.

Der Richter: Dein Geschäft geht aber?

Der Unternehmer: Ich kann nicht klagen. Wir verteilten im letzten Jahr 20 Prozent Dividende und gaben außerdem ½ Prozent in die Waisenkasse.

Der Richter: O Du wohltätiger Mann, würdest Du wohl die Gnade haben, mir zwei bis drei Aktien zu verkaufen?

4 Veralteter Begriff für Tuberkulose.

IV.
Das freie Opfer

Der Strom schwoll. Er brach ein in alle Winkel, Höhlen des Bodens, sprengte alle Wölbungen, zerbrach die sichere Decke der Erde, stürzte tausendjährige Heiligtümer der Kunst, warf die Behausungen der Menschen ein, tötete Menschen, Tiere, schwemmte Brot und Früchte fort, löschte das Licht und zernagte den Verkehr, und trug auf seinen tückischen Wogen Hunger und Seuchen.

Die Menschen traf das Ungeheure über Nacht. Sie hatten sich alle so geborgen gefühlt, und waren nun hilfloser als Robinson auf der Insel. Aber schnell erwachte in ihnen der Mut und Stolz der gemeinsamen Tat der opfernden Solidarität. Sie verzweifelten nicht und wichen nicht vor dem Unheil. Sie waren eins geworden durch das Unglück, halfen einander, verrichteten Wunder an Tapferkeit und Selbstpreisgabe. Niemand sicherte das eigene Leben und das eigene Gut, um das der anderen zu schützen. Der Strom hatte die Menschen zu Brüdern und Helden getauft …

Längst floss der Strom in ruhigem, seichtem Bett. Aber über dem Wasser verwehten ohne Unterlass ungestört die Seufzer der Leidenden, die Schreie der Verzweifelnden, das Keuchen der Verfolgten und Bedrohten.

Da rief einer das Volk zum Strom und sagte zu ihm: Sehet, dort unten auf dem Grunde liegt ein goldener Schlüssel. Wer ihn bringt, der kann endlich dieser armen Menschheit die versiegelte Pforte zum Paradies eröffnen, und alle Not ist vorüber.

Das Volk richtete die Köpfe in jäher Hoffnung begehrend empor und wartete.

Und die Stimme erscholl wieder: „Wer holt uns den goldnen Schlüssel der Erlösung?“

Einer trat kühn an den Rand des Stroms, beugte sich hinab, netzte die Fingerspitze und sagte:

„Nein, die Temperatur ist noch zu niedrig. Ich könnte mich doch erkälten!“

Ein zweiter lief zum Ufer. Im Spiegel des Wassers sah er sich und sagte dann:

„Wie schade, gerade heut habe ich meinen Sonntagsanzug an. Ich würde ihn verderben!“

Und ein dritter drängte sich vor, lief mit einem Ansatz und blieb stehen, versuchte es nochmals und noch einmal, und immer kam ihm im letzten Augenblick ein Gedanke, der ihn lähmte. Endlich kehrte er zurück, senkte den Kopf und lachte bitter:

„Wer weiß, ob's denn was hilft, ob's auch kein Schwindel mit dem Schlüssel und dem Paradies ist! Dazu ist mir schließlich mein Leben zu wertvoll …"

V.
Ein Leutnant und zehn Mann

Dreimal hatte der Landtag das allgemeine, gleiche, direkte und geheime Wahlrecht abgelehnt. Dreimal war der Landtag aufgelöst. Aber am Ende ward es den Abgeordneten zu dumm und sie ließen sich nicht mehr auflösen.

Da kamen ein Leutnant und zehn Mann!

Am Tor empfing sie freundlich der Präsident: „Ah, welche Ehre, Kameraden! Grüßen Sie Ihren Herrn von uns und bestellen Sie ihm, dass wir Kröchers[5] früher in der Mark[6] waren als die Hohenzollern.[7] Wir werden also auch später in der Mark sein, wenn Ihr Herr durchaus nicht lange leben will! Im Übrigen haben Sie sich in der Adresse geirrt. Drüben im Reichstag haben sie sich ersrecht,[8] eine Erbschaftssteuer anzunehmen. Bitte meine Herren, es wird mir ein Vergnügen sein, Sie zu führen."

Und der Präsident geleitet den Leutnant und die zehn Mann in den Reichstag.

Als die kleine Schar rasch ihre Aufgabe erledigt hatte, fand man beim Aufkehren zwei Papierblätter im leeren Saal. Auf dem einen stand:

5 Gemeint war hier das Adelsgeschlecht Kröcher im Erzbistum Magdeburg, dessen Stammsitz in Cröchern (heute Sachsen-Anhalt) liegt und das am Ende des 12. Jahrhunderts erstmals urkundlich erwähnt wurde. Der im Text genannte deutschkonservative Jordan von Kröcher (1846–1918) war von 1898 bis 1911 Präsident des preußischen Abgeordnetenhauses und gehörte zudem von 1898 bis 1913 dem Reichstag an.

6 Hier ist die Mark Brandenburg gemeint.

7 Das Geschlecht der Hohenzollern stammte aus Schwaben, hatte sein Herrschaftsgebiet aber vor allem in Franken. Am Beginn des 15. Jahrhunderts erhielt das Haus auch die Mark Brandenburg. Aus dieser brandenburgischen Linie stammten später die preußischen Herzöge und Könige sowie ab 1871 die deutschen Kaiser.

8 So im Original.

Resolution.

„Indem wir erneut unser unverbrüchliches Bekenntnis zur monarchischen Staatsordnung ablegen und im Heer die Grundlage nationaler Sicherheit bis zum letzten Blutstropfen verteidigen, bedauern wir ebenso lebhaft und entrüstet, dass durch den Übergriff eines Leutnants der Reichstag an weiterer gedeihlicher Arbeit gehindert worden ist. Wir vertrauen aber auf den gesunden Sinn des Volkes und behalten uns weitere Schritte vor."

Auf dem anderen Zettel war zu lesen:

Resolution.

„In Erwägung, dass die Schließung des Reichstags durch die bewaffnete Macht geeignet ist, das monarchische Bewusstsein im Volke auf das schwerste zu schädigen, fordern wir den verantwortlichen Herrn Reichskanzler auf, den tiefgekränkten Gefühlen der Nation und ihrer berechtigten Vertreter Genugtuung zu verschaffen und beim Monarchen alle geeigneten Schritte zu tun, um mit möglichster Beschleunigung eine Wiedereröffnung des so schwer geschädigten Parlaments zu ermöglichen."

Unter dem ersten Zettel stand der Name Bassermann,[9] unter dem zweiten v. Payer[10] ...

Die Rabenmutter[11]

Eine Nachbarin der Frau H. war vom Gericht wegen Misshandlung ihres Knaben zu einer Gefängnisstrafe verurteilt worden. Kurz darauf war diese Frau aus der Straße in ein anderes Viertel verzogen. Ihre Nachbarin

9 Ernst Bassermann (1854–1917) gehörte seit 1893 für die Nationalliberalen dem Reichstag an, seit 1898 war er deren Fraktionsvorsitzender und seit 1905 Vorsitzender der Nationalliberalen Partei.

10 Friedrich von Payer (1847–1931) gehörte für die linksliberale Fortschrittliche Volkspartei mit Unterbrechungen zwischen 1877 und 1918 dem Reichstag an.

11 Arbeiter-Feuilleton, Nr. 10, Mai 1910, SAPMO-BArch NY/4060/51: Arbeiter-Feuilleton, Artikel von Kurt Eisner 1909–1910, Bl. 34. Dieser Beitrag trägt keine Signatur von Kurt Eisner und ist doppelt überliefert – in Eisners Ausarbeitungen für das „Arbeiter-Feuilleton" und in Else Bellis Schriftgut. Vgl. SAPMO-BArch NY/4060/96, Bl. 44. Aufgrund der nicht vorhandenen Signatur sowie der doppelten Überlieferungslage ist die Autorenschaft nicht eindeutig zu klären.

gleichen Namens wohnte nach wie vor im selben Hause. Da machte sie die Beobachtung, dass man sie seit einiger Zeit mit besonderen Blicken ansah oder an ihr vorbeischaute. Frau. H. glaubte, dass sie sich irgendetwas hätte zuschulden kommen lassen. Sie erinnerte sich ihrer Arbeit und ihres Verkehrs in der letzten Zeit, aber es fiel ihr nichts auf, was die Leute gegen sie hätte erregen können. Sie durchblätterte ihre Rechnungsbücher und sah, dass sie in keinem Geschäfte Schulden hatte. Der Bäckerbube, die Wäschefrau hatten ihr Geld bekommen. Die Schneiderin und der Schuhmacher auch. Dann dachte sie daran, ob ihr Mann, der seit Jahren tot war, irgendetwas versäumt hätte. Sie nahm aus dem Schreibpult seine alten Geschäftsbücher hervor und vertiefte sich manche Tage darin bis Mitternacht. Aber auch da war alles in bester Ordnung. Zuletzt fragte sie ihren Sohn, ob er irgendwo ohne ihr Wissen etwas gekauft habe. Der Knabe verneinte. „Nur", setzte er hinzu, „habe ich wie immer Hefte, Zeichenstifte und Tusche im Buchbinderladen geholt. Diese Dinge bezahle ich alle Vierteljahre." Der Knabe war ganz unbefangen und seine Mutter lächelte dazu. „Ich will aber doch hingehen", sprach sie zu sich. „Vielleicht kann ich durch eine geschickte Wendung erfahren, was mir am Herzen liegt."

Andern Tags ging Frau H. in das Buchbindergeschäft. Der Meister war sehr höflich. Da er jedoch merkte, dass die Frau noch dies und jenes zu sehen begehrte, führte er sie zu seiner Mutter in die Stube. Das war eine ältere Bekannte der Frau H. Man lud sie ein, am Tische Platz zu nehmen. Man goss ihr Kaffee ein und legte ihr einiges Backwerk auf einen Teller.

Als die Frauen über die Begrüßung und gewöhnlichen Redensarten hinaus waren, stockte das Gespräch. Die alte Frau wurde plötzlich verlegen und der Gast kam ebenfalls in Verwirrung. Frau H. merkte, dass die andere nicht nach ihrem Sohne gefragt hatte. Er war ein Liebling der alten Frau. Sie hatte sich jedes Mal bei ihrem Besuche für seine Fortschritte interessiert oder sich nach der Gesundheit des zarten Knaben erkundigt.

Mit einer Stimme, die jedermann für befangen erklärt hätte, fragte Frau. H.: „Warum reden sie nicht von Artur?" Die andere erschrak und entfärbte sich. Endlich gestand sie: „Aus Zurückhaltung. Die Nachbarschaft, alle Leute sprächen von den Misshandlungen, die der arme Knabe erdulden müsse."

Frau H. sagte zitternd: „Wie, ich sollte mein einziges Kind …“ Dann brach sie mit tränenerstickter Stimme ab. Sie kam so in Erregung, dass die alte Frau einen Anfall befürchtete und sich erbot, Frau H. in ihre Wohnung zu bringen. Willenlos folge ihr diese. Als sie zu Hause war, wartete sie auf ihren Knaben, den sie laut und froh mit seinen Kameraden auf der Straße sprechen hörte. Sie öffnete ihm die Türe und bat ihn gleich zu sich.

„Denke dir, Artur“, erzählte sie ihm etwas gefasster, „die Leute erzählen sich, dass ich dich misshandeln würde.“ Der Knabe barg seinen Kopf in der Mutter Schoß und tröstete sie lachend. „Das ist ein Traum von dir, Mutter. Oder eine dumme Lüge von den Menschen.“ „Aber die Menschen können einen mit ihren Lügen töten“, antwortete schmerzlich die Frau. „Und ein Traum kann einem schwachen Kopfe zur Wirklichkeit werden.“ Als der Knabe sah, dass die Mutter das Gerede nicht so leichtnahm, da versprach er ihr, bei seinen Schulkameraden zu fragen.

Seine paar Freunde waren zu unbefangen und leichtsinnig, als dass sie sich um irgendein Gerede gekümmert hätten. Und die andern wandten sich von ihm. Er teilte diese Erfahrung seiner Mutter mit, die sich das wieder sehr zu Herzen nahm. Jeden Tag klagte sie oder brütete vor sich hin. Am Morgen weckte sie den Knaben nicht mehr zur rechten Zeit. Manchmal traf er im Hause Unordnung an, wenn er heimkam. Er litt mit seiner Mutter, aber er wagte nichts mehr zu sagen.

Frau H. wurde misstrauisch. Sie argwöhnte bei jedem Blick, jedem zufälligen Wort der Leute eine Verdächtigung. Am Ende fiel dies sonderbare Wesen den Leuten auf, und die früher die Köpfe geschüttelt hatten, glaubten jetzt an das Gerücht.

Zu den Ferien schickte die Mutter ihren Knaben aufs Land. Dann, als sie allein war, nahm sie sich vor, dieser unglückseligen Geschichte auf den Grund zu kommen. Sie überlegte, ob sie sich dem Vormund des Knaben oder dem Rechtsanwalte ihres verstorbenen Mannes anvertrauen sollte. Nach einigem Zögern entschloss sie sich, zum Anwalt zu gehen. Der Anwalt nahm die ganze Geschichte mit Humor auf, um so mehr, als er gewahrte, in welche Verfassung diese sonst klare Frau gekommen war. Er tat zunächst gar nichts, sondern ließ die Sache an sich herankommen.

Im Stiegenhause des Anwalts hatte die Zugeherin[12] seiner Gattin die Fenster zu reinigen. Dieses Weib stand auf dem Flur, als Frau H. den

12 Auch Zugehfrau, alter Begriff für Putz- oder Reinemachfrau.

Anwalt verließ. Das Weib eilte sofort in die Küche und erzählte dem Mädchen: „Das war Frau H., die ihren Jungen derart zuschanden prügeln soll, dass er Striemen am Leibe hat. Der kleine arme Bub zieht seine Mütze bis über die Ohren herab, damit man die Schandzeichen nicht sähe."

„Das ist noch gar nichts", erwiderte eifrig die Magd. „Sie hat ihn die Treppen hinuntergeworfen. Davon hat er Ärmste die Verwachsung am Rücken."

„Von wem reden Sie denn", fragte die Frau des Anwalts unwillig. Sie hatte die beiden gehört, als sie nebenan in der Speisekammer das Glasgeschirr abschloss. Die Zugeherin verschwand aus der Küche, während die Magd ungern Rede stand.

Beim Abendbrot erzählte der Anwalt seiner Gattin, halb lachend, halb missbilligend, von dem Kummer der Bekannten. „Soll das wirklich unsere Frau H. sein?" fragte seine Frau und wiederholte ihm das Gespräch ihrer Dienstboten. „Jetzt fällt mir etwas ein", unterbrach sich der Mann plötzlich selbst. Er ging in sein Arbeitszimmer und kramte dort in den Akten. „Da ist allerdings schon ein Fall", rief er zurückkommend. „Diese Frau heißt genau wie unsere Bekannte und sie war zudem ihre Nachbarin. Das scheint eine unliebe, abscheuliche Verwechslung."

„Wie ist das möglich?" fragte die Frau, „dass solch ein gewissenloses Gerede entstehen konnte?"

„Ich glaube mich richtig zu erinnern", sagte der Anwalt nachdenklich, „ich habe in der Zeitung davon gelesen."

„Aber die Phantasie mit der Mütze und der Verwachsung, ich bitte dich, Mann!"

„Sie stimmen", erwiderte er.

„Weißt du", sagte seine Frau unruhig, „die Arme grämt sich. Wäre es nicht klug, wenn ich sofort zu ihr hinginge?"

„Doch, Beste", ermunterte sie ihr Mann. „Das wäre klug und gut von dir."

Während seine Frau sich zum Ausgehen fertig machte, sagte er plötzlich ernst: „Ja, ja, das wäre klug. Es fällt mir ein, dass sich schon Leute um solch elender Geschichten willen das Leben nahmen. Die öffentliche Meinung tötet leicht, zumal wenn sie sich – irrt!"

Da beeilte sich die Gattin!

Die Pfingstrose[13]

Am Sonnabend vor Pfingsten kam der Vater in froher Stimmung zu Frau und Kindern. „Käthe", sagte er, „macht Euch morgen früh fertig, wir alle wollen draußen den Sonntag feiern." Da trieben die Kinder dankbar ihre Spiele mit dem Vater und die Frau tat froher ihre Arbeit.

Am Morgen wurden sie von der jungen Sonne geweckt. Der Sonnenglanz nistete sich in die Haare der Kleinen und die machten sich daran, das Gold einzufangen. Es gelang aber den Händchen nicht. Das Wunder ließ sich nicht greifen, es glänzte nur. Bekümmert erzählten die Kinder, wie sie betrogen würden. Der Vater tröstete sie: „Seid froh darüber, dass Ihr die Sonne nicht einfangen könnt. Denn wenn dies möglich wäre, so würden die Reichen der Erde unsere Sonne in ein eigenes Land leiten und wir müssten im Schatten und in der Finsternis leben wie Nachtpflanzen."

Die Kinder gaben ihre Versuche auf, aber es klang ihnen nicht wahrscheinlich, was der Vater erzählt hatte. Als sie schon unterwegs waren, dachten sie noch darüber nach und fragten sich, wie das gemeint wäre. Zuletzt kamen sie mit ihren Fragen an den Vater heran. „So", antwortete er, „ich will es Euch begreiflich machen. Seht Euch das große weite Feld hier an. Es sind Wiesen, Acker und dort unten, wo der Wald beginnt, sind Gärten und Häuser, stille Menschenstätten, wie ich und Ihr sie nur aus Märchen kennt. Glaubt Ihr, meine Kinder, dass wir gerne darauf verzichten, in solchen Häuschen zu leben, dass uns der Lärm der Stadt, der Rauch und die Enge Vergnügen machen? Ich wollte lieber, dass Ihr Kleinen Euch in diesen Gärten tummelt, denn in jenen Höfen, die Ihr mit Kisten und Unrat teilt ..."

„Und in denen keine Blume wächst, kein Hase springt", unterbrach Grete, das Kleinste. „Lass jetzt Papa erzählen", baten die anderen das Kind.

„Was ist nun die Ursache", fuhr der Vater fort, „dass es auf der großen Welt so wenig Raum für uns Menschen gibt? Das ist: weil die Reichen unserer Erde den Boden für sich aufgeteilt haben. Weil sie jedes Stück

13 Arbeiter-Feuilleton, Nr. 10, Mai 1910, SAPMO-BArch NY/4060/51: Arbeiter-Feuilleton, Artikel von Kurt Eisner 1909–1910, Bl. 34 f. Dieser Beitrag trägt keine Signatur von Kurt Eisner, stammt aber – berücksichtigt man die Sammlungspolitik des Instituts für Marxismus-Leninismus beim ZK der SED und den Stil des Artikels – mit hoher Wahrscheinlichkeit von ihm.

Fruchtbarkeit an sich rissen, so dass uns nur der kleinste kahle Fleck übrig blieb. Und der gehört nicht uns. Darauf haben die Eigentümer des Bodens das Haus gestellt, in dem wir wohnen. Wir teilen aber diesen Fleck mit noch einem Dutzend Familien, vielleicht mit fünfzig, hundert und mehr Menschen. Unsere Heimstätte ist nicht einmal dieser Erdfleck, sondern nur einige Meter Zimmerboden, der in der Luft schwebt, damit man an uns den Boden spart.

Ihr seht, die Erde ist kein freier Raum für alle Menschen, sondern *Eigentum* von Wenigen."

Die Mutter war ebenso aufmerksam wie ihre Kinder den Worten des Mannes gefolgt. Nun sprach sie zu den Kindern: „Wir haben nicht nur keinen Boden, sondern wir müssen, um ein Stück der Menschenerde zu bekommen, viel Geld dafür bezahlen. Weil wir das nie können, dürfen wir unser Leben lang kein Stück zu eigen haben. Lasst uns nun heute der Sonne freuen, dass sie gerecht ist, dass sie uns lacht wie den Reichen. Sie scheint und wärmt Menschen, Tiere und die ganze Erde. Sie gibt uns ihre Schönheit, aber sie erzeugt doch noch auf der Erde soviel Schönes, das wir Armen wieder nicht besitzen und genießen dürfen."

Da schwieg die Mutter. Sie betrachteten alle die Gärten, in denen leuchtend Blumen und Blüten standen, die Schönheit zu hüten. Die Kinder gerieten in Entzücken. Aber es war nicht leicht, durch die Gartenzäune hineinzuschauen. Sie pressten ihre Gesichtchen an die Holzstäbe, das Kleine versuchte den Kopf durch ein Gitter zu stecken. Da nahm es der Vater auf den Arm und zeigte ihm alles. Die Blumen, die Gräser, Zwergbäume und Tannen, die still aus einer Ecke in das Blühen hineinschauten. Zuletzt sah Grete einen roten Knopf auf dem Stängel, der aus vielen Blättern herausragte. Dieser Blumenknopf machte dem Kinde ein besonderes Vergnügen. „Was ist das, Vater?" fragte es und verlangte zu Boden. Der Vater sagte es ihm: „Eine Pfingstrose, die noch verschlossen ist, aber langsam von den Strahlen der Sonne ihre Blätter regt."

Die Eltern gingen am Zaune weiter und erzählten ihren Kindern. Grete hatte eine Türe gefunden, die offen stand. Unbemerkt lief das Mädchen in den Garten hinein. Es griff mit den Fingern nach dem roten Herz der Pfingstrose und löste es sicher vom Stängel. Jubelnd hielt es das Blumenherz in der Hand von sich gestreckt. Da wurde das Kind zur gleichen Zeit von seinen Geschwistern und dem Eigentümer des Gartens gesehen. Der Mann sprang wütend auf das Kind zu und wollte es schlagen. Gretes

Mutter war eiliger und barg das Mädchen in ihren Armen. Der Vater redete mit dem Eigentümer des Gartens, der sich endlich, wenn auch schimpfend, zurückzog.

Das Kind presste das Herz der Pfingstrose erschreckt mit den Fingern, dass leichte Blätter fielen. Dann weinte es bitterlich über sein Unglück. Mutter und Vater trösteten das Kind. Die Geschwister waren ungehalten über den rohen Eigentümer, weil er so abscheulich über das unschuldige Kind hergefallen war. Es hatte doch nur Freude an der Schönheit gehabt, von der es nicht wusste, dass sie reichen Leuten allein gehörte. Dass reiche Leute Blumenherzen für sich kaufen konnten. Und arme Kinderherzen schlagen.

Die lächerliche Natur[14]

Ein königlich bay[e]rischer Beamter hat kürzlich einen säuberlichen H-Strich genau drei Zentimeter über das normale, durch die Dienstordnung vorgeschriebene Maß willkürlich verlängert. Solches Unterfangen war nicht das erste Anzeichen einer revolutionären Erhebung, war auch nicht durch einen Anfall von Delirium oder sonstiger Tobsucht verschuldet – Erscheinungen, zu denen ein pflichtgetreuer Beamter nicht die Bureaustunden[15] benutzt – war auch nicht der Versuch, für die Ansprüche der modernen graphischen Kunst ärarisches[16] Kanzleipapier zu verwenden, und schließlich auch nicht der übermütige Versuch eines durch übertriebene Gehaltserhöhungen verhängnisvoll gesteigerten Kraftgefühls. Nein die Entgleisung um volle drei Zentimeter war durch höhere Gewalt verursacht: Ein *heftiger Erdstoß* musste kommen, um auf so erregende Weise einen sonst unbescholtenen Beamten zu derlei schriftstellerischen Ausschweifungen zu verführen. Der Unglückliche konnte nicht anders; er befand sich in willenlosem Zustand, sein Stuhl schwankte, weil der Erdboden unter ihm sich aufbäumte. Auch hat man es in der Erziehung

14 Arbeiter-Feuilleton, Nr. 19/20, Juli 1910, SAPMO-BArch NY/4060/51: Arbeiter-Feuilleton, Artikel von Kurt Eisner 1909–1910, Bl. 42 f.

15 So im Original.

16 Damit war staatlich gemeint, abgeleitet vom lateinischen aerarium für Staatskasse.

der Staatsdiener bisher versäumt, eine Verordnung ergehen zu lassen über Beamtenpflichten bei Erdstößen.

Es geht das Gerücht, dass jener unerwartete oberbay[e]rische Erdstoß von dem Münchner Verein zur Hebung der Fremdenindustrie eigens erzeugt worden sei, um neben den künstlerischen und landschaftlichen Genüssen, neben Bier und Radi auch die nach elementaren Sensationen lüsternen Kunden durch schreckhafte, aber gefahrlose Überraschungen zufrieden zu stellen. Aber da nach übereinstimmenden Informationen für dieses Schauspiel kein Entree erhoben wurde und auch keine Extrazüge eingelegt wurden, zweifle ich an so genialer Geschäftsgewandtheit, an der absichtlichen Einführung des varietéreifen Erdbebens in das Sommerprogramm einer Stadt, deren gesamte Einwohnerschaft nur noch aus Durchreisenden besteht.

Jener Erdstoß ist vielmehr eine Dekadenzerscheinung der Natur, die sich einfach lächerlich gemacht hat. Sie hat den Respekt bei der Menschheit erheblich eingebüßt. Einen Augenblick wurde den Menschen zwar bänglich zu Mute, als man aber bemerkte, dass man noch lebte, gewann man jenen unserer Rasse eigentümlichen Heldenhumor wieder; man lachte die drollige Natur aus, von der man sich an der Fußsohle gekitzelt fühlte. Das Gelächter verstummte sogar nicht, als die gelehrten Sachverständigen samt und sonders bewiesen, dass die Gegend überhaupt gegen ernsthafte Erdbeben nicht gesichert sei und demnach doch die Vermutung nicht ganz unbegründet schien, es könnte auch eines Tages das bay[e]rische Zentrum oder gar das Hofbrauhaus[17] vom Erdboden verschlungen werden. Man belustigte sich über diese Bücherregale, die ihren Inhalt über die Gäste der Staatsbibliothek auszuschütten schienen und doch es nicht taten; man höhnte über diese Dächer, die einen Augenblick davonzufliegen drohten, während doch kein Ziegel herabfiel; man wieherte über diesen Erdboden, der bersten wollte, und es doch nicht konnte. Die Natur benahm sich wahrhaftig, wie jene mühsämlichen[18] Anarchisten, die – zuverlässigen polizeilichen Erkundigungen zufolge – alle öffentlichen und unöffentlichen Gebäude der Welt in die Luft gesprengt hätten,

17 So im Original.
18 So im Original.

wenn sie nur das nötige Geld für Dynamit hätten aufbringen können;[19] die bereits die neue Gesellschaft eingerichtet haben würden, wenn nur Hühnerdiebstahl und Sacharinschmuggel die ausreichenden Mittel gespendet hätten; die endlich auch längst zwangsweise die freie Liebe eingeführt hätten; sofern sie nur über genügend Freibier verfügten, um das für diese Zwecke unentbehrliche Damenmaterial zur Stelle zu schaffen.

So war der Erdstoß geradezu fähig, einer Lustbarkeitssteuer unterworfen zu werden – so viel Vergnügen bereitete er – und die komisch gewordene Natur kann sich in einer Schaubude des heurigen Jubiläums-Oktoberfestes[20] karnevalsmäßig produzieren.

Und doch sind unsere Gemüter noch voll von dem Entsetzen über die zürnende Natur, die Messina verheerte und hundertachtzigtausend Menschenleben mit *einer* Bewegung zermalmte.[21] Das sind die Menschen! Die von bloßem, besinnungslosen Entsetzen gepackt werden, wenn ein gewaltig und unvermutet sich erhebendes Ungefähr sie überfällt, sie fühlen sich göttergleich und erhaben über das Schicksal, wenn sie merken, dass die Gefahr nur spaßt, der Schrecken nur scherzt, die Katastrophe nur sich selbst parodiert. Sie brechen zusammen, wenn die Gewalt ernsthaft über ihnen sich aufbäumt; sie verspotten die Bemühungen, die Kraft aufwenden, ohne dass sie Wirkung üben. Wenn die Natur nicht vernichtet, ist sie lächerlich.

Aber der Mensch, der von der Natur verlangt, dass sie Ernst mache, wenn er sie ernst nehmen soll, ist selbst ein Stück dieser Natur, die mit drohenden Erdstößen nur spaßt. Es ist der tragische Inhalt der Weltgeschichte,

19 Gemeint war hier das im 19. Jahrhundert entwickelte anarchistische Prinzip der „Propaganda der Tat“: Attentate und Anschläge sollten einerseits die Aufmerksamkeit der Bevölkerung für Missstände und den Willen zur gesellschaftlichen Veränderung wecken. Andererseits sollten die zumeist prominent gewählten Ziele (bspw. Politiker) auch zur Nachahmung anregen. Die ersten entsprechenden Attentate datieren in das Jahr 1878 und finden sich zuerst in Europa, später weltweit. Die aus Frankreich und der Schweiz stammende Idee der „Propaganda der Tat“ prägte das Bild vom „bombenlegenden Anarchisten“ nachhaltig. Vgl. hierfür den Quellenband Philippe Kellermann (Hrsg.), Propaganda der Tat. Standpunkte und Debatten (1877–1929), Münster 2016.

20 Das Münchner Oktoberfest feierte 1910 das 100. Jubiläum.

21 Gemeint sind das Erdbeben und der ihm folgende Tsunami, die im Dezember 1908 die sizilianische Stadt Messina sowie die kalabrischen Städte Reggio und Palmi nahezu vollständig zerstörten. Die Zahl der Opfer ist bis heute unbekannt, die Schätzungen liegen zwischen 72 000 und 200 000.

dass die Masse der Menschen, oder was dasselbe ist, die Masse der Unterdrückten, von kurzen Elementarzeiten abgesehen, immer nur Erdstöße hervorbringt, die in dem Grade weniger schrecken, als sie sich wiederholen und an sich gewöhnen. Der Mensch, der bändigende und lenkende Herr über das ganze Reich der Natur, ist als gesellschaftliches Wesen die grollende, geheimnisvolle, dunkle Macht geblieben, der seine Kraft in drohenden, aber in sich verebbenden und deshalb missachteten Erdstößen veräußert.

Jeder Tag ist voll solcher Erdstöße, die man verhöhnt. Jahrhunderte hindurch haben die Helden und Opfer des menschlichen Höhenwegs ihr Glück und Blut geopfert für die Befreiung des Gedankens und des Wortes. Die herrschenden Gewalten fürchteten nichts so sehr wie die Aufklärung, die doch die Menschen lehren musste, wie stark sie in Wahrheit wären, wenn sie sich nur kennten und wenn sie nur wollten. Längst ist dies herrliche Gut, sogar in Preußen so ziemlich, erkämpft worden. Der Gedanke wagt alle Kühnheit, das Wort sprengt alle Fesseln, der Beschluss kündet neue Welten. Aber der Gedanke wird nicht Tat, das Wort nicht Wirklichkeit, der Beschluss nicht Entschluss. Und die einst so gefürchtete Willensmacht des Geistes bringt nur eine Art unschädlicher Erdstöße der Zunge hervor. Der Zorn rauscht sich in Zornreden aus, und die drohende Gebärde findet in sich selbst ihre Befriedigung und Sättigung. Fast möchte man sich eine *stumme* Welt wünschen, in der kein Wort die drängende Not zu lösen und zu betrügen vermag, sondern die unerlöste Macht nur *einen* Ausweg findet: die Tat der geschlossenen Lippen und der schaffenden Hände.

Heute lachen die Herrschenden noch über die harmlosen Erdbebenscherze und ihre Angst ist nicht echt, wenn sie bei diesen unschädlichen Stößen „Weltuntergang!“ schreien. Man fürchtet nur und weicht nur vor Kräften, die wirklich entfalten, was in ihnen gespannt verborgen ist. Das Lachen über die zappelnde menschliche Natur würde grausend verschwinden, wenn diese ungeheure gesammelte und aufgespeicherte Kraft von Millionen zur lebendigen, echten, unwiderstehlichen Bewegung wird, deren schöpferische Gewalt die Aktenpapiere von heutiger Ordnung fortweht und nicht nur durch eine kleine Unruhe auf ihnen einen Strich drei Zentimeter über das Gewöhnliche hinaus verlängerte.

Der Zölibat[22]

Die zunehmende Häufung von Sittlichkeitsverbrechen im katholischen Klerus lenkt erneut die Aufmerksamkeit auf jene monströse Erscheinung, dass derselbe Staat, der in der Ehe die Grundlage geschlechtlicher Sittlichkeit und [im] Schutz der Persönlichkeit die erste Pflicht staatbürgerlichen Rechts anerkennt, die organisierte und erzwungene Ehelosigkeit eines ganzen Berufs nicht nur duldet, sondern auch begünstigt, ohne im mindesten an den Nötigungsparagraphen des Strafgesetzbuches[23] zu denken. Gerade weil das Gelübde der Ehelosigkeit in *jungen* Jahren geleistet wird, wo edlere Naturen leicht, vom Anblick des rohen, klumpen und schmutzigen Geschlechtslebens einer nur halb barbarischen Gesellschaft angewidert, im Zölibat eine reinere Form des Lebens zu finden glauben, wird der in jugendlicher Unbesonnenheit betätigte Entschluss für die *Besten* des priesterlichen Berufs eine furchtbare Quelle von Martern und Gewissensquälereien; die große Menge der Gemeinen findet sich auf andere Weise ab.

Der frühere bayerische Lycealprofessor Otto Sickenberger, ein katholischer Modernist,[24] erörtert jetzt in einem offenen Brief an den Münchner

22 Arbeiter-Feuilleton, Nr. 21, August 1910, SAPMO-BArch NY/4060/51: Arbeiter-Feuilleton, Artikel von Kurt Eisner 1909–1910, Bl. 46 f. Dieser Beitrag trägt keine Signatur von Kurt Eisner, stammt aber – berücksichtigt man die Sammlungspolitik des Instituts für Marxismus-Leninismus beim ZK der SED und den Stil des Artikels – mit hoher Wahrscheinlichkeit von ihm.

23 Gemeint war § 240 im 1871 erlassenen Strafgesetzbuch für das Deutsche Reich.

24 Dieser Artikel Eisners stellt den „Fall Sickenberger" vor: Otto Sickenberger (1867–1945) war Professor für Philosophie am Lyzeum in Passau, wurde allerdings zum Wintersemester 1901/02 zuerst beurlaubt und 1903 schließlich pensioniert. Grund war seine 1901 erschienene Schrift „Kritische Gedanken zur innerkirchlichen Lage", die sich in den Beginn der katholischen Modernismus-Kontroversen einreiht. Sickenberger vertrat darin liberale und moderne Ansätze, er forderte unter anderem eine solide wissenschaftliche Ausbildung der Priester und eine vernünftige Sexualerziehung. In der katholischen Presse scharf angegriffen, publizierte Sickenberger 1904 eine weitere Schrift, in der er etwa das Zölibatsgesetz und den „Sakramentalismus" kritisierte. 1910 heiratete Sickenberger standesamtlich. Da er 1890 zum Priester geweiht worden war, folgte dem die Exkommunikation. Sickenberger war dabei weder ein grundsätzlicher Gegner des Zölibats noch war er ein vehementer „Modernist". Vielmehr trat er für eine „Öffnung von Kirche und Theologie gegenüber der modernen Welt" ein. Manfred Weitlauff, Sickenberger, Otto, in: Neue Deutsche Biographie 24 (2010), S. 312 f.

Erzbischof[25] mit leidenschaftlicher Bewegung die Frage des Zölibats.[26] Er ist seit neun Jahren nicht mehr Geistlicher, und hat sich bemüht, von der Kurie Ehedispens zu erhalten. Das wurde ihm verweigert; man drohte ihm stattdessen mit der Exkommunikation. Jetzt hat Sickenberger trotzdem geheiratet, und in seinem offenen Brief fordert er, für seine priesterlichen Brüder, eindringlich die Aufhebung des Zölibats. Er weist darauf hin, dass die *orientalischen* Priester der katholischen Kirche[27] heiraten dürfen und er zeiht[28] alle jenen Päpste und Bischöfe, welche das Gesetz des Zölibats gegeben haben und aufrechterhalten, „der falschen Frömmigkeit, der Grausamkeit“. Er zeiht sie des „größten Verbrechens an unserem Volke: denn sie erniedrigen die Ehe, verwehren den frommsten Söhnen des Volkes die Nachkommenschaft und bringen tausende frommer Frauen, statt ihnen das Glück Ehe mit einem Priester zu gewähren, in entsetzliche Gefahren“. Und er ruft den Fanatikern des Zölibats zu: „Auf Eurem Boden gedeiht Heuchelei, Feigheit, Unkeuschheit, Rohheit und Gewalt; auf unserem Boden wächst Wahrheit, Tapferkeit, Reinheit, Bildung und sittliche Freiheit; kurz: Euer ist der Pharisäismus, unser ist das Christentum.“[29]

Der Kampf gegen den Zölibat aus den Kreisen des Klerus selbst, ist so alt, wie der Zölibat selbst. Je mehr er aber angegriffen wird, umso größere Bedeutung wird ihm beigelegt. Heute gilt in der klerikalen Theorie der Zölibat geradezu als das Hauptstück, als das tiefste Wesen priesterlicher Würde. Der Staat aber hat niemals den schwersten Eingriff in seine eigensten Gerechtsame zurückgewiesen, ja er ist sogar der kirchlichen Orthodoxie in der Niederhaltung der auf Aufhebung des Eheverbots

25 Franziskus Kardinal von Bettinger (1850–1917) war von 1909 bis 1917 Erzbischof von München und Freising.

26 Vgl. Otto Sickenberger, Offener Brief an den Erzbischof von München-Freising, in: Sexual-Probleme. Zeitschrift für Sexualwissenschaft und Sexualpolitik (1910) 6, S. 777–784.

27 Gemeint waren hier die Kirchen der katholischen Ostkirchen (auch unierte Kirchen). Ihre theologische Grundlage bildete der „Codex Canonum Ecclesiarum Orientalium", von dem sich auch die Bezeichnung „orientalische Katholiken“ ableitete.

28 Alte Bezeichnung für beschuldigen oder bezichtigen.

29 Sickenberger, Brief, S. 784. Pharisäer waren ursprünglich eine theologische Schule im Judentum. Im Neuen Testament werden sie aber als Heuchler kritisiert, in der Bedeutung fand der Begriff Pharisäer auch Eingang in die Umgangssprache. Pharisäismus kann dabei auch Selbstgerechtigkeit meinen.

gerichteten Bestrebungen behilflich gewesen; so in den dreißiger Jahren des vorigen Jahrhunderts, als in der Geistlichkeit eine starke Bewegung gegen den Zölibat entstand, die Papst Gregor XVI. in seiner Enzyklika vom 15. August 1832 als eine „födissima conjuvatio",[30] als die scheußlichste Verschwörung verdammte.[31]

Aber was ist das eigentliche Wesen des Zölibats und wie wird seine Aufrechterhaltung begründet? Schließt das Eheverbot auch die *geschlechtliche Enthaltsamkeit* in sich, und warum wird sie gefördert? Darüber herrscht heute große Unklarheit, und die klerikale Doktrin hat ein ganzes Labyrinth unehrlicher Spitzfindigkeiten angelegt, um Verwirrung zu stiften und die Ungeheuerlichkeit des Ausspruchs zu verteidigen. Denn der Widerspruch ist handgreiflich, dass die christliche Lehre einmal in der Ehe das größte Heiligtum verehrt, zugleich aber ihren Geweihten diese Heiligung verbietet, als etwas für sie Beschmutzendes. Wenn aber gar der Zölibat das Gelübde der Keuschheit *nicht* einschlösse, sondern aber nur das Verbot einer bürgerlich fesselnden legitimen Verpflichtung, dann würde das gar bedeuten, dass die Kirche für ihre Mitglieder die verruchte „freie Liebe" und noch dazu in ihrer unsittlichsten, weit unwahrsten und jeder Verantwortung entäußerten Form zuließe. Die klerikale Wissenschaft muss geschichtlich und systematisch die Tatsachen aufs Äußerste verdunkeln, um sich aus den Widersprüchen herauszuwinden.

Es steht fest, dass die christliche Kirche in den ersten Jahrhunderten vom Zölibat nichts wusste. Dann setzten die Eheverbote ein, deren ewige Wiederholungen nur bewiesen, dass sie nicht gehalten wurden. Erst Gregor VII.[32] versuchte, das auf der Fastensynode von 1074 beschlossene Eheverbot streng durchzuführen.[33] Es wurde den Priestern, Diakonen

30 So im Original.

31 Gemeint war die Enzyklika „Mirari vos" („Ihr wundert euch") mit dem Untertitel „Über Liberalismus und religiösen Indifferentismus" von Papst Gregor XVI. (1765–1846).

32 Gregor VII. (um 1025–1085) amtierte von 1073 bis zu seinem Tod als Papst und löste den Investiturstreit aus, auch ging die Formel der Unfehlbarkeit der Kirche auf ihn zurück (Dictatus Papae).

33 Auf der regelmäßig in Rom stattfindenden Fastensynode verbot Gregor VII. nicht nur die Priesterehe, sondern beispielsweise auch die Übertragung eines geistlichen Amtes durch einen Laien – der als Simonie bezeichnete Vorgang war bis dahin nur auf das Verbot der Übertragung eines Amtes gegen Bezahlung beschränkt.

und Klerikern untersagt, Eheweiber zu haben und überhaupt mit Frauen zu wohnen. Geistliche, die beweibt waren, sollten ihre Frauen unverzüglich verstoßen. Dieser Beschluss stieß auf den wildesten Widerstand der zumeist verheirateten niederen Geistlichkeit. Man warf dem Papst vor, er sei ein Ketzer, seine Lehre wahnsinnig, im Widerspruch mit dem Gebote des Apostels Paulus, da die gewaltsame Forderung, nach Engelweise zu leben, nur Hurerei und Unreinheit entfessele. Man erklärte lieber, auf das Priestertum als auf die Ehe zu verzichten. Gregor aber drang auf Durchführung des Gebots. Die Geistlichen sollten ihre Ehefrauen davonjagen und niemand zum Priestertum zugelassen werden, der nicht ununterbrochen Enthaltsamkeit und eheloses Leben gelobe. Der Erzbischof von Mainz, Siegfried,[34] wagte gar nicht, diese Zumutung an den Klerus zu stellen; er gab den Geistlichen Aufschub bis zu einem halben Jahre, um sich ehelos zu machen. Als er im Oktober 1074 endlich auf der Erfurter Synode die Durchführung des päpstlichen Befehls wagen wollte, entstand ein furchtbarer Aufstand. Man solle, so wurde geschrien, den Erzbischof zum warnenden Exempel lieber totschlagen. Und Siegfried konnte die Gemüter nur beruhigen, indem er versprach, beim Papst die Rücknahme des Gebots zu erwirken. Gregor musste dann ein Rundschreiben an die „Deutschen Geistlichen und Laien" erlassen, in dem aufgefordert wurde, dass man den Bischöfen, welche in die fleischliche Vermischung der Geistlichen einwilligten, den Gehorsam verweigere.

Die Absicht Gregors ist nicht zu verkennen. Wie immer man das Verbot auch auf seine asketische Geistesrichtung zurückführen mag, so war doch der Hauptzweck, den Klerus durch *die Loslösung von der Familie ausschließlich an die Kirche zu fesseln.* Und so geht denn durch die Geschichte des Klerus die ewige Erscheinung, dass man zwar die Ehelosigkeit mit den strengsten Mitteln aufrecht zu erhalten sucht, dass aber die Keuschheit durchaus nicht zu den unerlässlichen Priestertugenden gehört. Die Sittenliteratur aller Jahrhunderte quillt über von strotzenden Schilderungen der ehelosen Mönchs-, Nonnen- und Pfaffenunzucht. Wir hören von Geistlichen, die als Heilige galten, weil sie sich mit einer Beischläferin begnügten; von Bischöfen, die zwanzig vaterlose Kinder ihren Müttern hinterließen; von Nonnenklöstern, die den Rittern als Bordelle dienten, so dass die Besitzer weltlicher Frauenhäuser über die geistliche unlautere

34 Siegfried I. (gest. 1084) amtierte von 1060 bis 1084 als Erzbischof von Mainz.

Konkurrenz Klage führten. Man braucht nur heute in dem alten Rokoko-Lustgarten des Würzburger Bischofs zu Veitshöchheim[35] zu gehen, um noch immer die Luft heiterer, spielend lüsterner Lebenskunst zu atmen, in der sich ein üppiger Klerus gemeinsam mit jungen Jüngerinnen gefiel. Man mag an diesen Pamphleten noch so viel Übertreibungen abziehen, das Eine[36] lässt sich nicht erschüttern: dass zwar die Ehe von Priestern schonungslos verfolgt wurde, dass aber Verstöße gegen die Enthaltsamkeit milde lächelnd verziehen wurden.

Und in der Gegenwart steht es nicht anders. Die Pfarrersköchinnen sind in der Tat keine Erfindung der Witzblätter.[37] Wenn es ein Geistlicher gar zu toll treibt, so dass sein Tun in der Gemeinde „Ärgernis" erregt, so wird er schlimmstenfalls in ein anderes Dorf versetzt. Als das Zentrum in der Lex Heintze das Inserieren von „Gummiartikeln" unter Strafe stellen wollte,[38] da hätten die in ihrem Geschäft bedrohten Händler nur die Adressen guter Kunden zu veröffentlichen brauchen, in deren keusche Dorfeinsamkeit höchst verschwiegene Sendungen aus dem großstädtischen Sündenpfuhl ebenso regelmäßig wie häufig flatterten. Auch

35 Gemeint war hier das Schloss Veitshöchtheim, das bis 1802 als Sommerresidenz der Fürstbischöfe von Würzburg diente.

36 So im Original.

37 Als Pfarrersköchinnen bezeichnete man die Haushälterinnen bei katholischen Geistlichen.

38 Die „Lex Heinze", benannt nach einem 1892 verurteilten Berliner Zuhälter, war ein auf Anregung des Kaisers im selben Jahr in den Reichstag eingebrachtes Gesetz, welches das deutsche Strafgesetzbuch hinsichtlich der Bestrafung von Zuhälterei und Kuppelei erweitern sollte. Erst 1899/1900 und in Verbindung mit einem Antrag der Zentrumspartei passierte es aber die Lesungen. Aufsehen erregte die „Lex Heinze" im Frühjahr 1900, als der „Kunst- und Schaufensterparagraph" bekannt wurde, der es verbot, „Schriften und Darstellungen, die, ohne unzüchtig zu sein, das Schamgefühl gröblich verletzen, zu geschäftlichen Zwecken in Ärgernis erregender Weise öffentlich (z. B. in Schaufenstern) auszustellen oder anzuschlagen." Auf diese Regelung spielte auch Eisner im Text oben an. Es kam daraufhin zu erheblichen Protesten vor allem von Künstlern, die die Gefahr der Willkür von Zensur fürchteten und die ihren Anspruch auf künstlerische Freiheit vor allem im hierfür gegründeten „Goethe-Bund" artikulierten und vertraten. Diese Proteste hatten den Erfolg, dass der genannte Paragraf nicht Teil der im Juni 1900 erlassenen Ergänzung des Strafgesetzbuches wurde, das Zeigen entsprechender „Schriften und Darstellungen" wurde lediglich bei Personen unter 16 Jahren unter Strafe gestellt. Meyers Großes Konversations-Lexikon, Bd. 12. Leipzig 1908, S. 494.

Sickenberger sagt in seinem „offenen Briefe“: „Jene Tausende von katholischen Geistlichen, welche das Gesetz auf andere Weise nicht halten, bleiben teils gänzlich straflos, teils erleiden sie nur vorübergehende Amtsentsetzung, im schlimmsten Falle kommen sie in Korrektionshaus ... Und nun das Ärgste: wenn ein verheirateter Mann Priester werden will, so ist es ihm nur unter der Bedingung möglich, dass sich seine Frau von ihm trennt und ins Kloster geht; er selbst darf aber dann eine Haushälterin zu sich nehmen; soweit hat sich die Kirche verirrt, dass sie dem Priester seine Gattin nimmt und dafür gestattet, dass ein anderes Weib bei ihm wohne.“[39]

Ja, die katholische Moraltheologie macht es *sogar* den *Gläubigen zur frommen Pflicht, die kleinen Anwandlungen des Fleisches ihrer Geistlichen liebend zu dulden und zu verschweigen.* „Nur diejenigen, die sich am Skandal selbst freuen“, – sagt F. X. Linsemann[40] in seinem Lehrbuch der Moraltheologie – „können ein Interesse daran haben, einen Priester, dessen Moralität im Wanken ist, vollends zum Sinken zu bringen und ihn dann seinem Elend zu überlassen. Eine Gemeinde, die ihre Priester ehrt, gibt damit nicht bloß einen Beweis ihrer eigenen Ehrenhaftigkeit, sondern sie hält auch ihre Priester moralisch aufrecht, sie ist ihnen eine Stütze und hat an ihnen dafür auch eine Stütze.“[41] Auch der Tübinger Anton Koch[42] bezeichnet in seinem „Lehrbuch der Moraltheologie“ (Freiburg 1905) es als eine Pflicht der Gläubigen, dass sie gute Priester ehren ... „und auch trotz physischer oder *moralischer* Gebrechen die Würde und den Charakter des Priestertums achten.“[43]

Um den Charakter des Zölibats klar zu erkennen, sei endlich noch darauf hingewiesen, dass nur die Mitglieder von Orden, aber nicht die Geistlichen das Gelübde der Keuschheit ablegen. Warum dies Gelübde bei den Geistlichen unterlassen wird, das doch bei den höchsten Gliedern der Hierarchie, den Ordensbrüdern, eine solche Rolle spielt, wird

39 Sickenberger, Brief, S. 779.

40 Franz Xaver von Linsenmann (1835–1898) war ein katholischer Moraltheologe, von 1867 bis 1889 lehrte er Moral- und Pastoraltheologie an der Universität Tübingen.

41 Vgl. das Zitat in Franz Xaver von Linsenmann, Lehrbuch der Moraltheologie, Freiburg 1878, S. 240.

42 Anton Koch (1859–1915) arbeitete zuerst im Kirchendienst, 1896 übernahm er die Professur für Moral- und Pastoraltheologie an der Universität Tübingen.

43 Vgl. das Zitat in Anton Koch, Lehrbuch der Moraltheologie, Freiburg 1905, S. 424.

nirgends erklärt. Und die Erklärungsversuche, wie sie zum Beispiel Nikolaus Gihr[44] in seinem Werk über die „heiligen Sakramente" (2. Auflage, Freiburg 1903) gibt, sind völlig unverständlich. Gihr berichtet, dass im 11. und 12. Jahrhundert den Ordinanden vielfach ein ausdrückliches Keuschheitsgelübde abverlangt worden sei: „*seitdem dies nicht mehr der Fall ist*, gilt der einfache Hintritt zur höheren Weihe des Subdiakonats als tatsächliche und stillschweigende Ablegung eines feierlichen Gelübdes".[45] Warum wird nun bei den *höchsten* Weihen das Gelübde wieder verlangt.

Das Unverständliche wird verständlich, wenn man eben aus der Wirklichkeit die Tatsache abliest, dass der Zölibat *nicht* die Enthaltsamkeit einschließt, dass er also in Wahrheit die – freie Liebe *mit erzwungener Ehelosigkeit* bedeutet.

Im schlechten Gewissen dieser Praxis stellt nun die katholische Moraltheologie in der Theorie die Dinge auf den Kopf. Der Zölibat bedeute nicht sowohl die Ehelosigkeit als die Enthaltsamkeit. Die Kirche habe zwar zeitweilig aus äußeren Gründen die Priesterehe gestatten müssen, aber nur unter der Voraussetzung der völligen Keuschheit in der Ehe. Und so wird die heutige Theorie des Zölibats zu einer krankhaft verstiegenen Schwärmerei für die Jungfräulichkeit und besonders der jungfräulichen Priester. „Zölibat heißt (so definiert Wetzers und Weltes „Kirchenlexikon") die für alle in den höheren Weihen stehenden Kleriker existierende Verpflichtung im Stande der Ehelosigkeit die *Keuschheit* zu bewahren." Auch *innere* Sünden gegen die Keuschheit seien als Sakrilegien anzusehen. Das „Prinzip" des Zölibats liege in der Virginität (Jungfräulichkeit) der Kirche selbst. „Die jungfräuliche Kirche will auch ein jungfräuliches Priestertum haben." Der jungfräuliche, von der Jungfrau geborene Hohepriester Christus habe die Kirche, „die sein jungfräulicher Leib geworden ist", gegründet und in ihre an die Stelle der fleischlichen die jungfräuliche Generation des Priestertums durch die Weihe gesetzt.[46]

44 Nikolaus Gihr (1839–1924) war ein Dogmatiker und geistlicher Schriftsteller, der vor allem am Freiburger Priesterseminar wirkte.

45 Vgl. das Zitat in Nikolaus Gihr, Die heiligen Sakramente der Katholischen Kirche, Bd. 2: Die Buße, die letzte Ölung, das Weihesakrament und das Ehesakrament, Freiburg 1903, S. 475, Hervorhebung nicht im Original.

46 Vgl. die Zitate in Wetzer und Welte's Kirchenlexikon oder Encyklopädie der katholischen Theologie und ihrer Hilfswissenschaften, Bd. 3, Freiburg 1894, S. 584.

In der Verfolgung diese „Prinzips“ wird dann die Jungfräulichkeit für das Erhabenste erklärt. Gihrs vorhin genanntes Werk klingt in ein Preislied auf den jungfräulichen Priester aus: „Ehrfurchtgebietend steht das katholische Priestertum in den Augen des Volkes nur da, so lange es die Himmelsblume der Reinheit, die zarte und duftige Lilie jungfräulicher Keuschheit in der Hand trägt. Diese bildet die kostbarste Fassung für den Edelstein der priesterlichen Würde.“[47]

Mit diesem seraphischen Überschwang[48] steht nun die derbe Wirklichkeit in grellstem Widerspruch. Ist die Doktrin von der Jungfräulichkeit aufrichtig gemeint, so versteht man ganz und gar nicht, warum dann dieselbe Kirche, die einen heiratenden Priester mit dem Bann belegt, duldsam zuschaut, wenn die duftige Lilie und der kostbare Edelstein in dem Schoß irgend einer handfesten Köchin versinkt.

Die klerikale Lehre wagt heute nicht sich zu dem machtpolitischen Grund des Zölibats zu bekennen. Darum die säuselnde und himmelnde Theorie von dem *jungfräulichen Priester.* Was stürzt gerade diese Theorie in demselben Augenblick zusammen, wo bewiesen wird, dass die Kirche den unkeuschen Priester duldet, den verheirateten aber ächtet. Und dieser Beweis kann tausendfältig geführt werden. Damit aber zerschellt jeder Rechtfertigungsversuch, eine mittelalterliche Verirrung, welche die menschliche Natur verstümmelt und beschmutzt; einen Strom sittlicher Entartung in das Gefühlsleben und die Lebensführung unserer helleren Zeit ergießt; unter deren Zwang die durchschnittliche Gemeinheit in behaglicher Heuchelei gedeiht, die durch die ewig gepeitschte Phantasie krankhaft gesteigerte Sinnlichkeit die geistliche Macht zum Verbrechen missbraucht, und edle ehrliche Idealisten ein Dasein hoffnungsloser Qual führen müssen.

47 Gihr, Sakramente, S. 479. Es handelt sich hier allerdings nicht um Gihrs Worte, sondern um Zitate aus historischen christlichen Quellen.

48 Seraphim sind Engel, die den Thron Gottes umfliegen und diesen durch ihren ständigen „heilig, heilig, heilig“-Ausruf preisen.

Arbeit und Tuberkulose[49]

Vor 20 Jahren hat Robert Koch sein Tuberkulin[50] der hoffenden Menschheit dargeboten. Bald folgte Behring mit seinem Serum.[51] Man impfte und impfte. Aber nur die chemische Industrie hat dabei gewonnen, die Seuche blieb und mähte die Menschen. Das Proletariat hat tiefer den Grund der Krankheit erkannt als die Bazillenjäger. Es spricht von der *Proletarier*krankheit.[52] Daraus folgt schon, dass man die Tuberkulose ebenso wenig fortimpfen kann wie die proletarischen Lebensbedingungen überhaupt. Und jede tiefer dringende wissenschaftliche Forschung bestätigt diese schlichte Laieneinsicht. Die Tuberkulose ist kein physiologisch-chemisches, sondern ein soziales Problem. Sie liegt nicht im Blut, in den Lungen, im Knochenbau, in der Vererbung – sondern, in der *Tuberkulose der Arbeitsverhältnisse*, die in dem menschlichen Gefäß zurückwirken.

Der bay[e]rische Landesgewerbearzt Dr. Koelsch, einer der verdienstvollsten und einsichtigsten Vertreter der *sozialen* Medizin,[53] hat auf Grund bay[e]rischen Materials über die Tuberkulosesterblichkeit der erwerbsfähigen Bevölkerung im Jahre 1908 die *Beziehungen zwischen Arbeitsbedin-*

49 Arbeiter-Feuilleton, Nr. 29, Oktober 1910, SAPMO-BArch NY/4060/51: Arbeiter-Feuilleton, Artikel von Kurt Eisner 1909–1910, Bl. 69. Dieser Beitrag trägt keine Signatur von Kurt Eisner, stammt aber – berücksichtigt man die Sammlungspolitik des Instituts für Marxismus-Leninismus beim ZK der SED und den Stil des Artikels – mit hoher Wahrscheinlichkeit von ihm.

50 Der Mediziner Robert Koch (1843–1910) entdeckte 1882 den Erreger der Tuberkulose und entwickelte daraufhin das vermeintliche Heilmittel „Tuberkulin", das er 1890 vorstellte und das den „Tuberkulin-Skandal" auslöste.

51 Der Mediziner Emil von Behring (1854–1917) forschte vor allem zur Diphtherie und zum Wundstarrkrampf, für beide Krankheiten entwickelte er ein Blutserum. Anders als bei Kochs „Tuberkulin" erfolgte die Einführung des Diphtherie-Antitoxins ab 1893 aber nur schrittweise.

52 Es handelte sich dabei um einen zeitgenössisch verbreiteten Begriff, der allerdings – wie auch bei Eisner – sozial wie politisch aufgeladen und deswegen nicht unumstritten war. Vgl. Ignaz Zadek, Die Proletarierkrankheit. Ihre Entstehung und Verbreitung, Verhütung und Heilung, Berlin 1909.

53 Franz Koelsch (1876–1970) war ein Pionier der Arbeitsmedizin, der als bayerischer Landesgewerbearzt mit Fabrikstudien beauftragt wurde und sich im Besonderen mit der Tuberkulose befasste. Vgl. Gine Elsner, Staatstragende Arbeitsmedizin. Franz Xaver Koelsch (1876–1970). Bayerischer Landesgewerbearzt von der Monarchie bis zur Bundesrepublik, Hamburg 2014.

gungen und Tuberkulose in einer Abhandlung untersucht, deren erster Teil jüngst in dem Archiv für soziale Hygiene veröffentlicht worden ist.[54]

Koelsch weist zunächst auf die Mängel seines Versuchs hin, die in der Mangelhaftigkeit des Materials und der Mühseligkeit seiner Bearbeitung begründet sind. Wenn die von ihm gewonnenen Zahlen erheblich von den bisher bekannten abweichen, so liegt dies daran, dass hier zum ersten Mal das Material *eines ganzen Landes* vom 15.–70. Lebensjahre verarbeitet ist, während die meisten gewerbehygienischen Statistiken sich auf das Material der Krankenhäuser oder Krankenkassen stützen.

In allen Ländern zeigt sich, unter dem Einfluss der modernen Hygiene, ein allgemeiner Rückgang der Sterblichkeit und eine Erhöhung der mittleren Lebensdauer. „In dem Maße, in dem jedes Einzelindividuum im Volke, besonders der Proletarier, der Arbeiter und Kleinbürger, an den hygienischen Einrichtungen Anteil nehmen darf, in demselben Maße wird sich die Sterblichkeit in einer Nation erniedrigen, da ja gerade das Proletariat … den verschiedensten Gesundheitsstörungen in viel höherem Grade ausgesetzt ist als der intellektuell oder finanziell höherstehende Bevölkerungskreis. Von der Höhe des Kulturfortschrittes, von der Intensität der sozialen und hygienischen Fortschritte der einzelnen Staaten hängt mittelbar die Größe des natürlichen Volksverlustes ab."

Die Todesursachen zeigen nach Art und Häufigkeit eine *internationale Regelmäßigkeit*. Nur die Säuglings- und Schwindsuchtssterblichkeit ist wesentlich verschieden in den Ländern – ein Beweis, dass gerade in dieser Erscheinung sich die soziale Kulturhöhe der Völker spiegelt. Am tiefsten greift die Tuberkulose in alle Lebensverhältnisse ein; und in der Zeit der *Aussperrungen* durch ein gewissenloses Unternehmertum werden vielleicht diese Worte eines staatlich angestellten Arztes Beachtung finden: *„Nun führt unsere ganze wirtschaftliche Entwicklung zweifellos – trotz aller sozialen Fürsorge und charitativen Bestrebungen – zu einer Verschärfung der sozialen Gegensätze.* Die Ausbildung zum Industriestaate, die internationalen Verkehrsabhängigkeiten und anderes bringen trotz der

54 Vgl. Franz Koelsch, Arbeit und Tuberkulosesterblichkeit der erwerbsfähigen Bevölkerung Bayerns im Jahre 1908 vom sozialhygienischen Standpunkt aus, in: Archiv für Soziale Hygiene, mit besonderer Berücksichtigung der Gewerbehygiene und Medizinalstatistik 6 (1910/11) 1, S. 29–61. Alle Zitate in diesem Artikel stammen aus dem Aufsatz von Koelsch und werden nicht gesondert nachgewiesen.

staunenswerten Mehrung des Nationalvermögens Konjunkturschwankungen, Handelskrisen und Finanzoperationen, Streiks und *Aussperrungen*, welche naturgemäß gerade auf die gesundheitlichen Verhältnisse der *minderbemittelten* Klassen, der *industriellen Arbeiter*, von unheilvoller Wirkung sein müssen; denn die Folgen solcher Krisen sind Verdienstentgang oder Lohnminderung, gleichbedeutend mit der Einschränkung einer rationellen Ernährung, Wohnung und Kleidung; der Unterhalt der ganzen Familie ist reduziert, die Disposition für eine Infektion enorm gesteigert. *Diese tiefgehende Verbindung mit den wirtschaftlichen Verhältnissen macht die Tuberkulose für die unbemittelte Arbeiterbevölkerung*, für das Proletariat, so destruierend (zerstörend)."

Für Preußen sind die Verluste an Arbeitsverdienst und Krankenkosten, die allein aus der Tuberkulose hervorgehen, auf 86 Millionen Mark berechnet worden. Koelsch hält diese Zahl für viel zu niedrig. Durch frühzeitige Invalidität sind in neun Jahren in Deutschlang 1 842 413 Arbeitsjahre verloren gegangen, davon entfallen rund 239 210 Jahre auf Tuberkulose. 72 Prozent der an Tuberkulose Sterbenden stehen in erwerbsfähigem Alter! Diese wenigen Zahlen kennzeichnen zur Genüge, die rein volkswirtschaftlichen Verluste, die die Schwindsucht verursacht.

Eine Minderung der Tuberkulose ist eingetreten; ihre spezifische Bekämpfung durch Belehrung, Meldepflicht, Heilstätten usw. ist nicht ohne Erfolg geblieben. Aber Koelsch hebt mit Recht hervor, dass es verfehlt wäre, die Besserung nur auf diese Maßnahmen zurückzuführen. In England ist die Verminderung *vor der bakteriologischen* Ära[55] eingetreten, in den Jahren 1853–1882 – infolge der sozialen Hebung der Arbeiterklasse. Auch in Deutschland ist der Rückgang der Sterblichkeit an Tuberkulose auf solche Ursachen zurückzuführen. Und die Bescheidenheit der sozialen Fortschritte spiegelt sich in der Geringfügigkeit dieser Besserung: Es starben in den Jahren 1898–1902 an Tuberkulose von 10 000 Einwohner[n] 21,41, 1907 18,43. In *England* sind die Verhältnisse günstiger. In *England* starben in der Altersklasse von 15–60 Jahren von 10 000 Lebenden (in den Jahren 1891–1900) 22 (darunter Lungentuberkulose 20,2) in

55 Als bakteriologische Ära wird die Zeit bezeichnet, die mit den Entdeckungen von Robert Koch, Joseph Lister (1827–1912), Louis Pasteur (1822–1895) und Paul Ehrlich (1854–1915) einsetzte. Vgl. hierzu Silvia Berger, Bakterien in Krieg und Frieden: Eine Geschichte der medizinischen Bakteriologie in Deutschland, 1890–1933, Göttingen 2009.

Deutschland 29 (Lungentuberkulose 27,7). „Der Grund dieser geringen Tuberkulosesterblichkeit in England liegt zunächst in der fortschreitenden Hebung der wirtschaftlichen Lage des gesamten Arbeiterstandes, dann in den Wirkungen des zum Teil ziemlich einschneidenden Gesundheitsgesetzes vom Jahre 1875–1891, endlich hauptsächlich in den günstigeren Wohnungsverhältnissen der englischen Arbeiter."

Koelsch übersieht eine wichtige Ursache: Die billigere, reichlichere und bessere Ernährung im zollfreien England!

In Bayern ist die Zahl der an Tuberkulose Gestorbenen (auf 10 000 Lebende) von 30,43 in den Jahren 1888/1903 auf 24,88 im Jahre 1908 gesunken. Bayern steht ungünstiger da als das Reich. Nimmt man nur das produzierende Alter (von 15–60 Jahre), so ergibt sich für die Lungentuberkulose im Reich 23, in Bayern 37. Im Gegensatz zum allgemeinen Rückgang steht aber die *Zunahme der kindlichen* Tuberkulose im Alter von 1–15 Jahren. Die Infektion im *schulpflichtigen* Alter ist ungeheuerlich. Für München ergaben die Untersuchungen, dass 50 und 60 Prozent aller Kinder tuberkulös angesteckt war, für Wien gar 71 und 94 Prozent. „Diese erschreckenden Daten entstammen einem Untersuchungsmaterial, welches sich gerade aus den ärmeren … Kreisen rekrutierte. Kontrolluntersuchungen haben ergeben, … dass nicht alle Gesellschaftsklassen in gleichheitlicher Weise infiziert sind, dass vielmehr gerade die in ungünstiger hygienischer und finanzieller Lage befindlichen Bevölkerungsschichten weitaus intensiver befallen sind als die Gutsituierten, dass man umso erschreckendere Zahlenreihen erhält, je tiefer unten in der sozialen Schichtung man seine Untersuchungen anstellt."

In Düsseldorf waren die Kinder von ungelernten Arbeitern zu 53,3 Prozent, von Handwerkern zu 39 Prozent, von kleineren Beamten zu 7,5 Prozent, die Kinder aus vielköpfigen Familien zu 61,1 Prozent infiziert! Koelsch hält daher den Ausdruck „Proletarierkrankheit" für zutreffend, steigerte sich doch die Zahl infizierter Kinder, die aus Proletarierfamilien mit *offener* Tuberkulose *stammten, auf 95 und 100 Prozent*! Untersuchungen bei *Kindern wohlhabender Eltern* ergaben dagegen, dass von 105 Kindern (einer ärztlichen Privatpraxis mit reicher Kundschaft) nur 4 tuberkulös infiziert waren, darunter 2 durch *ein* Dienstmädchen!

Die Schwindsucht ist daher recht eigentlich eine Kinderkrankheit, deren Ausbruch im späteren Alter dann durch die Lebensbedingungen gefördert oder gehemmt wird. „Alle Momente, welche den Körper zu schwächen imstande sind – aufreibende Arbeit, physische Störungen jeder Art, Unterernährung, unhygienische Wohnung, seelische Bedrückung, Exzesse verschiedener Art (Trunksucht) – bereiten dem Andringen der Tuberkelbazillen günstigen Boden. Diese Schädlichkeiten kommen aber bei den auf ihrer Hände Arbeit angewiesenen Personen in besonderem Maße zur Geltung, sie sind aufs innigste verknüpft mit der Berufstätigkeit, sei es als direkte, spezifische Berufsgefahr, oder als Folge aufreibender Arbeit, oder mangelnder Entlohnung."

Der Proletarier ist von Geburt an durch die Tuberkulose bedroht. Schon als Kind nimmt er im elterlichen Heim oder in der Schule die Krankheitskeime auf. Bei der Berufswahl wird auf seine körperliche Eignung nicht die genügende Rücksicht genommen. „Unzählige Angehörige der arbeitenden Bevölkerung haben sich einen Beruf gewählt, welchem ihre körperliche Kraft nicht gewachsen ist." Die Arbeit selbst nutzt in vielen Berufen den Körper frühzeitig ab, stumpft den Geist, schwächt den Gesamtorganismus, besonders das Herz, damit aber die Widerstandsfähigkeit gegen Krankheiten. Koelsch beruft sich auf Rubners[56] Wort: „Arbeit macht älter, nicht nur im Äußeren, in ästhetischer Hinsicht, sondern auch im ganzen Aufbau des Körpers; nicht das Lebensalter ist hierfür bestimmend, sondern die Konsumtion, die trotz genügenden Stoffersatzes mit der schweren Arbeit einhergeht." Auch wo die Arbeit nicht schwer ist, wirkt die lange Dauer schädigend. Ermüdung ohne ausgiebige Ruhe macht den Körper widerstandsunfähig. Die Unfallgefahr hat gleichfalls Bedeutung für die Tuberkulose. Endlich der Einfluss *seelischer* Stimmungen. „Sorgen aller Art, vielleicht familiärer Unfriede, sind häufige Begleiter; der ganze Lebensinhalt konzentriert sich auf die Arbeit, um die Mittel zu einer oft kargen Ernährung und Erhaltung der Familie zu gewinnen. Bei unseren industriellen Arbeitern kommt das Gefühl einer relativen Ungewissheit hinzu, die Gefahr … arbeitslos und dem Hunger preisgegeben zu sein. Wenn die kurzen Honigwochen der jungen Arbeiterehe abgelaufen sind, wenn Kinder die bisher mitverdienende Frau ans Haus fesseln und den Ausgabeposten vergrößern, wenn der Verdienst des Vaters kaum genügt zu einer dürftig ausgestatteten Behausung und kärglichen Ernährung – dann werden eine heitere Lebensauffassung und Lebensfreude selten zu Gaste kommen. Dazu tritt die täglich wieder-

56 Hier war der Mediziner und Hygieniker Max Rubner (1854–1932) gemeint.

kehrende hastige und monotone Arbeit in den reizlosen Fabrikräumen, inmitten lärmender Maschinen, welche bei der … Arbeitsteilung … die Freude am geschlossenen Ganzen, das Gefühl der Befriedigung über das Werk seiner Arbeit beim industriellen Arbeiten nicht mehr aufkommen" lässt. Auch dieser seelische Druck wirkt verhängnisvoll auf den Körper ein.

Schlechte Entlohnung, das Arbeiten in geschlossenen überfüllten Räumen, ohne die Heilwirkung des direkten Sonnenlichts, die gebückte Körperhaltung in vielen Berufen, die Temperaturunterschiede, Staub und Ruß, – schlimmer noch als in der Großindustrie im Handwerk und namentlich der Heimarbeit! – alles dieses sind die *wirklichen* Erreger der Schwindsucht. *Auf den Flügeln der Arbeit naht der Tod!*

Der Kampf gegen die Warenhäuser[57]

(Im Privatzimmer des Herausgebers der „Wahrheit".[58] Ein großes Repositorium mit Personalakten. An den Wänden ein Bild des Polizeirats Henniger[59] mit eigenhändiger Widmung, ferner Papptafeln mit Inschriften, wie: „Mit Gott für König und Vaterland", „Juden raus – mit die[60] Moneten", „Feste Preise". Man fühlt dem Zimmer an, dass sich gerichtsnotorisch *kein* Revolver in ihm befindet.)

57 Arbeiter-Feuilleton, Nr. 33, November 1910, SAPMO-BArch NY/4060/51: Arbeiter-Feuilleton, Artikel von Kurt Eisner 1909–1910, Bl. 83 f.

58 „Die Wahrheit" war eine 1905 in Berlin gegründete Zeitung, die als Organ der antisemitischen Reformpartei galt.

59 Hier war Polizeirat Dr. Eugen Henninger (geb. 1866) gemeint, der in Berlin die politische Polizei leitete und für sein rigides Vorgehen etwa gegen die Sozialdemokratie bekannt war. Seine Vorgehensweise wurde mehrfach auch im Reichstag thematisiert. Zudem bekundete er offen Sympathien für die Antisemiten: 1910 etwa äußerte Henninger, „er betrachte die ‚Wahrheit' als Gegengewicht gegen die demokratische Sensationspresse". Vgl. Stenographische Berichte über die Verhandlungen des Reichstags, XI. Legislaturperiode, II. Session 1905/06, Bd. 5, Berlin 1906, S. 4095. Zitat aus Erpressungsprozess gegen die „Wahrheit", in: Volksstimme. Sozialdemokratisches Organ für den Regierungsbezirk Magdeburg, Nr. 251 vom 16. 10. 1910.

60 So im Original.

I.

Bruhn:[61] Wir müssen wieder etwas gegen den Krebsschaden der Warenhäuser bringen. Der solide, kerndeutsche Mittelstand verlangt das von uns. Also knöpfen Sie sich in der nächsten Nummer Wertheim vor.[62] Die Teestube ist der reine Fleischmarkt. Hat Frau Wolf Wertheim[63] nicht ein Verhältnis gehabt – (nachsinnend) mit dem Hauptmann von Köpenick[64] oder (er spuckt aus) mit dem Juden Heinrich Heine?[65]

61 Hier war der Gründer und Herausgeber der „Wahrheit", Wilhelm Bruhn (1869–1951) gemeint, der von 1903–1918 für die antisemitische Reformpartei im Reichstag saß. Nach 1918 gehörte er dem Reichstag für die DNVP an. Hintergrund des vorliegenden Artikels bildete ein Prozess gegen Bruhn und die Redakteure der „Wahrheit" wegen Erpessung. Vgl. Erpressungsprozeß gegen die „Wahrheit" (1910).

62 Gemeint war die 1852 gegründete Warenhauskette Wertheim, die gleichnamige jüdische Besitzerfamilie stammte aus Stralsund. Der „solide, kerndeutsche Mittelstand" deutete eine Strategie an, hinter der Kritik an Warenhäusern antisemitische Propaganda zu verbergen; dies findet sich auch in der Weimarer Republik, gesteigert ab 1930. Generell verstand sich die antisemitische Reformpartei aber auch als Mittelstandspartei. Zudem war „der Kampf gegen die Warenhäuser [...] das große Thema der Zeit", das überall in Europa vor allem das Kleinbürgertum in die Arme konservativer und nationalistischer Parteien trieb, die das Thema gezielt bedienten. Heinz Schilling, Kleinbürger. Mentalität und Lebensstil, Frankfurt a. M./New York 2003, S. 37. Vgl. den Überblick bei Paul Lerner, The Consuming Temple: Jews, Department Stores and the Consumer Revolution in Germany, Ithaca 2015; Hannah Ahlheim, „Deutsche, kauft nicht bei Juden!" Antisemitismus und politischer Boykott in Deutschland 1924 bis 1935, Göttingen 2011.

63 Wolf Wertheim (1867–1940) war seit 1891 mit zwei weiteren Brüdern in der Geschäftsleitung des Wertheim-Unternehmens tätig und heiratete 1904 die Schriftstellerin Gertrud Pinkus (1867–1927), deren Gesellschaftsromane aufgrund der Ähnlichkeit ihrer literarischen Figuren mit real existierenden Personen immer wieder für Skandale sorgten. Wolf Wertheim unterhielt mehrere Verlage. Aus dem Unternehmen schied er 1909 unfreiwillig und aus Sorge um die Reputation des Namens Wertheim aus, auch lebte er auf Druck der Familie im Ausland. Über diesen „Bruderzwist" berichtete die „Wahrheit" ebenfalls, Wertheim war über Jahre hinweg von der Zeitung massiv angegriffen worden. Vgl. Erpressungsprozess gegen die „Wahrheit" (1910); Christopher D. Illou, Corporate Governance und mittelständische Unternehmen. Ein nur scheinbarer Widerspruch, Köln 2010, S. 52 f.

64 Friedrich Wilhelm Voigt (1849–1922) wurde 1906 als „Hauptmann von Köpenick" bekannt, nachdem er als Offizier verkleidet einem Trupp Soldaten befahl, das Rathaus von Köpenick zu besetzen und den Bürgermeister zu verhaften. Voigt raubte die Stadtkasse. Der Vorfall erregte nationales wie internationales Aufsehen und erlebte vielfache künstlerische Verarbeitungen.

65 Hier ist der spätromantische Dichter Heinrich Heine (1797–1856) gemeint. Mit diesem überzogenen Beispiel wollte Eisner die oft absurden Anfeindungen der antisemitischen Presse karikieren.

Der Redaktionsakquisiteur: Der ist doch längst tot.

Bruhn: Sie wollen immer alles besser wissen. Gehen Sie, schreiben Sie. Dicke, große Überschriften ... „Teehaus Wertheim" ... Nein, das versteht der nationale Mann nicht. Er weiß nicht, was ein Teehaus ist. Schreiben Sie also drüber: „Wertheims T'ehebruchstube". Großartiger Witz, das wird ziehen!

Der Redaktionsakquisiteur: Es wird ein Bombenartikel werden. Die Kerle werden brüllen.

II.

Bruhn: Ist noch niemand von Wertheims dagewesen? Kein Inserat?[66] Kein Brief? Nicht einmal was vom Rechtsanwalt? Es sind doch schon acht Tage seit dem Artikel.

Der Redaktionsakquisiteur: Wertheims haben sich nicht gerührt. Keine Maus.

Bruhn (wütend): Ja, denken die Leute denn, dass wir *umsonst* Reklame für sie machen. Stellen Sie sofort die Angriffe gegen Wertheims ein. Kein Wort mehr über diese echt jüdisch dickfellige Firma!

Der Redaktionsakquisiteur: Aber was nun? Der Mittelstand erwartet, dass die „Wahrheit" ihre Pflicht tut.

Bruhn (entschlossen): Gehen wir zu Tietz über.[67] Im Teppichlager schäferstündigt man und akquiriert Geschlechtskrankheiten. Schreiben Sie: Jede deutsche Frau und jedes deutsche Mädchen läuft Gefahr, bei Tietz mit der Ramschware zugleich die Lues[68] einzuhandeln.

66 Gegendarstellungen wurden oft in Form von Inseraten abgedruckt. Auch die Angriffe gegen Wolf Wertheim unterblieben, nachdem dieser entsprechend in der „Wahrheit" inseriert hatte. Vgl. Erpressungsprozess gegen die „Wahrheit" (1910).

67 Oscar Tietz (1858–1923) gründete mit der finanziellen Unterstützung seines Onkels Hermann Tietz (1837–1907) 1882 in Gera das erste Warenhaus, Letzterer wurde später auch der Namensgeber der aus dieser Gründung enstehenden Kette „Hertie". Gleich den Wertheims war auch die jüdische Besitzerfamilie Tietz antisemitischen Angriffen ausgesetzt.

68 Gemeint war hier die Infektionskrankheit Syphilis, die auch als Lues oder Lues venerea bezeichnet wird. Geschlechtskrankheiten gehörten dabei zum Repertoire antisemitischer Vorurteile: So wurde beispielsweise von den Nationalsozialisten behauptet, Juden würden solche Krankheiten gezielt auf „Arier" übertragen, um deren „Erbmasse" zu schädigen. Vgl. Philippe Burrin, Über den Antisemitismus der Nationalsozialisten, in: Christina von Braun/Eva-Maria

Der Redaktionsakquisiteur: Tietz wird ungemütlich werden, er wird klagen. Das kann Geld kosten.

Bruhn: Ach was, an mich traut sich niemand ran. Die Polizei ist für mich. Da lesen Sie, Feigling, was erst gestern Henniger an mich geschrieben hat. (Reicht ihm einen Brief.)

Der Redaktionsakquisiteur (liest): „Ich kann Ihnen aus vollster Überzeugung versichern, dass Sie den einzig richtigen Weg eingeschlagen haben, um der Umsturzpresse einen Damm entgegenzusetzen. Nur so können wir nationale Gefühle erhalten, die Monarchie schützen, die Autorität wahren, Religion und Sittlichkeit hochhalten gegen die alles verschlingenden, subversiven Mächte, wenn wir unser armes, verführtes Volk mit gesunder vaterländischer und christlicher, geistiger Kost nähren. Wenn es sich mit den Lebemännern in den Nachtlokalen beschäftigt, wenn es Israels Söhnen bis in die geheimsten Verirrungen folgt, wenn durch Sie die Überzeugung gewinnt, dass es wichtiger ist, zu wissen, mit welchem Dragoner die Kommerzienrätin Samuelsohn[69] ins Absteigequartier geht, als Reichstagsverhandlungen zu lesen und sonst politisch zu schmusen, dann kann die rote Bande ihr Geschäft aufstecken. So ist es denn Ihr Verdienst, teurer Herr Bruhn, dass Sie in unserem Volke wieder das Bewusstsein für die ewigen, unvergänglichen, idealen Güter wecken. Mit christlichem, treudeutschem Polizeigruß Ihr …" (Seufzend): Na, dann ist ja alles in Ordnung. Ich werde über Tietzens Teppichlues schreiben.

III.

Bruhn (vergrämt): Eine schöne Bescherung. Habe ich Ihnen nicht immer gesagt, dass Sie mit Ihrem Ungeschick mich noch ins Unglück stürzen werden! Jetzt muss ich für jeden Angriff auf Tietz 1000 M[ark] blechen. Kein Inserat, aber einen Braunen zahlen, das ist ein Geschäft. Einmal habe ich's gewagt, nie wieder. Der Jude hat mir wirklich die 1000 M. abgepresst – Shylock bleibt Shylock.[70]

Ziege (Hrsg.), „Das ‚bewegliche' Vorurteil". Aspekte des internationalen Antisemitismus, Würzburg 2004, S. 101–116, hier S. 104.

69 Dies konnte keiner Person zugeordnet werden und war wahrscheinlich ein fiktiver Charakter. Dragoner waren die berittene Infanterie und wurden auch als Kavallerie oder Reiterei bezeichnet.

70 Shylock ist die Figur eines jüdischen Wechslers/Geldverleihers in William Shakespeares (1564–1616) „Der Kaufmann von Venedig".

Der Redaktionsakquisiteur: Mir schwant, Herr Bruhn, wir müssen den Kampf gegen die Warenhäuser aufstecken. Er kommt uns zu teuer.

Bruhn (düster): Wahrhaftig, die einen Schufte ignorieren uns, die andern klagen, und niemand inseriert. Da möchte der Teufel den Mittelstand retten. Aber wir geben den großen Kampf so leicht nicht auf. Noch bleibt uns einer, und der soll dran glauben: Jandorf![71] Ich sage Ihnen, *der* wird inserieren!

Der Redaktionsakquisiteur (kläglich): Aber ich weiß nichts von Jandorf.

Bruhn: Ignorant! Alle Welt weiß doch, dass Jandorfs Urgroßtante vor der Ehe ein Kind gehabt hat. Daraus mache *ich* ein Dutzend Bombenartikel. *Sie* freilich …

Der Redaktionsakquisiteur (eingeschüchtert): Ich werde schreiben.

IV.

Jackson (mit zwei Flaschen Champagner eintretend): Habe ich die Ehre, Herrn Bruhn …?

Bruhn: Ich bin Bruhn. (Zum Redaktionsakquisiteur, der fortgehen will): Hierbleiben! Ich brauche einen Zeugen.

Jackson: Mein lieber Herr Bruhn, ich muss Ihnen sagen, ich bin ein frommer Jude, Sie sind ein Antisemit. Es ist mir widerwärtig, zu Ihnen zu kommen, aber mein Freund Jandorf legt großen Wert darauf, bei Ihnen zu inserieren.

Bruhn (streng): Ich bin grundsätzlich gegen die jüdischen Warenhäuser, wie Sie wissen, aber wenn Jandorf die doppelte Taxe zahlt – Israel[72] zahlt die fünffache –, so werde ich den Auftrag annehmen. Wohl verstanden, Inserate tangieren meine Weltanschauung nicht. Ich werde meinen Kampf gegen die Pest der Warenhäuser fortsetzen. Aber warum sind Sie eigentlich zu mir gekommen?

Jackson: Wegen der Provision. Geschäft ist –

Bruhn: – Geschäft! Ich verstehe. Nur wegen der Provision. Das ist Ihr Glück. Denn wenn Sie etwa daran gedacht hätten, dass ich wegen

71 Gemeint war der jüdische Kaufmann Adolf Jandorf (1870–1932), der in Berlin die Warenhauskette „A. Jandorf & Co." ins Leben rief, zu der auch das 1907 eröffnete „Kaufhaus des Westens" (KaDeWe) gehörte.

72 Israel ist ein jüdischer wie christlicher Familienname sowie ein männlicher Vorname. Er wurde oft als abwertendes Synonym für Juden verwendet, ab Januar 1939 mussten ihn Juden im Deutschen Reich als zweiten Vornamen tragen.

der lumpigen Inserate meine Kritik an Jandorf einstellen oder auch nur abschwächen werde, so würden Sie mit Ihren krummen Beinen und Plattfüßen die Treppe schneller runtergekommen sein als rauf.

Jackson: Ich hab's nicht anders erwartet, Herr Bruhn. Ich bin ein frommer Jude, Sie sind ein Antisemit; es ist mir schwer geworden, zu Ihnen zu kommen, aber Geschäft –

Bruhn: – ist Geschäft.

Jackson: Und darauf trinken wir eins. (Sie leeren die beiden Flaschen Champagner.)

Bruhn (heiter und großmütig zum Redaktionsakquisiteur): Sie sollen auch ein Glas kriegen. Prägen Sie sich aber die Situation ein, Sie sind mein Zeuge. (Lallend): Die verfluchten Warenhäuser werden wir in Stücke hauen, aber Geschäft ist –

Jackson: – Geschäft. Ich bin ein frommer Jude, Herr Bruhn, aber es war mir ein Vergnügen. Adieu. (Im Weggehen): Herr Bruhn, wie sind eigentlich die Usancen[73] in der Presse? Nimmt man auf Großinserenten Rücksicht?

Bruhn (feierlich): In der *anständigen* Presse – selbstredend!

V.

Bruhn (teutonenhaft grübelnd): Wir müssen endlich dem Krebsschaden der Warenhäuser zu Leibe gehen. Aber wie? Der Prozess wegen des Jandorf war ja sehr nett, aber auf die Dauer ermüdend. Und gefährlich. Wenn man so drei Wochen lang seine Harmlosigkeit beweist, so glauben's einem die Leute am Ende. Man fürchtet die „Wahrheit" nicht mehr, und was dann? Es wäre mein Ruin, wenn mir noch einmal gerichtlich meine Unschuld attestiert würde. Ein Grund mehr, um den Kampf gegen die Warenhäuser mit frischen Kräften aufzunehmen. Aber wen können wir noch angreifen? Die einen wollen wir nicht angreifen, weil sie die Angriffe vollständig ignorieren, und wir ihnen, ohne Gegenleistung, nur nützen. Die anderen dürfen wir nicht angreifen, weil jeder Angriff – laut gerichtlichem Vertrag – 1000 M. kostet. Den Rest können wir nicht angreifen, weil wir ihnen als Großinserenten Rücksicht schulden. Aber

73 Damit wurde in der Kaufmannssprache der Handelsbrauch bzw. die geschäftliche Gepflogenheit bezeichnet.

selbst, wenn wir die Rücksicht nicht übten, ginge es nicht; dann würden sie uns die Inserate entziehen. Und dann haben wir erst recht keine Möglichkeit, sie zu vermöbeln. Denn jeder würde sagen: Aha, Erpressung. Er will die entzogenen Inserate wieder fischen. Es gibt mithin in Berlin schlechterdings kein Warenhaus, das wir noch zum Gegenstand unserer Kritik machen könnten. Alles was wir über sie bringen, besteht nur noch in Inseraten und (schmunzelnd) sechsfach bezahlten Reklamen. Wir hetzen die nationalen Kunden ja geradezu *in* die Warenhäuser, anstatt *auf* sie. Dabei geht der Mittelstand kaputt. (Schwermütig): Mein vaterländisches Herz blutet. Dieses freche Judenpack! Es zwingt mich förmlich, seine Inserate zu nehmen, es zu loben, oder zu schweigen. Aber etwas muss geschehen! …

Der Redaktionsakquisiteur: Meister! Bringen wir doch einen allgemeinen theoretischen Artikel über die Schäden der Warenhäuser und den Nutzen des soliden Mittelstandes. Ganz ohne persönliche Angriffe, dafür umso wirksamer.

Bruhn (verächtlich): Den Quatsch liest kein national gesinnter Mann, auch keine deutsche Frau. Damit kommen wir nicht weiter.

Der Redaktionsakquisiteur: Nun, vielleicht könnten wir ein kleines Warenhäuschen veranlassen, dass es uns gegen Gratisinserate erlaubt, es ständig – möglichst blödsinnig – anzugreifen. Dann hätten wir doch einmal *zugleich* Inserate und Angriffe. Ein tadelloses Alibi!

Bruhn (schreiend): Mensch, *Gratis*inserate! Ist *das* ein Geschäft? Dabei geht *der* Mittelstand zugrunde, der mir am meisten ans Herz gewachsen ist, der *meinige* … Nein, so geht es nicht. (Sorgenvoll): Wie retten wir den deutschen Mittelstand vor den fremden Schmarotzern? (Angestrengt grübelnd, dann in plötzlicher Erleuchtung): Ich hab's! … Wir müssen den Mittelstand eben zum wehrhaften Kampf gegen die Konkurrenz der Warenhäuser fähig machen, indem wir ihn stärken. Wir müssen (mit glänzenden Augen und schäumenden Lippen) den *Mittelstand* zum – *Inserieren* erziehen, zum Inserieren bei *uns*!

Der Redaktionsakquisiteur : Die Filze inserieren aber nicht.

Bruhn (ungeduldig): Ich sagte ja schon: wir müssen sie dazu *erziehen*.

Der Redaktionsakquisiteur: Leicht gesagt, aber …

Bruhn: Schweigen Sie, Dummkopf … Erzählten Sie mir nicht neulich, dass Ihr kleiner Strumpfwarenlieferant mit seinem Dienstmädchen ein Kind gemacht hat?

Der Redaktionsakquisiteur: Sehr richtig, obwohl er verheiratet, Vater von sieben Kindern und Mitglied des Männerbundes für lenkbare Sittlichkeit ist ... Das Mädchen war noch nicht einmal 16 Jahre. Und schwachsinnig.

Bruhn: Herrlich, schreiben Sie sofort einen Leitartikel über den Skandal. Vergessen Sie ja nicht, zu erwähnen, dass der Mann mit Strümpfen handelt.

Der Redaktionsakquisiteur: Aber –

Bruhn: Marsch an die Arbeit. Morgen erscheint der Artikel, übermorgen der Mann, und gibt ein Inserat auf. Sie nehmen es an, aber vergessen Sie dabei nicht zu bemerken, dass durch das Inserat natürlich unsere Meinung über seinen Fall nicht geändert wird.

Der Redaktionsakquisiteur (murmelnd): Das vergesse ich nicht, das weiß ich auswendig. (Geht ab.)

Bruhn (nachrufend): Und sehen Sie mal nach, ob man von dem Mann, bei dem Sie *Käse* kaufen, nicht was weiß ... (Innig): *Das ist gewiss auch so ein Mittelständler, dem geholfen werden kann.*

Gewerbe des Todes[74]

Die Menschen haben die tröstende Naturnotwendigkeit des Sterbens mit unendlichem Spuk, grausender Qual und grübelnder Angst umgeben. Was eine fiebernde Phantasie ersinnen konnte, hat man zur Schärfung der Todesfurcht benutzt. Aber während man mit dem *natürlichen* Tod sinnlos haderte und seinen ewigen Frieden vergiftete, hat man den Kampf gegen den *unnatürlichen* Tod vergessen. Die große Masse der Menschen ist seit jeher eines unnatürlichen Todes gestorben; nicht nur durch Krieg und Mord, sondern vor allem durch die gewaltsame Hand von Krankheiten, die, aus den gesellschaftlichen Daseinsbedingungen erwachsen, lange vor dem natürlich gebotenen Ende das Dasein brechen. Wenn im Deutschen

74 Arbeiter-Feuilleton, Nr. 4, Januar 1911, SAPMO-BArch NY/4060/52: Arbeiter-Feuilleton, Artikel von Kurt Eisner 1911, Bl. 18. Dieser Beitrag trägt keine Signatur von Kurt Eisner, stammt aber – berücksichtigt man die Sammlungspolitik des Instituts für Marxismus-Leninismus beim ZK der SED und den Stil des Artikels – mit hoher Wahrscheinlichkeit von ihm.

Reich von 1000 Einwohnern 19 sterben, in Russland 29,4, in Chile 29,6, in Südaustralien aber nur 9,7 und in Neuseeland 9,6, so erkennt man schon aus diesen Zahlen die erschütternde Tatsache, wie unter der Gewalt der politischen und sozialen Verhältnisse Leben vergeudet wird. In den beiden Arbeiterstaaten des kulturell jüngsten Erdteils brauchen nur die Hälfte der Menschen zu sterben, die in Deutschland untergehen müssen.

Die Massen sterben nicht am Tode, sondern an der *künstlichen Industrie* des Todes. Ja, es gibt geradezu Gewerbe des Todes. Wer gewisse Berufe ausübt ist – wie der schlimmste Verbrecher – zu gewaltsamem Tode verurteilt. Wir haben vor einiger Zeit auf die Abhandlung hingewiesen, die der bay[e]rische Landesgewerbearzt *Dr. Koelsch*[75] auf Grund einer in Bayern vorgenommenen amtlichen Zählung über die Beziehungen von „*Arbeit und Tuberkulose*" veröffentlicht [hat]. In dem soeben ausgegebenen neuesten Hefte des „Archivs für soziale Hygiene" setzt nunmehr Koelsch seine wichtigen Darlegungen fort.[76]

Er weist zunächst auf die „indirekten Berufsschädlichkeiten" hin, die zur Tuberkulose führen: *Ernährung* und *Wohnung*.

„Die in recht vielen Fällen nur bescheidenen Löhne vermögen selbst bei geordneter Lebensführung und bei bescheidenen Ansprüchen der besonders in den letzten Jahrzehnten außerordentlich emporschnellenden Preissteigerung aller Lebensbedürfnisse kaum zu entsprechen, besonders in Großstädten oder bei kinderreichen Familien. Diese misslichen äußeren Verhältnisse bergen bezüglich der Tuberkulose ohne Zweifel mindestens dieselben Gefahren für Leben und Gesundheit als die eigentlichen Berufsgeschäfte; zuweilen dürften sie sogar die einzigen tuberkulosefördernden Schädlichkeiten darstellen, welche den Arbeiter und seine ganze Familie treffen."

Die Ernährung leidet besonders durch den ungedeckten Eiweißbedarf. Diese Ernährung muss ungenügend bleiben, wo hohe Lebensmittelpreise mit niedrigem Einkommen konkurrieren. Nach Münchener

75 Vgl. zu Koelsch Anm. 53 auf S. 130 in diesem Band.

76 Vgl. Franz Koelsch, Arbeit und Tuberkulosesterblichkeit der erwerbsfähigen Bevölkerung Bayerns im Jahre 1908 vom sozialhygienischen Standpunkt aus, in: Archiv für Soziale Hygiene, mit besonderer Berücksichtigung der Gewerbehygiene und Medizinalstatistik 6 (1911) 3, S. 212–242. Alle Zitate in diesem Artikel stammen aus dem Aufsatz von Koelsch und sind nicht gesondert nachgewiesen.

Erhebungen in tuberkulösen Familien hatten 56,81 Prozent der Familien weniger als 2 Mark täglich für den eigentlichen Lebensunterhalt zur Verfügung, 21,96 Prozent weniger als 3 Mark.

Die Tuberkulose ist nächstdem eine *Wohnungs*krankheit. „Sehr häufig sind die Arbeiterwohnungen überfüllt, zu dicht belegt, oft feucht, dumpf und lichtarm. Hier wachsen nun die Kinder heran, hier arbeitet tagein tagaus die Hausfrau, der Heimarbeiter oder Kleingewerbetreibende, hier soll der Arbeiter Ruhe und Kräftigung zu neuer Arbeit finden! Aber in diesen überbelegten, von dem charakteristischen Armeleutegeruch erfüllten, oft noch eine Staub- und Rußquelle einschließenden Räumen – gar oft wird in denselben noch ein Gewerbe ausgeübt – kann eine Lebensenergie und Lebensfreudigkeit schlecht aufkommen, beide erfahren eine Herabsetzung und Verminderung. Der Gasaustausch der Lungen, die so wichtige Versorgung des Körpers mit sauerstoffreichem Blut leidet, die körperliche Bewegung ist völlig eingeschränkt. Besonders der heranwachsende Organismus erfährt eine schwere Störung der Desoxydation und der gesamten Blutbildung, sowie eine Beeinträchtigung des ganzen Stoffwechsels." Für die *Förderung* der Verbreitung der Tuberkulose sorgen auch das Herbergswesen und die Verpflegungs*stationen*. „Gar oft sind diese Räume zum Bewohnen überhaupt ungeeignet, dazu oft überfüllt, unreinlich gehalten und schlecht gereinigt. Hier dürfte sich mancher auf der Wanderschaft befindliche, also meist an sich schon geschwächte Arbeiter den Keim eines frühen Siechtums und Todes holen." Wenn in den Frauenklöstern die Tuberkulosesterblichkeit sehr groß ist, so liegt das auch (von anderen Ursachen abgesehen) an ungünstigen Unterkunftsverhältnissen. Ähnlich verheerend wirkt auch der Aufenthalt in den Straf-, Pflege- und Irrenanstalten.

Wie wirkt nun der *Beruf* auf die tuberkulöse Sterblichkeit? 12 071 Personen innerhalb des erwerbstätigen Alters sind im Jahre 1908 in Bayern an Tuberkulose gestorben. Etwas über 5 Prozent muss mangels Vergleichszahlen aus der Betrachtung ausgeschieden werden. Von den Lebenden im Alter von 15–70 Jahren starben 3,47 Prozent an Tuberkulose, 3,07 männlich, 4,07 weiblich.

Sondert man die Gruppen der Todesfälle nach dem Berufe, so gewinnt man als die entscheidende Erscheinung, dass die Sterblichkeit am größten in der Gruppe „Sonstige Berufe und berufslos" ist: 8,35 Prozent (in den akademischen Berufen 2,39 Prozent, in Industrie, Handel und Verkehr 3,85 Prozent, in der Landwirtschaft 1,49 Prozent). In dieser Gruppe der „Berufslosen“ befinden sich nämlich die Tagelöhner und Gelegenheitsarbeiter, die Tagelöhnerinnen, das weibliche Dienstpersonal und die Ordensfrauen; bei den Frauen dieser Gruppe ist die Sterblichkeit an Tuberkulose noch viel größer als bei den Männern: auf 1000 Lebende starben in diesen Gruppen 12,75 Frauen, 4,34 Männer.

Das Reich der unqualifizierten Arbeit, der niedrigsten Löhne, der längsten Arbeitszeit, der Arbeitslosigkeit ist also das eigentliche Rekrutierungsgebiet der Tuberkulose. Die Gefahr des *allgemeinen* Elends ist größer als die besonderen Gewerbeeinflüsse.

Unter den männlichen Berufen mit *mehr als dreifachem Durchschnitt* (über 10 Todesfälle auf 1000 Lebende der Berufsklasse) stehen die „*Tagelöhner und Gelegenheitsarbeiter*“ weit voran: **83,10.** Ihnen folgen unmittelbar die *Steinhauer, Steinschleifer* (**26,85**). Ist es bei dem ersten Gewerbe die tiefe allgemeine Not, so ist es bei dem zweiten die Schädlichkeit des Berufs – der Staub –, der die Tuberkulose erzeugt. Zu den ungünstigsten Berufen gehören noch die Goldschläger (17,18), Ausgeher, Boten, Diener (16,60), Schreiner (13,37), Maurer (10,23). Doppelte bis dreifache Mortalität haben unter anderen Musiker (8,64), Kellner, Wirte (7,45), Pflasterer (6,67). Bis zum doppelten Durchschnitt kommen Schauspieler (5,67), Zinngießer (5,61), Glaser (5,34), Beamte (5,54), Blechwarenfabrikarbeiter (5,29), Zimmerleute (5,20), Schneider (4,94), Buchdrucker (4,90), Bergleute (4,17), Porzellanarbeiter (4,06). Die Durchschnittssterblichkeit findet sich unter anderen bei Schustern, Buchbindern, Gärtnern, Bierbrauern, Uhrmachern, Tabakarbeitern, Postbediensteten, Kaufleuten und Reisenden, Bäckern, Bahnbediensteten, Goldarbeitern, Journalisten. Erheblich unter dem Durchschnitt stehen: Ärzte (1,92), Weber (1,72), Lehrer (1,40), Ziegeleiarbeiter (0,93). Und der *allergesündeste* Beruf hinsichtlich der Tuberkulose ist der des – Bauunternehmers, bei dem nur 0,35 Todesfälle an Tuberkulose vorkommen. Der Tagelöhner, der bei dem Bauunternehmer arbeitet, hat also **237** *mal so viel Wahrscheinlichkeit*, an Tuberkulose zu sterben, wie sein „Herr“.

Unter den Frauen stehen auch die Tagelöhnerinnen obenan: 34,90 auf 1000 Lebende des gleichen Berufs, dann folgen die Mägde und Köchinnen (13,86) und „Ledige und Berufslose“ (13,92). Die Schneiderinnen fallen mit 6,48 Prozent der Seuche zum Opfer. Auch die Diakonissinnen sind mit 7,60 Prozent an dem furchtbaren Tribut beteiligt, die Blumenmacherinnen mit 6,66. Die Krankenpflegerinnen, die nicht in Klöster eingesperrt sind, haben eine sehr günstige Sterblichkeit, 0,27 Prozent; man verwendet allerdings in diesem Beruf nur gesunde Menschen.

Von den besonderen, in der Natur des Gewerbes liegenden Krankheitsursachen untersucht Koelsch in dem bisher vorliegenden Teil seiner Arbeit nur den *Staub*. Der Staub bedingt vor allem die *städtische* Tuberkulosegefahr. Der Staubarbeiter weist eine höhere Sterblichkeit an Tuberkulose auf, als die anderen Arbeiter; besonders die dem Mineralstaub ausgesetzten Arbeiter sind von der Seuche bedroht, daher die entsetzliche Sterblichkeit der Steinhauer. Je gefährlicher der Staub, desto früher werden die Arbeiter dahingerafft. Bei den Metallstaub-Arbeitern sterben zwischen 20–29 Jahren 34,5 Prozent und zwischen 30–39 Jahren 19,7 Prozent an Tuberkulose. Ähnlich ist es bei den Mineralstaubarbeitern, bei denen der Anteil in den beiden Perioden 21,5 und 26,1 Prozent beträgt. Dabei ist die Sterblichkeit über 60 Jahre „günstig“: 6,9 und 9,3 Prozent. Die Leute dieser Berufe warten aber nicht auf das Alter, ihre Lungen beeilen sich, vom Staub zerfressen zu werden.

Die Abhandlung von Dr. Koelsch bietet ein kraftvolles Material, uns zum organisierten Kampf gegen den *gewaltsamen* Tod aufzureizen. Wer die Gewerbe des Todes saniert, der legt dem grausamen vorzeitigen Tod das tückische Gewerbe.

Mörderische Berufe[77]

Im neuesten Heft des „Archivs für soziale Hygiene“ führt der bay[e]rische Gewerbearzt *Dr. Kölsch*[78] seine mehrfach erwähnten „Untersuchungen über die Tuberkulosesterblichkeit der erwerbsfähigen Bevölkerung Bayerns vom sozialhygienischen Standpunkte aus“ zu Ende.[79]

77 Arbeiter-Feuilleton, Nr. 16, Mai 1911, SAPMO-BArch NY/4060/52: Arbeiter-Feuilleton, Artikel von Kurt Eisner 1911, Bl. 55. Dieser Beitrag trägt keine Signatur von Kurt Eisner, stammt aber – berücksichtigt man die Sammlungspolitik des Instituts für Marxismus-Leninismus beim ZK der SED und den Stil des Artikels – mit hoher Wahrscheinlichkeit von ihm.

78 So im Original.

79 Vgl. Anm. 53 auf S. 130 in diesem Band sowie Franz Koelsch, Arbeit und Tuberkulosesterblichkeit der erwerbsfähigen Bevölkerung Bayerns im Jahre 1908 vom

Dass unter den *Tagelöhnern und Gelegenheitsarbeitern* die stärkste Schwindsuchtssterblichkeit[80] herrscht – in dieser niedersten Schicht des Proletariats sterben 27mal mehr als der Durchschnitt der männlichen Bevölkerung –, zeigt klarer und bestimmter als irgendeine andere Tatsache die Herkunft dieser Seuche aus allgemein sozialen Notständen; die Schwindsucht ist in Wahrheit die Proletarierkrankheit, die Krankheit des untersten Proletariats. Der unsichere, schlecht gelohnte, ungeschützte und durch lange Arbeitszeit aufreibende Beruf ist der eigentliche mörderische Beruf.

In zweiter Linie kommt dann ein Gewerbe, das einen dauernden spezifischen Anreiz für die Entwicklung der Lungentuberkulose bietet, die *Steinhauer*. In diesem Berufe werden die von Haus aus kräftigsten Personen vorzeitig dahingerafft. Die Krankheit tritt meist nach dem 35. bis 45. Jahre auf und verläuft fast immer ungünstig; das Durchschnittsalter dieser Leute, die in der Regel aus landwirtschaftlichem Beruf stammen, wird durch Steinstaub auf 37 Jahre, 5 Monate gesenkt; vier Fünftel aller Todesfälle von Steinhauern sind durch Tuberkulose hervorgerufen. Kern stellt aus 25-jähriger Beobachtung die Sterblichkeitsverhältnisse zweier württembergischer Nachbardörfer gegenüber.[81] In *Niklashausen* leben Steinhauer von schlecht bezahlter, schwerer und langandauernder Arbeit: fast die *Hälfte* aller Todesfälle erfolgt durch Tuberkulose, und zwar zu 50 Prozent im erwerbsfähigen Alter (unter 60 Jahren). In *Höhefeld* wird vorwiegend Landwirtschaft von einer mittelmäßig wohlhabenden Bevölkerung getrieben; nur etwas über ein *Zehntel* der Todesfälle ist durch Tuberkulose verschuldet, und von diesen nur ein Sechstel im erwerbsfähigen Alter. Mitwirkend ist der unter den Steinhauern übliche starke Alkoholgenuss, der wiederum durch die besonderen Arbeitsbedingungen gefördert wird.

sozialhygienischen Standpunkt aus, in: Archiv für Soziale Hygiene, mit besonderer Berücksichtigung der Gewerbehygiene und Medizinalstatistik 6 (1911) 4, S. 274–324. Alle Zitate in diesem Artikel stammen aus dem Aufsatz von Koelsch und sind nicht gesondert nachgewiesen.

80 Vgl. Anm. 255.

81 Vgl. Rolf Kern, Die Tuberkulose bei Steinhauern und Landwirten. Ein Bild im Kleinen, in: Zeitschrift für Tuberkulose und Heilstättenwesen 1 (1900) 3, S. 218–223. Rolf Kern war Pfarrer und hatte die Daten über mehrere Jahre hinweg in den im Text genannten Orten Niklashausen und Höhefeld gesammelt.

Die große Tuberkulosesterblichkeit der körperlich sehr kräftigen *Goldschläger* (in der Umgebung von Nürnberg) wird auf die anstrengende Arbeit – die Hämmer wiegen 20 und mehr Pfund –, den ständigen Aufenthalt in geschlossenen Räumen, das enge Nebeneinanderarbeiten und den infolge des starken Schwitzens lockenden Alkohol zurückgeführt.

Wenn die Tuberkulose der *Holzarbeiter* den Durchschnitt um das Drei- bis Vierfache übertrifft, so ist neben der Auslese an sich schwächerer Personen, die sich diesem Berufe zuwenden, die ständige Holzstaubeinatmung, die vielfach beschränkten und schlecht gelüfteten Werkstätten und die „in vielen Handwerksbetrieben oft überlange Arbeitszeit bei geringem Verdienst" verantwortlich zu machen.

Die relativ hohe Tuberkulose-Sterblichkeit der *Maurer* erklärt sich vorwiegend aus den ungünstigen Arbeitsbedingungen der auf dem flachen Lande Tätigen: Stein-, Zement-, Mörtelstaub, Unbilden der Witterung, Alkohol, mangelhafte Lebensführung.

Bei der großen Schwindsuchtssterblichkeit der *Musiker* und *Schauspieler* handelt es sich im wesentlichen um die Kunst-*Proletarier* mit ihren widrigen Lebensschicksalen.

Auffällig ist die hohe Tuberkulose-Ziffer bei *Holzhauern* und Flößern, also „gesunden" Berufen. Hier macht den Beruf die außerordentlich schlechte Ernährung der kümmerlich gelohnten Proletarier ungesund. Die Arbeit im Freien disponiert zu Erkältungen und die winterliche Heimarbeit in engen, dumpfen Stuben tut ein Übriges, um dem Tode Beute zu liefern. In dem Berchtesgadener Bezirk wirkt außerdem die Inzucht verderblich.

Die *Wirte* und *Kellner* rechnet Kölsch[82] zu den „Alkoholberufen". Der Alkohol wirkt überall tuberkulosefördernd. Trifft der Alkoholgenuss mit einem Beruf zusammen, in dem besonders kräftige Personen tätig sind, wie bei den Bierbrauern, so können sie trotz des Alkohols von der Seuche verschont bleiben. Doch ist die Schwindsuchtsmortalität auch der kräftigen Münchner Bierbrauer hoch. Für schwächliche Personen aber, wie die Kellner, wirken Alkoholberufe verheerend. (Offenbar wirkt auch in den sogenannten Alkoholberufen nicht nur der Alkohol zerstörend: es wirken auch die lange Arbeitszeit, die unregelmäßige Lebensführung, der ständige Aufenthalt in schlechter Kneipenluft.)

82 So im Original.

Nun ein paar *gesunde* Berufe:

Dass die „*Ansteckung*“ an sich nicht ausschlaggebend ist, beweist die geringe Tuberkulosesterblichkeit der Ärzte, obwohl diese ständig mit Schwindsüchtigen zu tun haben. Äußerst gesund ist der Beruf der *Geistlichen*. Sie sind die Lieblinge der – Lebensversicherungsgesellschaften. Auch die *Bauern* leiden wenig an Tuberkulose, trotz der sonst recht unhygienischen Lebensbedingungen.

Das *weibliche* Geschlecht wird namentlich in den jüngeren Jahren durch die Tuberkulose bedroht: ihr sitzender Beruf in geschlossenen Räumen, ihre sexuellen Lebensbedingungen wirken verhängnisvoll. Schwangerschaft, Entbindung, Wochenbett sind, unter sonstigen ungünstigen sozialen Verhältnissen, doppelt gefährlich. Wie bei den Männern, zeigen auch bei den Frauen die wirtschaftlich ungünstigsten Berufe die höchste Schwindsuchtsterblichkeit, weitaus am schlimmsten bei den *Tagelöhnerinnen*. Sehr ungünstig sind auch die *Mägde* gestellt, und erheblich über dem Durchschnitt stehen *Ordensfrauen*, *Blumenmacherinnen*, *Schneiderinnen*. Die hohe Sterblichkeit bei dem häuslichen *Dienstpersonal* (in jugendlichem Alter) führt Kölsch[83] auf ihre Herkunft aus ungünstigen sozialen Verhältnissen (frühe Infektion), auf Entwicklungsstörungen, oft körperliche Überanstrengung und Übermüdung, ungenügende Ernährung und Unterkunft zurück. Die *Ehefrauen* sind besonders in den Jahren voller Geschlechtsreife (also durch die Geburten) gefährdet; sie gehören zu den allerungünstigsten Kategorien. Mörderisch sind für die Frauen (nicht für die Männer) die *Klöster*: „fast alle verstorbenen Schwindsüchtigen (unter den katholischen Klosterfrauen) gehörten der Altersklasse 20–40 an … Vielfach sind es von Haus aus schwächliche, anämische, elegische Naturen, die sich dem Ordensleben widmen, die also schon eine geminderte Widerstandsfähigkeit mitbringen; dann wirken die Nachteile des klösterlichen Lebens: seltene Bewegung in frischer Luft, enges Nebeneinanderleben, Fasten und viele religiöse Übungen, bei manchen vielleicht seelische Depressionen ungünstig ein. Bei Krankenpflegerinnen tritt hierzu noch der anstrengende Dienst mit Nachtwachen sowie die Gefahr der direkten Krankheitsübertragung.“

Kölsch[84] führt in seinen Schlussbetrachtungen aus, dass die zielbewusste Bekämpfung der Tuberkulose nicht erst bei den Erwachsenen

83 So im Original.
84 So im Original.

einsetzen dürfe, sondern schon in der Kindheit zu beginnen habe, da 50 Prozent und mehr aller Menschen schon in den frühesten Lebensjahren infiziert werden. „Antituberkulöse Erziehung“ ist notwendig: durch Wohnung, Reinlichkeit, Abhärtung, Ernährung. Die Schule, die bisher *für* die Ausbreitung der Tuberkulose gewirkt hat, muss *gegen* sie arbeiten: durch hygienisch günstige Räume, Umgestaltung des Lehrplans, schulärztliche Aufsicht; die Gesundheitslehre muss in den Vordergrund des Unterrichts treten. Die gewerblichen Schädigungen sind durch Arbeiterschutzmaßnahmen, durch einen umfassenden Gewerbeaufsichtsdienst zu hemmen. *Jugendliche Arbeiter sind gesetzlich von jeder Staubarbeit auszuschließen.* Die körperliche Überanstrengung von Jugendlichen und Frauen ist durch Aufstellung von Normalleistungen für Heben, Tragen, Ziehen schwerer Lasten zu verhüten – wie dies in Frankreich 1909 geschehen ist. In den durch die Tuberkulose stark gefährdeten Betrieben ist periodische ärztliche Untersuchung erforderlich. Den in Staub- und Giftbetrieben tätigen Arbeitern sind in verhältnismäßig kurzen Zwischenräumen ½ bis 1 stündige Pausen zu gewähren, ferner mehrtägige Urlaubszeiten unter Fortbezug des Lohnes. Verbot jeder Heimarbeit, die mit Gefahren für Leben und Gesundheit der Heimarbeiter verbunden ist; unter allen Umständen ist schärfere hygienische Überwachung der Heimarbeit geboten.

Kölsch[85] weist endlich auf die Mängel unserer Arbeiterversicherung hin, auf die Notwendigkeit gründlicher Wohnungsreform usw. Und er schließt mit der ernsten Mahnung:

„Eine rationelle Menschenökonomie[86] *ist die Grundlage des Nationalvermögens; diese muss demnach – unter Hintansetzung aller Sonderinteressen – auch die Richtschnur abgeben für alle legislatorischen Maßnahmen, besonders solche fiskalischer und handelspolitischer Natur.“*

Damit spricht der Arzt auch ein Urteil über die *Steuer- und Zollpolitik*, die die Massen belastet und entkräftet! *In der Tat*: das *mörderischste*

85 So im Original.

86 Das Konzept der Menschenökonomie wurde 1908 von Rudolf Goldscheid (1870–1931) entwickelt und entsprang in erster Linie seiner monistischen und lebensreformerischen Prägung. Vgl. hierzu Katarina Neef, Sozialenergetik und Menschenökonomie. Säkularistische Modelle gesellschaftlicher (Neu-)Ordnung um 1900, in: Swen Steinberg/Winfried Müller (Hrsg.), Wirtschaft und Gemeinschaft. Konfessionelle und neureligiöse Gemeinsinnsmodelle im 19. und 20. Jahrhundert, Bielefeld 2014, S. 249–282.

Gewerbe ist die Politik der herrschenden Klassen, aber *bisher* leider nicht mörderisch für *sie selbst*!

Amüsierschweiß[87]
Berliner Sommerfreuden

Es war nicht mehr zu ertragen: So oft ich auch in den letzten Jahren nach Berlin gekommen war, immer hielt mich ein unseliges Schicksal fernab von den beiden großen Weltwundern, über die ich so viel gelesen, von diesem kühlen Abgrund und diesem lodernden Höllenbrand der Berliner Sommerluft. Dass ich in Berlin geboren bin – je nach den freundlichen oder gehässigen Beziehungen des Lesers zu mir und der Reichshauptstadt mag man den Ton auf „ich" oder auf „Berlin" legen! – ist schon Schande genug, dass ich aber weder das *Familienbad am Wannsee* noch den *Lunapark* kannte,[88] verriet schon eine hartnäckig ehrlose Gesinnung. So nahm ich denn einen Vorwand, reiste in erbarmungsloser Nachtfahrt tapfer über die preußische und dann – bei Wittenberg – über die asiatische Grenze,[89] taumelte nach Wannsee und Halensee, und fuhr eilends zurück, die Seele voll erhabener Genüsse und überirdischer Freuden.

Nach 14 Tagen bin ich imstande, meine Eindrücke literarisch zu bewältigen. Zwei Erkenntnisse haben sich mir zu Lehrsätzen geklärt. Erstens: Die einzige Form des Familienlebens, das erträglich, ist das gewässerte

87 Arbeiter-Feuilleton, Nr. 26/27, Juli 1911, SAPMO-BArch NY/4060/52: Arbeiter-Feuilleton, Artikel von Kurt Eisner 1911, Bl. 88.

88 Das Strandbad am Wannsee wurde als „Familienbad" 1907 errichtet und eingeweiht, es war ein beliebtes Ausflugsziel der Berliner Bevölkerung. Der „Luna-Park" wurde 1909 am Berliner Halensee eröffnet und war zu diesem Zeitpunkt der größte Vergnügungspark in Europa. Vgl. Wolfgang Kaschuba, Die Überwindung der Distanz. Zeit und Raum in der europäischen Moderne, Frankfurt a. M. 2004, S. 172; Matthias Oloew, 100 Jahre Strandbad Wannsee, Berlin 2007; Claudia Puttkammer/Sacha Szabo, Gruß aus dem Luna-Park. Eine Archäologie des Vergnügens. Freizeit- und Vergnügungsparks Anfang des zwanzigsten Jahrhunderts, Berlin 2007.

89 Eisner überquerte bei Wittenberg die Elbe, die Anspielung „asiatische Grenze" bezog sich vermutlich auf den zeitgenössischen Begriff „Ostelbien" (Gebiete östlich der Elbe), der synonym für die politisch und sozial rückständigen preußischen/ostpreußischen Großgrundbesitzer stand.

Familienbad. Zweitens: Die grausamste Methode kapitalistischer Arbeitsausbeutung ist das Berliner Amüsement.

Ich merke, wie alt ich doch hinter meinem Rücken geworden bin: Eine Ewigkeit scheint mirs her, als am Wannsee noch tiefe Einsamkeit waltete. Gerade die Bucht, wo jetzt Großberlin in Sippen badet, war Stille und Frieden, und der Wanderer, der an den Havelufern entlang hierher den Schritt lenkte, war sicher, mit den Kiefern und den Wassern ungestörte Zwiesprache halten zu können. Gerade deshalb wagten vor Zeiten ein paar kecke Kinder, in diesem geschützten Winkel die Kleider abzuwerfen und auf dem weichen Sand ins seichte Wasser zu plätschern. Das war der Anfang; ein bescheidener Dilettantismus unbewusster Nacktkultur. Seitdem ward es ein Großbetrieb des Entkleidens, und aus dem Freibad aus eigenem Recht sonderte sich ein umzäuntes Etablissement ab, in dessen paradiesischen Wonnen nur ein Entreebillett Zugang gewährt.

Der brühheiße Tag verdämmerte schon und schien im Sinken noch die Glut zu steigern. Zwischen den Kiefern auf dem leicht gewellten Boden stapften unablässig und unendlich zwei Pilgerzüge aneinander vorbei, hin und her. Sie gehen einzeln, paarweise, auch in Horden. Jedes Wesen hat eine mit irgendeinem geheimnisvollen Inhalt gefüllte Rolle in den Händen; ich konnte hernach den Beitrag zur Geschichte und Psychologie der Sittlichkeit gewinnen, dass Badehosen und Badelaken ihren an sich unsittlichen Charakter durch Einwickelung verlieren, wobei denn auf dem Rückweg sich der sonderbare Konflikt ergibt, dass das Feuchte, der freien Luft Bedürftige, in das Trockne geborgen wird. Zwischen den Menschen, die hinaufwollen, und denen, die zurück schlendern, ist ein bemerkenswerter Unterschied. Die Gesichter der Ankömmlinge glänzen, als wären sie mit Marke Backa bestrichen,[90] die in den Hautfurchen mit dem dicht wirbelnden Staub sich zu einer seimigen Paste verbindet. Die Rückkehrenden aber zeigen vom Fett befreite, durch das Wasser ausgelaugte, etwas bläuliche Mienen, die sich alsbald auf trockenem Wege mit Staub bepudern.

90 Ende 1910 hatte es zuerst in Hamburg, später im ganzen Deutschen Reich zahlreiche Vergiftungsfälle durch Produkte der Altonaer Margarinewerke Mohr & Co. gegeben, betroffen war auch deren Margarinesorte „Backa“. Vgl. H. Schlossberger, Chaulmoogralöl und Verwandtes, in: Handbuch der experimentellen Pharmakologie, Ergänzungswerk, Bd. 5, Berlin 1937, S. 1–120, hier S. 77.

Längst ist der gelbe märkische Sand zur Legende geworden. Er hat sich mit der Wichse der ungezählten Stiefel verbunden und bildet nun ein grauschwärzliches Wichspulver, das aufstäubend bis zweitausend Meter über dem Seeboden die Stelle der Luft einnimmt. Man sollte in der Gegend eine Lungenentstäubungsanstalt errichten, der Ertrag an reiner Wichse würde riesige Reingewinne einbringen.

An dem Abend, an dem ich die Expedition zum Familienbad unternahm, war gerade ein Jahrzehnt verstrichen, seitdem der letzte Grashalm endgültig zertreten worden ist. Seitdem umspült nur jenes sandige Wichspulver die trauernden Stämme der Kiefern, die hier jene melancholische Poesie bereits wieder verloren haben, die ihnen die Maler eben erst anentdeckt[91] haben; sie sind nur noch Verkehrshindernisse für die Badekarawanen. Jetzt gerät man in einen abwärts gleitenden Staubbach; man ahnt, dass tief in ihm Treppenstufen versunken sind, jetzt rutscht man mit dem rieselnden und flatternden grauen Sand abwärts. Es ist die letzte Mühsal. Das Ziel taucht auf. Die Bretterwand kündet in großen Buchstaben „herrlichen Strand". Ich erlege 0,30 Mark und vor mir flutet – ich vermag meine Begeisterung nicht anders auszudrücken – Max Reinhardts Sommernachtstraum:[92] Eine Orgie von nackten Beinen, langen und kurzen, dicken und hageren, sehnigen und schwammigen, konkav und konvex gebogenen, männlichen, weiblichen und kindlichen; ein Bacchanal[93] von gekrümmten Zehen und eingewachsenen Nägeln; ja mehr noch wie Orgie und Bacchanal, es ist geradezu ein Café-Restaurant mit Badewasser. Das Volk läuft offenbar nur ins Wasser, um die Badehöschen nass zu machen, dann wälzt es sich in dem tiefen Sand, räkelt sich faul, spült abermals sich das Kostüm im See und stürmt dann zur Kaffeeküche, um in engem Gedränge mit den angezogenen Gästen, die nur sehen, nicht baden wollen, um Getränke und Speisen sich zu balgen. Ich kann nicht verschweigen, dass ich selbst zehn Minuten lang meinen einwandfreien

91 So im Original.

92 Max Reinhardt (1873–1943) war Regisseur und besaß in Berlin mehrere Theater (Reinhardt-Bühnen), 1905 hatte er in der Reichshauptstadt Shakespeares „Sommernachtstraum" inszeniert. Vgl. hierzu Peter W. Marx, Ein richtiger Wald, ein wirklicher Traum. Max Reinhardts Sommernachtstraum 1905, in: Forum Modernes Theater 22 (2007) 1, S. 17–31.

93 Ableitung von Bacchus (Bakchos), einem Beinamen von Dionysos, dem griechischen Gott des Rausches und des Weines.

Kavalieranzug zwischen nass schlotternden Nixengewändern eingekeilt spürte, und ich nutzte die Frist, die mir in dieser feuchten Umgebung – sie schwankte zwischen 17 und 51 Jahren – bis zum Erwerb eines Glases Milch aufgezwungen ward, um die gewitterschwüle Atmosphäre mit einem Gedankenblitz zu durchleuchten: „Wenn Ihr Heinzemännchen denn durchaus Eure Sittlichkeitsgefühle nicht bändigen könnt, zieht das Menschengesindel aus und tunkt es ins Wasser; ich sage Euch, Ihr werdet wunschlos, und hättet Ihr selbst den heiligen Antonius in Euch."[94]

Und ich sehe das feuchte Volk die mangelhaft geschützten Sitzorgane auf harten Stühlen, in bunter Reihe, drücken, Zigaretten rauchend, Bier und Kaffee trinkend, Schinkenstullen verzehrend. Und wenn es kein Familienleben war, so waren es doch sicher Vorbereitungen zu einem solchen. Ein älterer Herr – nein, ich will die trübe Selbsterkenntnis nicht eitel verhehlen – ein *noch* älterer Herr mit schimmernder weißer Weste und frisch gebügelten Hosen saß unbeweglich an einem Tisch und ließ aus runden Augen die staunenden Blicke ringsum auf die zappelnden nackten Beine und die klug verhüllten Oberleiber ausschwärmen. Er sprach kein Wort, er sah nur, sog nur, tastete und tätschelte mit seinen geweiteten Augen. Auf seiner durch keinerlei Haare in ihrer Entfaltung gestörten Stirne rannen dichte Tropfen eines hingebenden Amüsierschweißes. Der Mann erlebte eine Welt kühner Abenteuer in diesen Minuten. Er war gücklich, ein Held des Vergnügens. Und es kostete nichts wie eine Tasse Kaffee und 0,30 Mark für den Eintritt.

Das war der eine, der in den Berliner Sommerfreuden sein Glück fand. Dann aber war ein Pärchen glückselig. Auf einem Tisch hockte ein kleines, holdes Mädchen. Mochte acht Jahre sein. Das Blondhaar flatterte um das liebe Köpfchen, die schlanken Beine waren von Wasser und Sonne tief gebräunt, und lustig flatterte um die Hüfte ein rosenrotes Zeuglein. Am Tisch aber stand der barfüßige Zigarettenverkäufer, ein hübscher Bursche von vielleicht fünfzehn Jahren. Längst hatte er seinen Handel vergessen. Bewundernd und ehrerbietig schaute er zu dem winzigen Geschöpf empor und versuchte alles mögliche, um das Interesse des Kindes zu fesseln. Den Knaben trieb es, seine Künste und seinen Mut vor der Freundin zu zeigen.

94 Hier ist Antonius von Padua (um 1195–1231, auch: von Lissabon) gemeint. Ob Eisner dabei einen konkreten inhaltlichen Bezug zum Wirken dieses Heiligen im Blick hatte, muss offenbleiben.

Wäre sie zu tief in den See gegangen, er hätte sie sicher mit Lebensgefahr gerettet. So aber kauerte sie auf den sicheren Brettern eines Tisches. Was sollte er tun? Eine Zigarette rauchen? Nein, die waren zum Verkauf da. Also zündete er ein Streichholz an und steckte es brennend zwischen die Lippen. Und richtig, nun blickte das Mädchen bewundernd dem tollkühnen Burschen in den geöffneten Mund. Irgendwo rief jemand laut nach Zigaretten. Seufzend ging der Bube, und wie er die kleine Freundin verließ, streichelte er scheu, zart und zärtlich ein einziges Mal die braunen Beinchen des Mädchens bis hinauf zu dem flatternden rosenroten Zeuglein. Da dachte ich an meine zwölfjährige Kindheit und an das amerikanische Feenkind, von dem ich Abschied nahm – auf ewig. Es war die Heldenzeit meiner Seele …

Am nächsten Tage aber ging ich in den Lunapark!

5.

Kriegskritik

Albanesen[1]

Albanesen haben den albanesischen Soldaten[2] standrechtlich erschossen, dessen Ehrgefühl durch die Betätigung preußischen Militärdrills zur Blutrache gereizt wurde. Albanesische Soldaten bietet die Türkei auch auf, um die immer unruhigen Gebirgler im nördlichen Gebiet Albaniens zu bändigen.[3] Es ist eine alte Übung, dass die Türkei die tiefwurzelnde Stammesfeindschaft, die besonders zwischen den Albanern des Nordens und des Südens besteht, zu ihrer gegenseitigen Unterdrückung und Vernichtung benützt.

Die Bewohner Albaniens, jenes Gebietes der Balkanhalbinsel am Adriatischen Meer, das im Norden von Serbien, im Süden von Griechenland begrenzt wird, bieten in der europäischen Zivilisation das Schauspiel eines Volkes, an dem die technischen, wirtschaftlichen, politischen und geistigen Fortschritte der Jahrhunderte fast spurlos vorübergegangen sind. Die Abgeschlossenheit ihres Landes von den großen Verkehrsstraßen hat die kulturelle Unberührtheit, aber auch zugleich die nationale Selbsterhaltung der Albanesen bewirkt. Ein armes, rauhes, kräftiges Volk von Hirten, Ackerbauern und Soldaten, die sich seit alten Zeiten auf alle Schlachtfelder der Welt verkauften, hat es stolz und tapfer bisher seine eigentümliche Unabhängigkeit von jeder Regierungsgewalt

1 Arbeiter-Feuilleton, Nr. 12, April 1911, SAPMO-BArch NY/4060/52: Arbeiter-Feuilleton, Artikel von Kurt Eisner 1911, Bl. 41 f. Dieser Beitrag trägt keine Signatur von Kurt Eisner, stammt aber – berücksichtigt man die Sammlungspolitik des Instituts für Marxismus-Leninismus beim ZK der SED und den Stil des Artikels – mit hoher Wahrscheinlichkeit von ihm.

2 Albanesen war eine noch im 20. Jahrhundert geläufige Bezeichnung für Menschen aus Albanien.

3 1910 brach im Kosovo ein Aufstand aus, der sich auf Nordalbanien ausdehnte – beide Gebiete gehörten zum Osmanischen Reich, der Aufstand richtete sich gegen die osmanische Herrschaft. Im November 1912 rief die albanische Nationalbewegung (Rilindja) die Republik Albanien aus, deren Unabhängigkeit von den europäischen Großmächten auch anerkannt wurde.

bewahrt, obwohl es nur einmal auf kurze Zeit im 15. Jahrhundert, damals als ihr noch heute legendarisch gefeierter Nationalheld Skanderberg sich siegreich gegen die Türken behauptete,[4] ein wirklicher selbständiger Staat gewesen und seitdem türkischer Herrschaft formell unterworfen ist.

Die Albanesen, die sich selbst Schkjipetaren, d. i. Felsbewohner, Hochländer nennen, die Arnauten nach der türkischen Bezeichnung, werden heute auf 1 900 000 geschätzt. Darin sind einbegriffen die 200 000 Albanesen, die in Griechenland wohnen, sich dort mit den Griechen vermischt, ihre Stammesart aufgegeben, dafür aber den Griechen bedeutende Freiheitskämpfer geschenkt haben, und die 100 000 in Italien versprengten und aufgelösten Stammesgenossen. In dem Völkerwirrwarr des Balkans bilden sie wohl den ältesten Bestandteil; illyrischer Herkunft,[5] sind sie wohl noch früher als die Griechen eingewandert, mit denen sie verwandt sind. Sie zerfallen in eine große Anzahl kleiner Stämme, die miteinander verfeindet sind, sich in blutigen Fehden gegenseitig aufreiben; man sondert sie in zwei Hauptgruppen: die Ghegen im Norden, die Tosken im Süden. Sie haben es zu keiner einheitlichen Schriftsprache gebracht, nicht einmal zu einheitlicher Schrift. Ihre Sprache ist mit romanischen, türkischen, griechischen Elementen reich versetzt. Auch religiös sind sie zersplittert: zwei Drittel, und zwar die Wohlhabenden, sind Mohammedaner,[6] das letzte Drittel verteilt sich zum größeren Teil auf die griechischen und zum kleineren Teil auf die römischen Katholiken. Sie legen wenig Wert auf ihr religiöses Bekenntnis. So eifersüchtig sie ihre Nationalität wahren, so gleichgültig ist ihnen die Kirche, der sie angehören; „da, wo das Schwert

4 Georg Kastriota genannt Skanderberg (1405–1468) bekämpfte in der Mitte des 15. Jahrhunderts die Ausweitung des osmanischen Einflusses auf albanischem Gebiet. Dafür schloss er 1444 mit Montenegro die Liga von Lezha, die zeitweise von Ungarn, Venedig, Neapel und dem Kirchenstaat unterstützt wurde. Mit der Besetzung Shkodras (Shkodër) im Jahr 1479 endete dieser Kampf, Albanien blieb bis 1912 osmanisch besetzt. Vgl. Peter Bartl, Albanien. Vom Mittelalter bis zur Gegenwart, Regensburg 1995, S. 40–48.

5 Als Illyrien wurden weite Teile der westlichen Balkanhalbinsel bezeichnet bzw. nach dem dort lebenden Volk benannt.

6 Veralteter Begriff für Muslim. Dies verweist zugleich auf den Umstand, dass sich in der Region Albanien mit der im 15. Jahrhundert einsetzenden osmanischen Herrschaft auch die Bedeutung des Islam verstärkte.

ist, da ist auch der Glaube", so lautet einer ihrer Weisheitssätze. Es gibt keinerlei Volksbildung in Albanien; nur wenige können mühsam lesen, ein paar ihren Namen schreiben. Von den Erzeugnissen der technischen Entwicklung kennen sie nur, was zum Kriegshandwerk gehört. Noch heute dienen hie und da aufgeblasene Ziegenschläuche als Fahrzeuge auf den Flüssen. Sie besitzen keine geschichtlichen Aufzeichnungen, überhaupt keine geschriebene Literatur. Nur ein Schatz von Märchen, versprengten Schößlingen der großen einheitlichen Phantasie-Internationale, von Liedern, Sprichwörtern, Rätseln pflanzen sich mündlich fort.

Die Albanesen gehören zu den schönsten Rassen des Balkans. Hochgewachsen, schlank, sehnig, mit feurigen Augen in dem reinen Oval ihres Gesichts sind sie unermüdliche Kletterer und Gänger, immer bewaffnet, mit einem natürlichen sofort schlüssigen Scharfblick begabt, zeigen sie in jedem Zug ihren nationalen Stolz und tragen in leichter, etwas theatralischer Bewegung ihr griechisches Faltenröckchen.

Wer 500 Ziegen und Schafe besitzt, gilt als reich, wessen Herden 1500 Stück erreichen, als sehr reich. Der Ackerbau ist untergeordnet: Mais, Gerste, Wein sind die Haupterzeugnisse. Die Armut trieb sie, ihren Leib in Kriegsdiensten zu verkaufen. Christliche Albanesen bildeten ganze Regimenter der Neapolitaner, die mohammedanischen Albanesen stellen sehr wertvolle Truppenteile des türkischen Heeres. Das Kriegshandwerk spiegelt sich in den albanesischen Rätseln: „Einer, der fortgeht und niemals zurückschaut" (Die Kugel des Gewehrs); oder: „Einer, der Schwarzes frisst und Rotes ausspeit" (Das Gewehr). Ihre Lebensbedingungen erklären ihre Lebensverfassung. Die Wohlhabenden wohnen in einzelnen Höfen mit festen Türmen, die ärmeren in weitverstreuten Weilern. In ihren Wohnungen findet sich kaum Hausrat, die Hütten sind manchmal ohne Türen, der Rauch zieht durch ein einfaches Loch in der Decke ab, die Fenster sind ohne Glas und werden im Winter mit Papier verklebt. Sie schlafen angekleidet auf dem Boden, Reis und Mais ist ihre Hauptnahrung. Nur bei den Festen geht es stattlicher her, da werden üppigere Speisen aufgetragen, da wird gesungen und getanzt. Jede Horde hat ihren eigenen Sänger, gewöhnlich einen Familiengreis, der den Enkeln von den Taten ihrer Vorfahren und den Leistungen des gegenwärtigen Häuptlings singt. Es herrscht ein weitgehender Familienkommunismus, unter der harten Diktatur der väterlichen Gewalt, die bis zum höchsten Alter bleibt. Väter und Söhne haben kein Sondergut, alles wird gemeinsam verwaltet, auch wenn die Söhne in der Ferne irgendwo ihr Brot sich verdienen. Da die Männer meist in der Fremde sind, liegt den Frauen die Sorge des Hauses ob, sie bestellen die Felder und Weinberge, pflegen das Vieh. Das Los der Frauen ist, wie überall auf dieser Entwicklungsstufe schwer. Sie sind Sklavinnen, mehr noch der Schwiegereltern als des Mannes. Der Vater verlobt seine Söhne schon als Kinder, als Knaben heiraten sie schon Mädchen mit 12 Jahren. Der Bräutigam kauft die Braut – früher wurde sie geraubt – die nicht einmal ihre eigenen Kleider behält. Der Gatte ist der unbeschränkte Herr seines Weibes. Er kann sie prügeln, auch wegschicken; noch größere Gewalt hat der Schwiegervater über die Schwiegertochter. Auch in den äußeren Sitten prägt sich diese Verachtung der Frau aus. Es gilt als unschicklich, wenn die Frau im Beisein von anderen mit ihrem Manne plaudert, ja sie darf ihn nicht einmal beim Namen nennen. Und niemals wird der Ehemann vor andern seiner Frau eine Zärtlichkeit erweisen oder nur mit ihr scherzen. Herrisch und rauh spricht er mit ihr.

Die Familie haftet solidarisch für alle Vergehen eines einzelnen Mitglieds. Zwischen den einzelnen Stammeshorden wird Blutrache geübt, die man in neueren Zeiten aber auch, um die Ausrottung ganzer Familien zu verhindern, mit Geld ablöst. Die Verfassung ist patriarchalisch-demokratisch. Die höchste Gewalt übt das Volk selbst in Volksversammlungen aus, die im Laufe des Jahres mehrmals stattfinden. In der Volksversammlung muss von jedem Hause wenigstens *ein* Vertreter erscheinen. Wer ausbleibt, muss eine Strafe von zwei bis vier Schafen zahlen. Die Volksversammlung entscheidet über alle Angelegenheiten des Bezirks, der Gesetzgebung, der Verwaltung und der Justiz. Der Stammeshäuptling leitet die Verhandlung und unterbreitet die Vorschläge. Vier bis sechs Häuser stellen je einen Unterhäuptling, die Gjobaren. In den Volksversammlungen werden namentlich die Bußen festgesetzt, die durch Übertretung der bestehenden Weidesatzungen, durch Feldfrevel entstehen. Die Bußen werden in der Regel in Schafen bezahlt, während der Versammlung eingetrieben und dann unter die Gjobaren verteilt. Diese Volksversammlungen entscheiden auch über Einschränkungen der Blutrache.

Durch das Kriegshandwerk bedingt ist die weitverbreitete Sitte der Bruderschaften. Zwei junge Leute können sich als Brüder adoptieren und sind sich dann auf Tod und Leben verpflichtet. Solche Paare bilden auch größere Verbände. Aus diesen Verhältnissen erklärt sich wohl auch die Sitte der Knabenliebe, die besonders bei den Ghegen herrscht. Schilderungen, die die Ghegen selbst von dieser Knabenliebe geben, erinnern in ihrer schwärmerischen Reinheit an die Darstellungen von Platons Symposion.[7] So schilderte ein Ghege dem besten Kenner Albaniens seine Gefühle: „Veranlassung zur Liebe gibt der Anblick eines schönen Jünglings; dieser erzeugt in dem Betrachtenden das Gefühl der Bewunderung und öffnet die Türen seines Herzens dem Genuss, welche die Betrachtung dieser Schönheit gewährt. Nach und nach stellt sich die Liebe ein und bemächtigt sich des Liebenden in dem Grade, dass sein Denken und Fühlen in ihr aufgeht. Er beobachtet, wie der Liebling geht, wie er sich bewegt, wie er die Augen auf- und niederschlägt und mit den Brauen zuckt, wie er die Lippen öffnet und schließt, er horcht auf den Ton seiner Stimme. Er vermeidet es, ihn mit der Hand zu berühren und küsst ihm nur selten die Stirn zum Zeichen der Verehrung, weil dort die göttliche Schönheit strahlt."[8]

Der Knabenliebe ist auch dieses ghegische Lied gewidmet:

Du findest keinen Vogel, der singt,
Alle sitzen und weinen.
Der ärmste Liebhaber, wie schwer duldet er!
Denn sie trennen ihn von dem Liebling.
Die Sonne, welche am Morgen aufgeht,
Ist wie du, o Knabe, wenn du um mich bist;
Wenn sich mir das schwarze Auge zuwendet,
Treibst du mir Leben und Verstand aus dem Kopfe.[9]

Dagegen ist das folgende toskische Liebeslied ein Liebesgespräch zwischen Jüngling und Mädchen:

7 Gemeint war das dialogische Werk „Symposium" des griechischen Philosophen Platon (428/427–348/347 v. Chr., auch Plato), in dem während eines Trinkgelages Reden über die Erotik gehalten werden. Vor allem die Rede des Alkibiades enthält dabei homoerotische Standpunkte. Vgl. Louis Crompton, Homosexualty and Civilisation, Cambridge/London 2006, S. 55–66.

8 Dieses Zitat findet sich in verschiedenen albanischen Länderkunden des 19. Jahrhunderts, auf die Eisner vermutlich zurückgegriffen hat. Vgl. für das von Eisner verkürzte Zitat etwa Johan Georg von Hahn, Albanesische Studien, Jena 1854, S. 166 f.

9 Dieses Gedicht findet sich ebenfalls in ebenda, S. 149.

Er: Freundin, nicht so rasch ins Weite
Mit dem Kopftuch an der Seite.
Du darfst, Holde, nicht so rennen,
Wirst sonst noch das Dorf verbrennen.
Sie: Was tu ich dem Dorfe wieder,
So ich wandle auf und nieder?
Er: Alle jungen Burschen drinnen,
Holde Kleine, heiß dich minnen.
Sie: Mich? – Mög sie das Böse fassen,
Da sie mich in Ruh nicht lassen.[10]

Die dem andern Geschlecht gewidmeten Liebeslieder sind im Gegensatz zu den schwärmerisch sentimentalen Weisen der Knabenliebe voll derben Spottes, und zeigen wiederum die Verachtung der Frau. So heißt es in einem Frühlingslied an ein Mädchen:

Der Frühling ist gekommen,
Die Rose ist aufgesprungen,
Die Knospen öffnen sich.
Möge das künftige Jahr
Auch keinen Knochen mehr von dir finden.[11]

Und dieses bitterböse Frühlingslied schließt:

Den Jüngling, den du nahmst, hast du selbst erwählt.
Möge das künftige Jahr
Auch keinen Knochen mehr von dir finden.[12]

Ein tieferes und weicheres Gefühl verrät das Abschiedslied des Soldaten, der seine Gefährtin daheim lassen muss:

Ich ging hinaus, Kameraden, hinaus ging ich,
Ich nahm die Fahne und wanderte;

10 Ebenda, S. 124.
11 Vgl. Holger Petersen, Zur Albanesischen Volkskunde, Kopenhagen 1898, S. 118.
12 Ebenda.

Durch die Bergspalte ging ich über das Gebirge;
Ich wandte meinen Kopf und schaute zurück;
Die Augen wurden mir voll Tränen.
Ich ließ dich zurück, o Hausfrau,
Ich ließ dich hinter mir als Stellvertreterin zurück,
Als Stellvertreterin in meiner Sache,
Durch dich besteht noch mein Haus.[13]

In neuerer Zeit sind auch politische Lieder entstanden, die den Siegeszug revolutionärer Kultur beweisen. In den Tagen des Berliner Kongresses sangen die Albaner eine Marseillaise:[14]

Auf, Helden Albaniens!
Der Tag des Ruhms ist gekommen.
Die blutige Provinz des fremden Reiches
Hat sich gegen uns erhoben.
Seht ihr jene Diplomaten,
Die in Berlin vesammmelt sind?
Sie wollen mit einigen Traktaten
Uns Albanien teilen.
Zu den Waffen, Albanesen!
Tretet auf die Schanzen!
Vorwärts, vorwärts, dass keine Feinde

13 Ebenda, S. 121.
14 Der folgende Text ist auch in Petersens Buch als „Marseillaise" betitelt und damit symbolisch an das 1792 verfasste sowie drei Jahre darauf als französische Nationalhymne erklärte Lied angelehnt. Der Berliner Kongress fand am 13. Juni 1878 statt und sollte die seit 1875 mehr als nur schwelende Balkankrise vor allem unter dem Eindruck des Russisch-Osmanischen Krieges (1877/78) beenden. Tatsächlich beruhigte der Kongress aber die Region nicht, an der zahlreiche europäische Großmächte ein Interesse hatten und die zugleich von erstarkenden Unabhängigkeitsbewegungen geprägt war: 1885 brach der serbisch-bulgarische Krieg aus. Vertreter Albaniens waren zum Kongress nicht eingeladen. Die Liga von Prizren schickte deswegen eine Note mit der Forderung nach Unabhängigkeit und wehrte sich auch mit Waffengewalt gegen eine teilweise Annexion durch Griechenland. Als dies in einen Aufstand auch gegen die osmanische Herrschaft umzuschlagen drohte, marschierte Militär in das Gebiet ein, die albanische Nationalbewegung war auf Jahrzehnte geschwächt. Vgl. Bartl, Albanien, S. 92–110.

Ihren Fuß auf unser Gebiet setzen.[15]

Das Volk wird in diesem Kampflied aufgerufen, sich nicht durch die Religion trennen zu lassen:

Hört nicht auf die Hodschas[16] und Priester,
Denn Gott ist für alle Einer;
Die wollen unter uns Unkraut säen
Und unsere Bruderschaft zerstören.[17]

Diplomatische Verständigung[18]

I.

Cambon:[19] Ich stelle also im Namen Frankreichs die Frage, auf die alles ankommt: Was will Deutschland in Agadir?[20]

Kiderlen:[21] Ich werde die Frage beantworten, sobald Sie mir gesagt haben werden, was Frankreich in Fez will. Der Vertrag von Algeciras[22] …

Cambon: Weiß schon, weiß schon. So kommen wir nicht weiter. Ich werde nicht sagen, was Frankreich will. Sie werden nicht verraten, was

15 Petersen, Volkskunde, S. 124.
16 Islamische Religionsgelehrte.
17 Petersen, Volkskunde, S. 125.
18 Arbeiter-Feuilleton, Nr. 28, August 1911, SAPMO-BArch NY/4060/52: Arbeiter-Feuilleton, Artikel von Kurt Eisner 1911, Bl. 91.
19 Jules Cambon (1845–1935) war von 1907 bis 1914 französischer Botschafter in Berlin.
20 Nachdem Frankreich die marokkanische Stadt Fez (Fès) besetzt hatte, traf am 1. Juli 1911 und auf Befehl Wilhelms II. das deutsche Kanonenboot „Panther“ in Agadir ein (zeitgenössisch „Panthersprung nach Agadir“), ihm folgten zwei weitere deutsche Kriegsschiffe. Dies löste die Zweite Marokkokrise aus, deren Hintergrund der Aufbau von Druck auf Frankreich bildete: Für die Akzeptanz der französischen Herrschaft über Marokko sollte Frankreich Kolonialgebiete an das Deutsche Reich abtreten.
21 Alfred von Kiderlen-Waechter (1852–1912) war ein deutscher Diplomat und leitete seit 1910 das Auswärtige Amt.
22 Die Algeciras-Konferenz von Januar bis April 1906 sollte die Erste Marokkokrise lösen, endete aber mit einem für das Deutsche Reich wenig erfolgreichen Ergebnis: Zwar blieb die Souveränität Marokkos erhalten. Frankreich behielt aber weitreichende innenpolitische Befugnisse in der Region.

Deutschland will. Damit würden wir die Verhandlungen vor ihrem Beginn abbrechen müssen. Das wäre das Ende –

Kiderlen: – unserer Herrlichkeit. Wenn's keine Verhandlungen gibt, werden die Völker fragen, wozu die Diplomaten bezahlen?

Cambon: Sehen Sie, lieber Kiderlen, wir kommen uns schon näher. Stellen wir die Frage so: Was wollen *Sie persönlich*?

Kiderlen: Das Gleiche wie Sie, verehrter Kollege. Zunächst *vollständige Geheimhaltung* unserer Verhandlungen. Kein Sterbenswörtchen in die Presse!

Cambon: Aber natürlich. Was würde man sonst von uns sagen! Uns Staatsmännern glaubt man nur so lange, dass wir Weltgeschichte machen, als niemand erfährt, *wie* wir sie machen.

Kiderlen: Das wäre Verrat von Geschäftsgeheimnissen. Das wäre der Krieg –

Cambon: – gegen alle Diplomaten.

Kiderlen: Ehrenwort, ich bringe kein Wort hinaus.

Cambon (gibt ihm die Hand): Ehrenwort!

(Kiderlen schickt an *August Scherl*[23] folgende Note: „Die Verhandlungen zwischen dem französischen Botschafter und Herrn von Kiderlen-Wächter[24] haben unter den freundlichsten Auspizien[25] begonnen. Über die wichtigsten Vorfragen wurde bereits in beiderseitigem Entgegenkommen eine völlige Einigung erzielt.)

II.

Kiderlen: Deutschland besteht auf einem *Vertrag*. Wir müssen einen billigen Vertrag schließen.

Cambon: Darf ich mir die Frage erlauben, welchen *Inhalt* dieser Vertrag haben soll?

Kiderlen: Das ist uns Wurscht. Die Hauptsache ist ein Vertrag.

23 August Scherl (1849–1921) war ein Berliner Verleger und besaß zahlreiche Zeitungen und Zeitschriften, etwa den „Berliner Lokal-Anzeiger" oder „Die Gartenlaube".

24 Eisner schrieb den Namen mit ä.

25 Lateinisch für Vogelschau (auspicium), das synonym für Vorzeichen verwendet wurde und auf die römische Praxis verweist, vor wichtigen politischen Entscheidungen durch die Auguren (römische Beamte) den Willen der Götter etwa aus dem Vogelflug zu lesen bzw. in Erfahrung bringen zu lassen.

Cambon: Hat Deutschland nicht an Algeciras genug?

Kiderlen: Was wäre *ich* ohne Algeciras!

Cambon: Ah, ich verstehe. Wir brauchen Verträge, um wechselseitig behaupten zu können, dass sie verletzt werden.

Kiderlen: Natürlich, gäbe es keine Verträge, so gäbe es keine Rechtsgründe, die wir anführen können, wenn wir Konflikte brauchen. Die Staatsmänner wären überflüssig. Wir können ohne die internationale Moral nicht leben.

Cambon: In der Tat, wir müssen eine Moral haben, um uns ihre Missachtung vorwerfen zu können. Ich sehe die Notwendigkeit eines neuen Vertrages ein.

Kiderlen: Er ist die Vorbedingung für die Fortsetzung unseres Handwerks.

Cambon: Aber ein Vertrag braucht sozusagen doch auch einen Inhalt.

Kiderlen: Da liegt die Schwierigkeit.

Cambon: Denken wir darüber nach.

Kiderlen: Das ist sehr schwer …

(Die „*Kölnische Zeitung*“ meldet offiziös: Die Verhandlungen sind leider ins Stocken geraten. Die Schwierigkeiten einer Verständigung sind groß, wenn auch die Hoffnung nicht aufgegeben zu werden braucht, dass sie nicht unüberwindlich sind. Kaltes Blut und trockenes Pulver!)

III.

Kiderlen: Ich hab's. In dem Vertrag muss etwas von *Kompensationen* stehen.

Cambon: Ganz meine Meinung: Kompensationen sind das Brot der Staatsmänner.

Kiderlen: – wie der Krieg unser Lebenselixier. Wenn wir den Leuten nicht einreden können, dass wir den Krieg zu *verhindern* vermögen, sind wir verloren.

Cambon: Und wenn wir den Leuten den Krieg selbst nicht einreden könnten, wären wir auch nicht imstande, ihn durch Kompensationen zu verhüten, und unser Betrieb wäre abermals bankerott.[26]

Kiderlen: Also, Frankreich muss uns als Kompensation eine Kolonie geben.

26 So im Original.

Cambon: Mit Vergnügen. Indessen, wenn wir Deutschland eine Kolonie schenken, könnte man meinen, wir wären besiegt, wir hätten uns aus Angst unterworfen. Das erträgt die nationale Ehre des französischen Volkes nicht.

Kiderlen: Unser deutsches Volk ist nicht so anspruchsvoll, das kümmert sich um solche Dinge nicht. Aber *Majestät* will einen Erfolg.

Cambon (verbindlich): Dazu will ich gern behilflich sein, aber niemals auf Kosten der Ehre.

Kiderlen: Wenn Sie uns keine Kolonie *geben* können, so müssen wir eben Kolonien *tauschen*.

Cambon: Aha, weder Sieger noch Besiegte! Ein Ausweg! Was wollen Sie aber haben?

Kiderlen: Wenn wir um ein Bisschen[27] Kongo bitten dürften?[28]

Cambon: Und was bieten Sie dafür?

Kiderlen: Togo?![29]

Cambon: Mein Herr, Sie wollen mich foppen.

Kiderlen (inständig): Nehmen Sie Südwest-Afrika.[30]

Cambon: Um keinen Preis der Welt.

Kiderlen (flehend): Nehmen Sie Kamerun![31]

Cambon: Sagen Sie lieber: Nehmen Sie uns Kamerun *ab*![32]

Kiderlen (bettelnd): Die Marianen, Karolinen, Samoa?![33]

Cambon: (zuckt die Achseln) …

27 So im Original.

28 Das Gebiet stand seit 1875 unter französischem Protektorat, 1891 war Kongo französische Kolonie geworden.

29 Togo, das auf dem Gebiet des heutigen Ghana liegt, war seit 1884 deutsche Kolonie. Während dieser Zeit wurde das Gebiet der Kolonie immer wieder geringfügig erweitert.

30 Die auf dem Gebiet des heutigen Namibia liegende Kolonie Deutsch-Südwestafrika stand seit 1884 unter deutscher Herrschaft.

31 Die Kolonie Kamerun stand ebenfalls seit 1884 unter deutscher Herrschaft.

32 Diese Formulierung spielt auf den Umstand an, dass aufgrund der erheblichen Kosten etwa für Verwaltung und Militär der Unterhalt nahezu aller deutschen Kolonien – Togo bildete eine Ausnahme – zu wirtschaftlichen Verlusten geführt hatte.

33 Alle drei Inselgruppen gehörten zu den deutschen „Schutzgebieten in der Südsee" – die beiden Ersteren wurden 1899 deutsche Kolonien, Letztere bereits zehn Jahre zuvor.

Kiderlen (entschlossen): Deutschland besteht darauf, dass wir *alle* unsere Kolonien an Frankreich abtreten.

Cambon: Das ist keine Kompensation, das ist eine Beleidigung, und ein Raub obendrein![34]

Kiderlen (bedeutsam): Wollen Sie unsere Kolonien haben oder nicht?

Cambon (heftig): Nein, zum Teufel mit Ihren Kolonien. Wir haben genug an den unserigen.

Kiderlen: Sie müssen unsere Kolonien haben. (Feierlich): Wir Deutschen fürchten Gott, sonst …

Cambon: Sie vergessen, mein Herr, dass wir in Frankreich den Staat von der Kirche getrennt haben. Ich bin mithin verpflichtet, den lieben Gott aus dem Spiel zu lassen. Wir Franzosen fürchten dagegen die deutschen Kolonien. So reich sind wir nicht, um uns *den* Luxus zu erlauben.

Kiderlen: Entweder – oder …

Cambon: Oder nicht …

(Der „*Matin*"[35] meldet aus Berlin: Die Verhandlungen sind abgebrochen. Die Ansprüche Deutschlands sind unerfüllbar.)

IV.

Kiderlen: Wenn Sie unsere Kolonien nicht haben wollen, so müssen wir auf den Tausch verzichten. Dann nehmen wir auch nie und nimmer den Kongo.

Cambon: Aber wir müssen doch zu irgendeinem Ergebnis kommen. Wie ständen wir sonst da! Es gibt immer noch *ein* Mittel.

Kiderlen: Ich weiß keines mehr.

Cambon: *Der status quo*!

Kiderlen (strahlend): Dass mir das nicht gleich eingefallen! Der status quo – das hilft uns beiden aus der Klemme. Aber der status quo – mit Vertrag und Kompensationen!

Cambon: Reden wir also von – *Marokko*.

Kiderlen: Lassen wir Marokko aus dem Spiel. Majestät – – –

Cambon: Ich bin unterrichtet. Trotzdem ist Marokko eine ewige Fundgrube, eine unerschöpfliche Quelle für weitere diplomatische Verwicklungen.

34 Vgl. Anm. 20 auf S. 163 in diesem Band.

35 Hier ist die französische Tageszeitung „Le Matin" gemeint.

Kiderlen: Wir dürfen den Quell nicht verstopfen.

Cambon: Folglich müssen wir einen Vertrag schließen, in dem wir den status quo ausdrücklich anerkennen. Marokko bleibt souverän. Deutschland lässt uns die *politische* Freiheit friedlichen Einflusses im Lande.

Kiderlen: Und die Kompensationen?

Cambon: Sehr einfach! Wir teilen Marokko *wirtschaftlich* auf. Deutschland erhält den Süden. Wir überlassen Ihren wütigen Mannesmann[36] gern den Berbern.[37] Bedenken Sie die Vorteile!

Kiderlen: Herrlich, jeden Tag kann es einen neuen Konflikt geben. *Wirtschaftliche* Aufteilung! Die Formel ist eine prächtige Lösung –

Cambon: – weil sie jede Lösung verhindert!

Kiderlen: Die Völker werden sich wundern, wie unentbehrlich wir sind. Im Vertrauen, ich möchte Marokko nicht geschenkt haben.

Cambon: Wir auch nicht. Wo bliebe da sonst die Reibungsfläche zwischen uns, die wir zur Aufrechterhaltung des diplomatischen Betriebs brauchen.

Kiderlen (übermütig): Es lebe die Reibungsfläche –

Cambon: der Völker und die Einheit –

Kiderlen: von uns Staatsmännern! Der Krieg wird abgesagt. Die Diplomatie *hat gerettet*!

Cambon: – ist gerettet!

(Die *Norddeutsche Allgemeine Zeitung* meldet die Erhebung des Herrn v. Kiderlen in den Grafenstand und die Verleihung des Schwarzen Adlerordens[38] an den französischen Botschafter in Berlin, Herrn Cambon.)

36 Der rheinische Stahlfabrikant Reinhard Mannesmann (1856–1922) und sein Bruder Max Mannesmann (1857–1915) gehörten zu den maßgeblichen Interessenten und Treibern einer Annexion des südlichen Teils von Marokko (Sus) durch das Deutsche Reich und waren vor allem an Bergbaukonzessionen interessiert. Vgl. hierzu die zahlreichen Hinweise in Gunther Mai, Die Marokko-Deutschen 1873–1918, Göttingen 2014.

37 Als Berber (Imaziɣen) wird eine äußerst heterogene und über zahlreiche Regionen Nordafrikas verteilte Ethnie bezeichnet.

38 Der Hohe Orden vom Schwarzen Adler war die höchste preußische Auszeichnung.

Ein chinesischer Reaktionär[39]

Keine stärkere Erschütterung hatte jemals mein Kulturbewusstsein, als in jenem das neue Jahrhundert einführenden Hunnensommer, da die Völker Europas in China einfielen, mit den Leichen gelber Menschen den Peiho anfüllten, arme Frauen in die erlösenden Brunnen hetzten und die unermesslichsten und unersetzlichsten Kunstschätze fortschleppten oder schamlos vernichteten.[40] Im Gewerbemuseum zu Berlin soll sich ein chinesisches Werk befinden, das ein endloses Verzeichnis der damals geraubten und vernichteten Werte enthält; und bei Potsdam ist ein einzelnes Inventarstück dieses Registers immer noch sichtbarlich zu schauen.[41]

Das Gefühl, das mich damals am tiefsten beugte, war der Schauder vor dieser Affenbosheit zivilisierten Fremdenhasses, der nicht sowohl die Boxer, als vielmehr die Europäer erfüllte. Ich habe nun in jenen Tagen, soweit ich vermochte, den europäischen Fremdenhass dadurch zu bekämpfen versucht, dass ich mich bemühte, einiges Verständnis für die ferne und tiefe Kultur Chinas zu verbreiten. Man spottete des Schwärmers, und als ich meinen Protest in das Wort zusammenfasste „von dem bisschen Technik", durch das Europa den Chinesen voraus wäre, traf ich auf das überlegene Gelächter der pfiffigen Leute, denen die jeweilig letzte zeitlich und lokal begrenzte Episode als das Ewigste und Höchste erscheint.

39 Arbeiter-Feuilleton, Nr. 39/40, Dezember 1911, SAPMO-BArch NY/4060/52: Arbeiter-Feuilleton, Artikel von Kurt Eisner 1911, Bl. 122 f.

40 Gemeint war hier die Niederschlagung des Boxeraufstands in China durch das deutsche ostasiatische Expeditionskorps, die mit der „Hunnenrede" Kaiser Wilhelms II. am 27. Juli 1900 in Bremerhaven ihren Anfang nahm. Die Bekämpfung des Aufstands, an der acht Nationen beteiligt waren, endete im September 1901 mit einer Niederlage der Boxer: Die sich als „Verband für Gerechtigkeit und Harmonie" bezeichnende Gruppe bekämpfte jeden imperialen Einfluss in China, war er nun europäisch, japanisch oder US-amerikanisch. Mit dem „Peiho" war der Hai He gemeint, an dem Peking wie auch Tianjin liegen; letztere Stadt war das Zentrum des Aufstands und Schauplatz erbitterter Kämpfe. Vgl. die Beiträge in Susanne Kuß/Bernd Martin (Hrsg.), Das Deutsche Reich und der Boxeraufstand, München 2002; Mechthild Leutner/Klaus Mühlhahn (Hrsg.), Kolonialkrieg in China. Die Niederschlagung der Boxerbewegung 1900–1901, Berlin 2007.

41 Der Niederschlagung des Aufstands folgten ein massiver Kunstraub und die Zerstörung jahrhundertealter Kulturdenkmäler. Vgl. hierzu Till Spurny, Die Plünderung von Kulturgütern in Peking 1900/1901, Berlin 2008.

Unlängst ist in deutscher Übersetzung (bei Diederichs in Jena) eine Sammlung von Aufsätzen eines chinesischen Gelehrten erschienen, die mir geeignet scheint, ein wenig unseren dünkelhaften Fremdenhass zu dämpfen und in Jahrtausenden der Erde, statt in Berliner, Wiener oder Londoner Tagen zu denken. Ku-Hung-Ming, der das alte China gegen die europäischen Ideen verteidigte, ist – kein Zweifel – ein Reaktionär.[42] Gesättigt mit europäischer Bildung ist er ein Bekenner jenes Chinesentums geblieben, das ein großer deutscher Sinologe das Hellas Asiens genannt hat. Er sieht in dem Weisen, der vor zweieinhalb Jahrtausenden Chinas Weltweisheit zusammengefasst hat, den Begründer und Retter aller Menschenkultur. Auf Konfutse[43] führt er die revolutionäre Aufklärung zurück, die im 18. Jahrhundert die französische Umwälzung vorbereitete, wie denn in der Tat die Lehre des vor- und antichristlichen Chinesen auch die merkwürdigste Ähnlichkeit mit der ethisch-pädagogischen Weltauffassung der Kants und Fichtes hat.[44] Aber Ku-Hung-Ming weiß, dass er auf verlorenem Posten kämpft, er ist überzeugt, dass er einsam in einer Gedankenwelt untergeht, die erst nach den jetzigen furchtbaren Erschütterungen der menschlichen Zivilisation auferstehen und die Völker erlösen wird. Von aller europäischen Bildung fühlt er sich am nächsten jener englischen Opposition gegen die ersten Schreckenszeiten des kapitalistischen Liberalismus verwandt, besonders dem Oxforder

42 Ku Hung-ming (1857–1928) war ein malaysisch-chinesischer Philosoph und Politiker, der in Europa studiert hatte und dessen Schriften für das Asienverständnis europäischer Intellektueller von zentraler Bedeutung waren. Das Buch von Ku Hung-ming wurde im Verlag von Eugen Diederichs (1867–1930) verlegt und erschien damit in einem der bedeutendsten linksliberalen deutschen Verlage, der sich allerdings generell für das Denken in Asien interessierte: 1910 etablierte Diederichs beispielsweise die Reihe „Religion und Philosophie Chinas. Aus den Originalurkunden übersetzt". Vgl. für die erwähnte Schrift Ku Hung-ming, Chinas Verteidigung gegen europäische Ideen. Kritische Aufsätze, Jena 1911, sowie für Verleger und Verlag Irmgard Heidler, Der Verleger Eugen Diederichs und seine Welt (1896–1930), Wiesbaden 1998, für die China-Reihe hier vor allem S. 313. Die Zitate in diesem Artikel von Eisner entstammen der Schrift Ku Hung-mings aus dem Jahr 1911 und werden nicht gesondert nachgewiesen.

43 Hier ist der chinesische Philosoph Konfuzius (ca. 551– ca. 479 v. Chr.) gemeint.

44 Hier bezog sich Eisner auf die Philosophen Immanuel Kant (1724–1804) und Johann Gottlieb Fichte (1862–1914).

Matthew Arnold.[45] Die europäische Barbarei wird, darüber täuscht er sich nicht, über der chinesischen Kultur zusammenschlagen, die europäischen Millionen, Panzerschiffe, Eisenbahnen, Maschinengewehre, Parlamente, Wahlen, Hochöfen und Motoren werden den Geist Konfutses besiegen, der sterbend dennoch Recht behalten wird.

Die nachdenkliche Bedeutung dieser chinesischen Aufsätze liegt nicht in den vielen feinen und klugen, oft überraschend scharfsichtigen Bemerkungen und Urteilen des Mannes, die in unserer Tagespresse schon vielfach Beachtung gefunden haben, auch nicht in der Weite seines Blicks und den lebendig gegenwärtigen Vergleichen. Für diesen Chinesen waren die Kreuzzüge ein Ereignis von gestern, und wenn er von dem schrecklichen Tsen-Chun-Hsüan spricht,[46] so erinnert ihn dessen Partei an die preußischen Junker, und die Herkunft aus der wilden, erst halbzivilisierten Provinz Kwangsi[47] ist ihm so viel wie die Abstammung aus dem chinesischen *Pommern*! Der entscheidende Wert dieser Aufsätze liegt darin, dass Ku-Hung-Ming, der Reaktionär, nicht nur in alte Kultur zurück, sondern auch über unsere Kultur *hinaus* zu sehen vermag. Die europäische Zivilisation liegt nicht vor, sondern schon unter ihm. Also das, worauf wir stolz sind, ist für diesen Chinesen ein Nichts. Das bisschen Technik! Nein, weniger noch und schlimmer: Es gibt für ihn keinen tieferen Verfall, keine grausigere Abirrung menschlicher Vernunft als dieses rohe technische Zeitalter mit seinen Schreckpanzern, seiner Geldherrschaft und seiner öden Industrie.

Wir europäischen Sozialisten wissen wohl, dass wir dennoch durch diese Zeit hindurch müssen, dass die Technik, die heute unser Tyrann

45 Gemeint sind der englische Kulturkritiker Matthew Arnold (1822–1888) und die in den 1830er-Jahren von der Universität Oxford ausgehende „Oxford-Bewegung", die eine Rückbesinnung auf die katholischen Elemente der anglikanischen Kirche einforderte. Ku Hung-ming bezog sich 1911 auf diese Bewegung und ordnete sie wie den in Oxford ausgebildeten Arnold vor allem als gegen den Liberalismus gerichtet ein. Damit wollte er sein konservatives Programm als Gegenprogramm zu den liberalen Impulsen erklären, die seiner Ansicht nach den kolonialen Einflüssen etwa aus Großbritannien ebenso innewohnten. Vgl. Ku Hung-ming, Die Geschichte einer chinesischen Oxford-Bewegung, in: ders., Verteidigung, S. 34–128.

46 Hier ist der chinesische Politiker Cen Chunxuan (1861–1933) gemeint.

47 Hier ist die chinesische Provinz Guangxi gemeint, Cen Chunxuan war in dieser Provinz von 1903 bis 1906 Gouverneur.

ist, von uns zum nützlichen Werkzeug gebändigt werden muss;[48] und auch Ku-Hung-Ming weiß es. Aber wenn wir uns in die unendlich klaren Gedanken des Chinesen versenken, erhebt sich deutlich vor uns ein neues Problem, das dunkel auf uns allen lastet. Die Frage nach dem *Seelen*wert dieser ganzen technischen Kultur. Diese Zivilisation des kapitalistisch-maschinellen Zeitalters drückt nicht nur durch ihre materiellen Herrschaftsverhältnisse auf die Völker und es gilt nicht nur die demokratisch-sozialistische Unterjochung der übermütig herrischen Kräfte – wir bedürfen auch der seelischen Bewältigung der unübersehbaren Komplikationen unseres Gesellschaftslebens. Der triumphierende Stolz beim Anblick der Maschine, die in einer Stunde mehr Güter erzeugt, als hundert Hände in einem Jahre, – das ist doch immer nur die theoretische Empfindung eines Zuschauers, der müßig dabei steht und sich an den Wundern menschlicher Schöpferkraft berauscht, solch Stolz füllt niemals die Seele derer, die ihr Leben lang verurteilt sind, dieser Maschine zu dienen und an ihr zu verbluten. Die Technik eines Wolkenkratzers ist sicher der einer Friesenhütte unvergleichlich überlegen, gleichwohl unsere Seele fühlt sich mehr geborgen und bereichert in den Sturmmauern, die kaum aus einer Mulde der Heide sich hervorwagen, wie in dem Höhenwerk des 48. Stocks, zu dem ein Lift pfeilschnell emporführt. Wenn heute überall sich Rousseaustimmungen regen (wie etwa in der letzten Komödie Richard Dehmels),[49] so ist das nicht bloß die müde Sentimentalität des überflüssigen Kunstschmarotzers, es ist das sichere unablenkbare Kompassgefühl innersten menschlichen Bedürfnisses.

48 Der hier aufscheinende Fortschrittsoptimismus war seit jeher ein Signum der sozialistischen Bewegungen und findet sich bei nicht wenigen Denkern des noch von der Aufklärung beeinflussten Frühsozialismus. Vgl. Axel Honneth, Die Idee des Sozialismus. Versuch einer Aktualisierung, Berlin 2015, S. 41.

49 Gemeint waren der Schriftsteller und Dichter Richard Dehmel (1863–1920) und dessen 1911 erschienener „Michel Michael. Komödie in fünf Akten“. Der Begriff „Rosseaustimmung“ bezog sich auf den französischen Philosophen Jean-Jacques Rousseau (1712–1778) und dessen Ausspruch „Retour à la nature!“ („Zurück zur Natur!“) – ein Schlagwort modernisierungskritischer und gegen die Industrialisierung gerichteter Gruppen. Dem angelehnt ist die Grundhandlung von Dehmels Komödie, in der Michel Michael erkennt, dass sein Glück nicht in der alles zerreibenden Großstadt mit ihrem verlogenen Bürgertum liegt, sondern in der „Idylle“ ländlichen Besitzes. Vgl. zur genannten Bewegung vor allem Andreas Knaut, Zurück zur Natur! Die Wurzeln der Ökologiebewegung, Bonn 1993.

Es hilft nichts: Wir müssen hindurch. Aber indem wir die Werte dieser Kultur richtig einschätzen, werden wir uns zwar nicht verführen lassen, uns in blödem Trotz gegen das Notwendige aufzulehnen, aber wir werden angespornt, mit *größerer Eile* diese Episode der Menschheitsgeschichte zu erledigen. So weckt der chinesische Reaktionär revolutionäre Triebkräfte.

Der erste Aufsatz, den uns das Werk bringt, ist zur Zeit des Hunnenzugs geschrieben: weltgeschichtliche Philosophie gegen kleinkalibrige Geschosse von 1900. Er deutet den Einbruch der Mächte als den Kampf zwischen dem chinesischen – Liberalismus und dem europäischen – Mittelalter. Der Urheber der Hunnenrede und des Knackfuß-Bildes von der gelben Gefahr[50] ist für Ku-Hung-Ming der letzte mittelalterliche Kaiser Europas. „Dieser Kampf der Kulturen, oder besser gesagt, des modernen Liberalismus und der Mittelalterlichkeit, ist das moralische Problem der ostasiatischen Frage. Es lässt sich nicht als ein Konflikt der weißen und der gelben Rasse definieren, sondern es ist ebenso gut ein innerer Kampf, den die Völker Europas mit sich selbst auskämpfen, um sich vollständig freizumachen von ihrer überlebten mittelalterlichen Kultur. Die chinesische Frage ist mit einem Worte ein Teil des Kulturkampfes der Gegenwart." Diese mittelalterliche Kultur „appelliert hauptsächlich an die Gefühle von Furcht und Hoffnung im Menschen. Die neue moralische (liberale) Kultur appelliert an die gesamten geistigen Kräfte, an seine Vernunft eben so sehr als an seine Gefühle ... Die Wirkung der einen ist blinder passiver Gehorsam gegenüber der Macht und Autorität. Die Wirkung der andern ist das, was Dr. Maggovan[51] als Eigentümlichkeit der Chinesen bezeichnet, nämlich: Selbstvertrauen der Bevölkerung gegen-

50 Es handelte sich um das nach einer Vorlage von Wilhelm II. 1895 von Hermann Knackfuß (1848–1915) angefertigte Bild „Völker Europas, wahrt eure heiligsten Güter", das der deutsche Kaiser dem russischen Zaren Nikolaus II. (1868–1918) als Geschenk übergab. Die Darstellung zeigte allegorisch die „Gelbe Gefahr" im Osten, symbolisiert durch Buddha, und das „wehrhafte christliche Abendland", angeführt von Erzengel Michael.

51 Gemeint war hier vermutlich der Mediziner Daniel J. Macgowan (gest. 1893), der 1837 mit einer baptistischen Mission nach China gelangte und in Hong Kong lebte. Macgowan war stark am kulturellen Austausch interessiert und beispielsweise an der chinesischen Übersetzung von Charles Lyells (1797–1875) „Principles of Geology" beteiligt. Vgl. Dr. Macgowan's Remarks on Chinese Foreign Relations. From the North-China Herald, December 1857, Shanghai 1857.

über dem Staat." Die europäische Bevölkerung hat sich zu diesem altchinesischen Liberalismus noch nicht durchgerungen. Europas gegenwärtige Ordnung wird nicht durch eine moralische Kraft irgend einer Art, sondern durch die rohe physische Kraft der Polizei oder des sogenannten Militarismus aufrecht erhalten. Dieser Militarismus zerstört die Wirtschaft. Die Völker Europas haben nur zwei Wege vor sich: entweder mit allen Kräften die Erreichung der neuen Kultur zu erstreben, oder zum Mittelalter zurückzukehren. Wollten sie ins Mittelalter zurück, so würden sie „entweder bei den Extravaganzen der Heilsarmee oder bei der Betrügerei des jesuitischen Ultramontanismus ankommen". China hat im Taiping-Aufstand von 1850 bis 1866 solche Rückkehr zum Mittelalter erlebt.[52] Die Ergebnisse waren: verwüstete Provinzen und eine Million getöteter Menschen. „Der geistige Schwindel des Ultramontanismus ist ein Verbrechen an der menschlichen Natur." Eine gesellschaftliche Nation, die auf eine solche niedrige geistige Verfassung gegründet ist, kann nicht von Dauer sein. Der europäische Liberalismus aber ist im Gegensatz zum chinesischen entartet. „Der Liberalismus der Vergangenheit las Bücher und verstand Ideen, der moderne Liberalismus liest höchstens Zeitungen und benützt die großen liberalen Phrasen der Vergangenheit als Schlagworte für seine selbstischen[53] Interessen. Der Liberalismus des 18. Jahrhunderts focht für Recht und Gerechtigkeit, der Pseudo-Liberalismus von heute ficht für Rechte und Handelsprivilegien. Der Liberalismus der Vergangenheit kämpfte für die Sache der Menschheit, der Pseudo-Liberalismus von heute sucht die investierten Interessen von Kapitalisten und Finanzleuten zu fördern."

Ku-Hung-Ming gliedert die Gesellschaft durchaus ständisch. Die Kasten sind für ihn die Teile eines Kunstwerks. Die Dynastie der Mandschus stellen den Geburt- und Schwertadel dar; ihr Wesen ist Heldentum und Vornehmheit des Charakters. Darum ist er ein Parteigänger der Mandschus, weil sie jene Tugenden repräsentieren, freilich nur in der Idee; denn in der Wirklichkeit sind sie jämmerlich verkommen und dieser Anhänger der Mandschus schildert ihre Mitglieder mit dem farbigen

52 Der Taiping-Aufstand von 1851 bis 1864 gilt als der opferreichste Bürgerkrieg der Geschichte, in ihm kamen zwischen 20 und 30 Millionen Menschen ums Leben.

53 So im Original.

Pinsel und der grotesken Linie eines Meister-Karikaturisten. Die zweite Klasse sind die Gelehrten; sie verkörpern die Kraft der Intelligenz. Die große Masse in China ist die Arbeiterklasse, die Kraft des Fleißes und der harten Arbeit, auf die sich die Nation in erster Linie stützt. Aus dieser dritten Klasse rekrutieren sich auch die reichen Kaufleute und Handelsagenten europäischer Firmen. Die Arbeiterklasse produziert, die Gelehrten erziehen, die Mandschus verwalten die Nation und leiten sie zu hohen Zielen. Diese drei Klassen bedingen einander. Als die Mandschus ihre Vornehmheit verloren und die Arbeiterklasse nicht mehr auf würdige Zwecke hinlenkte, produzierte diese nicht mehr Güter für die Schönheit des Geistes und die Gesundheit des Leibes, sondern Gegenstände roher Sinneslust und gieriger Eitelkeit. Wenn die Arbeitskraft der Bevölkerung einer Gemeinde oder eines Staates vornehm geleitet und nicht verschwendet wird, dann ist die Gemeinde oder der Staat wirklich reich, nicht an Geld oder an großen hässlichen Häusern, sondern reich an Gesundheit des Leibes und Schönheit der Seele seiner Bürger."

Die nützlichen Dinge, wie Kohlen, Eisen, Seife, Straßenbahnen, drahtlose Telegraphie, kommmen von selbst, sie bedürfen keiner Förderung. „Aber Dinge, wie sie die verstorbene Kaiserin-Witwe[54] (die Ku-Hung-Ming über alles verehrt!) für China wollte: die Schönheit ihres Sommerpalastes, die Gespräche des Konfuzius, die chinesische Poesie – Dinge, die Goethe das Schöne nennt – müssen gefördert werden."

Nichts findet der Chinese so verächtlich wie den kapitalistischen Händler-Liberalismus; darum findet er die bittersten Worte gegen jenen Li-Hung-Tschang, den Europa mit verwandter kapitalistischer Witterung für den „*großen* Chinesen" hielt, weil er an Kanonen und Kriegsschiffe für das Heil Chinas glaubte.[55] Li-Hung-Tschang, das war die hässliche und korrupte Oligarchie, der alle Schönheit und Feinheit fremd war.

54 Gemeint war Cixi (1835–1908), die zwar nur eine Nebenfrau des Kaisers Xianfeng (1831–1861) war. Sie schaffte es aber nach dessen Tod, großen Einfluss auf die zumeist im Kindesalter auf den Thron gelangten Kaiser auszuüben. Sie gilt deswegen als zentrale politische Persönlichkeit Chinas in der späten Qing-Dynastie.

55 Li Hongzhang (1823–1901) war ein chinesischer General, der sich zugleich stark außenpolitisch engagierte und versuchte, die Modernisierung des Landes voranzutreiben.

Zu den verachteten Erscheinungen zählt unser Denker auch Yuan-Schi-Kai, der einstige Jakobiner und Renegat, der gegenwärtig gegen die Revolution kämpft.[56] Er ist der Joseph Chamberlain Chinas,[57] der Inbegriff roher, unreiner und unedler Instinkte. Er besitzt Stärke, aber sie ist niedrig und brutal. „Seine Unfähigkeit, für den edlen Wahnsinn der Boxerbewegung wenigstens ein sympathisches Verständnis zu haben, veranlasste Yuan-Schih-Kai, der damals Gouverneur von Shantung war,[58] in der Bestrafung und Unterdrückung dieser irregeführten tollen Boxerburschen mit einer unterschiedslosen und rücksichtslosen Härte vorzugehen, die ihm, so seltsam es ist, seitdem bei gedankenlosen und unedlen Fremden seines Schlags einen guten Namen gemacht hat." In seiner Jugend lebte er toll wie der junge Ignatius Loyola,[59] die Welt war für ihn ein Bordell mit Knobloch,[60] Pfeffer und unglücklichen Mädchen. Mittellos, verwüstet, kam er unter Li-Hung-Tschang empor. Er war und blieb ein Parvenu. Nach dem Krieg mit Japan,[61] an dem er wesentlich die Schuld trug, kam er abermals auf die Landstraße. Er wechselte seine Gesinnung, stieg wieder aufwärts, um nochmals zu sinken: immer gemein, gewalttätig und boshaft.

56 Yuan Shikai (1859–1916) war ein einflussreicher Politiker und Militärführer, der der Kaiserwitwe Cixi nahestand. Im Herbst 1911 begann die Xinhai-Revolution, die die Unabhängigkeit von der Qing-Dynastie anstrebte und die im Januar 1912 in die Gründung der ersten chinesischen Republik mündete. Yuan nutzte diese Situation als Befehlshaber einer großen Armee aus und bekämpfte die Revolution, verlangte aber gleichzeitig von den Qing die höchsten Staatsämter. So wurde er zuerst Premierminister, später der erste Präsident der neuen Republik.

57 Joseph Chamberlain (1836–1914) war ein britischer Politiker, dem seit April 1895 das Kolonialministerium unterstand und der stark von rassistischen und imperialen Ansätzen geprägt war – gezielt förderte er beispielsweise den Burenkrieg (1899–1902). Vgl. Travis L. Crosby, Joseph Chamberlain. A Most Radical Imperialist, London 2011.

58 Gemeint war die Provinz Shandong.

59 Ignatius von Loyola (1491–1556) war Mitbegründer der Gesellschaft Jesu (Jesuiten).

60 So im Original.

61 Hier war der Erste Sino-Japanische Krieg von August 1894 bis April 1895 gemeint, aus dem Japan als Sieger hervorging. In der Folge wurde Taiwan eine japanische Kolonie, Korea wurde unabhängig – der Streit um den Status von Korea hatte den Krieg ausgelöst, Korea war China tributpflichtig. Ein Teil der Bevölkerung befürwortete aber eine Modernisierung des Landes, die man sich von der Anbindung an Japan erhoffte.

Das sind die Persönlichkeiten europäischen Stils, die Ku-Hung-Ming ebenso hasst, wie die ganze schreckliche Invasion der materialistischen europäischen Zivilisation mit ihren Panzerschiffen und ihrem Golde. Der letzte Versuch, sich ihrer zu erwehren, war der Boxeraufstand, der Heroismus dieser tapferen Burschen, die bis unmittelbar vor die Öffnungen der Geschütze heranstürmten.

Schließlich verwirft Ku-Hung-Ming auch die politischen Einrichtungen Europas. Er zieht die Verfassung des alten China vor, die auf einer durchaus „konstitutionellen" Regierung beruht. In China darf kein Beamter etwas tun, was nicht die Zustimmung des Volkes findet. Es ist eine moralische, nicht eine gesetzliche Verfassung. Einem Kreisbeamten, der etwas gegen den Willen des Volkes durchsetzen wollte, würde sehr bald das Amtsgebäude über dem Kopfe eingerissen werden. „Dem Gesetz nach ist auch der Kaiser absolut, aber wenn er die moralische Konstitution bricht, so entsteht Aufruhr und er verliert den Thron. Denn die Pflicht der Bevölkerung, dem Kaiser und den Mandarinen[62] zu gehorchen, ist nicht eine gesetzliche, sondern eine moralische, gegründet auf das Sittengesetz, den „Weg des Edlen" des Konfuzius."

In dem Augenblick, da Ku-Hung-Mings Buch in Deutschland erscheint, versucht dies China von innen heraus die Formen der politischen Zivilisation Europas in einem ungeheuren blutigen Bürgerkrieg zu gewinnen. Die Parlamente werden sich entwickeln, die Eisenbahnen das Reich der 400 Millionen durchziehen, die Industrie wird ihre Schlote gen Himmel strecken, und die heiligen Zöpfe der ehrwürdigen alten Kultur werden fallen.

Wir aber stellen uns vor, wie dieser edle Philosophenkopf aus tief beseelten trauernden Augen in das Getümmel einer verbrennenden Kultur tapfer ergeben und vornehm still schaut und dennoch die Wiederkehr Konfutse's erwartet. Und vielleicht entsteht die vieltausendjährige Weisheit in der Tat aufs Neue, als *soziale Republik*, in der alles Neue sich entfaltet und alte Größe nicht verwüstet wird. *Dann* mag Europa von dem Lande Ku-Hung-Mings Kultur lernen.

62 Westliche Bezeichung für chinesische Staatsbeamte (Lehrer, Richter, Verwalter, Diplomaten).

Aufstellung der von Kurt Eisner signierten Artikel im „Arbeiter-Feuilleton“, 1910–1911

1910

Nummer	Titel
2	Kleine Märchen vom Tage
17/18	Das Besitzrecht am Menschen. Zur Stuttgarter Künstlertragödie
19/20	Die lächerliche Natur
24/25	Magdeburger Sauerkraut
33	Der Kampf gegen die Warenhäuser
34	Ha! Ha! *Eine Moabiter Zukunftsschlacht*
35	Evangelium Tolstoi
36	Das Vaterrecht: Eine Novelle zur Strafprozessordnung

1911

Nummer	Titel
4	Ehe: Zum „Grenzfall“ Herberich
5	Der heilige Rock
6	Volksfestspiele
18	Sozialistische Bekenntnisse
26/27	Amüsierschweiß. *Berliner Sommerfreuden*
28	Diplomatische Verständigung
29	Erleichterte Tragödien
34/35	Ecce homo
39/40	Ein chinesischer Reaktionär

Quellen- und Literaturverzeichnis

Ungedruckte Quellen

Bundesarchiv Berlin-Lichterfelde – Stiftung Archiv der Parteien und Massenorganisationen der DDR

NY 4060: Nachlass Kurt Eisner
Nr. 1, 21, 51, 52, 53, 61, 77, 78, 79, 96, 97, 98, 99, 146, 150-1, 150-2, 151

Literaturverzeichnis

Achten, Udo (Hrsg.), Nicht betteln, nicht bitten. Moabiter Streikunruhen 1910, Essen 2011.

Ahlheim, Hannah, „Deutsche, kauft nicht bei Juden!" Antisemitismus und politischer Boykott in Deutschland 1924 bis 1935, Göttingen 2011.

Azzaro, Pierluca, Deutsche Geschichtsdenker um die Jahrhundertwende und ihr Einfluss in Italien: Kurt Breysig, Walther Rathenau, Oswald Spengler, Bern 2005.

Bab, Julius, Bernhard Shaw, Berlin 1910.

Bartl, Peter, Albanien. Vom Mittelalter bis zur Gegenwart, Regensburg 1995.

Basse, Dieter, Wolff's telegraphisches Bureau 1849 bis 1933. Agenturpublizistik zwischen Politik und Wirtschaft, München 1991.

Beer, Helmut, Fränkische Tagespost, Historisches Lexikon Bayerns, http://www.historisches-lexikon-bayerns.de/Lexikon/Fränkische_Tagespost [7. 6. 2017].

Berger, Silvia, Bakterien in Krieg und Frieden: Eine Geschichte der medizinischen Bakteriologie in Deutschland, 1890–1933, Göttingen 2009.

Bericht aus dem Haus der Abgeordneten, in: Allgemeine Zeitung, Nr. 116 vom 26. 4. 1857.

Bernays, Ferdinand Cölestin [Karl Ludwig Bernays], Schandgeschichten zur Charakteristik des deutschen Censoren- und Redactorenpacks. Aktenstücke zur Geschichte des Tages, Straßburg 1843.

Bethmann Hollweg, August von, Reaction und Sonderthümlerei. Sermon an die Conservativen, Berlin 1848.

Borkowski, Dieter, Rebellin gegen Preußen. Das Leben der Lily Braun, Frankfurt a. M. 1984.

Brambring, André, Kindstötung (§ 217 A.F. STGB). Reformdiskussion und Gesetzgebung seit 1870, Berlin/New York 2010.

Braun, Lily, Memoiren einer Sozialistin, 2 Bde., München 1909–1911.

Brouardel, Paul, L'infanticide, Paris 1897.

Bruendel, Steffen, Solidaritätsformel oder politisches Ordnungsmodell? Vom Burgfrieden zur Volksgemeinschaft in Deutschland 1914–1918, in: Wolfram Pyta/Karsten Kretschmann (Hrsg.), Burgfrieden und Union sacrée: Literarische Deutungen und politische Ordnungsvorstellungen in Deutschland und Frankreich 1914–1933, München 2011, S. 33–50.

Burrin, Philippe, Über den Antisemitismus der Nationalsozialisten, in: Christina von Braun/Eva-Maria Ziege (Hrsg.), „Das ‚bewegliche' Vorurteil". Aspekte des internationalen Antisemitismus, Würzburg 2004, S. 101–116.

Büsch, Otto, Handbuch der preußischen Geschichte, Bd. 2, Berlin/New York 1992.

Buske, Sybille, Fräulein Mutter und ihr Bastard. Eine Geschichte der Unehelichkeit in Deutschland 1900–1970, Göttingen 2004.

Bussiek, Dagmar, „Mit Gott für König und Vaterland!" Die Neue Preußische Zeitung (Kreuzzeitung) 1848–1892, Münster 2002.

Circourt, Adolphe de, Souvenirs d'une mission à Berlin en 1848, 2 Bde., Paris 1908/09.

Clemens, Gabriele B. (Hrsg.), Zensur im Vormärz. Pressefreiheit und Informationskontrolle in Europa, Stuttgart 2013.

Crompton, Louis, Homosexualty and Civilisation, Cambridge/London 2006.

Crosby, Travis L., Joseph Chamberlain. A Most Radical Imperialist, London 2011.

Damm, Sigrid, Christiane und Goethe. Eine Recherche, Frankfurt a. M. 1998.

Demm, Eberhard, Censorship and Propaganda in World War I and Their Impact on Mass Indoctrination Until Today, in: Jaroslaw Suchoples/Stephanie James (Hrsg.), Re-Visiting World War I. Interpretations and Perspectives of the Great Conflict, Frankfurt a. M. 2016, S. 439–475.

Drahn, Ernst, Führer durch das Schrifttum der deutschen Sozialdemokratie, Berlin 1919.
Drei Preisschriften über die Frage: Welches sind die besten und ausführbarsten Mittel, dem Kindermorde abzuhelfen, ohne die Unzucht zu begünstigen?, Mannheim 1784.
Eine Professorsfrau als Mörderin, in: Volksstimme. Sozialdemokratisches Organ für den Regierungsbezirk Magdeburg, Nr. 17 vom 22. 1. 1911.
E., Dr. K. [Dr. Kurt Eisner], Die Kindesmörderin, in: Die neue Generation 7 (1911) 9, S. 390–394.
– Gesammelte Schriften, 2 Bde., Berlin 1919.
– Krieg! Drei Szenen, in: ders., Gesammelte Schriften, Bd. 1, Berlin 1919, S. 9–14.
Elsner, Gine, Staatstragende Arbeitsmedizin. Franz Xaver Koelsch (1876–1970). Bayerischer Landesgewerbearzt von der Monarchie bis zur Bundesrepublik, Hamburg 2014.
Erpressungsprozess gegen die „Wahrheit“, in: Volksstimme. Sozialdemokratisches Organ für den Regierungsbezirk Magdeburg, Nr. 251 vom 16. 10. 1910.
Fechenbach, Felix, Kurt Eisner. Ein Lebensbild, Berlin 1929.
Fischer, Heinz-Dietrich, Die Deutsche Allgemeine Zeitung, in: ders. (Hrsg.), Deutsche Zeitungen des 17. bis 20. Jahrhunderts, Pullach 1972, S. 269–282.
Flöter, Jonas/Diesener, Gerald (Hrsg.), Karl Lamprecht (1856–1915). Durchbruch in der Geschichtswissenschaft, Leipzig 2015.
Fries, Helmut, Die große Katharsis. Der erste Weltkrieg in der Sicht deutscher Dichter und Gelehrter, Bd. 2, Konstanz 1995.
Gerig, Maya, Jenseits von Tugend und Empfindsamkeit. Gesellschaftspolitik im Frauenroman um 1800, Köln/Weimar/Wien 2008.
Gihr, Nikolaus, Die heiligen Sakramente der Katholischen Kirche, Bd. 2: Die Buße, die letzte Ölung, das Weihesakrament und das Ehesakrament, Freiburg 1903.
Grau, Bernhard, Kurt Eisner 1867–1919. Eine Biographie, München 2001.
Hahn, Johan Georg von, Albanesische Studien, Jena 1854.
Heidler, Irmgard, Der Verleger Eugen Diederichs und seine Welt (1896–1930), Wiesbaden 1998.
Hirsch, Helmut, Freund von Heine, Marx, Engels und Lincoln. Eine Karl-Ludwig-Bernays-Biographie, Frankfurt a. M. 2002.

Hoffrogge, Ralf, Vom Schnaps zum Bier – eine Richtungsentscheidung in der deutschen Arbeiterbewegung, in: analyse & kritik (2010) 555, https://www.akweb.de/ak_s/ak555/01.htm [14. 2. 2017].

Honneth, Axel, Die Idee des Sozialismus. Versuch einer Aktualisierung, Berlin 2015.

Höpfner, Prof. Dr., Zum Prozeß Herberich und § 313 StrPO, in: Deutsche Juristen-Zeitung 16 (1911) 4, S. 269–270.

Illou, Christopher D., Corporate Governance und mittelständische Unternehmen. Ein nur scheinbarer Widerspruch, Köln 2010.

Jörger, Josef, Die Familie Zero, in: Archiv für Rassen- und Gesellschafts-Biologie einschließlich Rassen- und Gesellschaftshygiene 2 (1905) 4, S. 494–559.

Kachel, Steffen, Ein rot-roter Sonderweg? Sozialdemokraten und Kommunisten in Thüringen 1919 bis 1949, Köln/Weimar/Wien 2011.

Kaiser, Jochen-Christoph, Die Gründung des Central-Ausschusses für Innere Mission. Ein historisch-theologischer Rückblick, in: ders. (Hrsg.), Evangelische Kirche und sozialer Staat. Diakonie im 19. und 20. Jahrhundert, Stuttgart 2008, S. 18–30.

– Moritz August von Bethmann Hollweg, in: Michael Häusler/Jürgen Kampmann (Hrsg.), Protestantismus in Preußen. Von der Mitte des 19. Jahrhunderts bis zum Ersten Weltkrieg, Frankfurt a. M. 2013, S. 23–50.

Kaschuba, Wolfgang, Die Überwindung der Distanz. Zeit und Raum in der europäischen Moderne, Frankfurt a. M. 2004.

Kellermann, Philippe (Hrsg.), Propaganda der Tat. Standpunkte und Debatten (1877–1929), Münster 2016.

Kern, Rolf, Die Tuberkulose bei Steinhauern und Landwirten. Ein Bild im Kleinen, in: Zeitschrift für Tuberkulose und Heilstättenwesen 1 (1900) 3, S. 218–223.

Kindermord, in: Carl von Rotteck/Carl Welcker (Hrsg.), Das Staats-Lexikon. Encyklopädie der sämmtlichen Staatswissenschaften für alle Stände, Bd. 8, Altona 1847, S. 116–137.

Knauf, Erich (Hrsg.), Welt werde froh! Ein Kurt-Eisner-Buch. Zum 10. Jahrestage der Ermordung Kurt Eisners herausgegeben von der Büchergilde Gutenberg, Berlin 1929.

Knaut, Andreas, Zurück zur Natur! Die Wurzeln der Ökologiebewegung, Bonn 1993.

Koch, Anton, Lehrbuch der Moraltheologie, Freiburg 1905.

Koelsch, Franz, Arbeit und Tuberkulosesterblichkeit der erwerbsfähigen Bevölkerung Bayerns im Jahre 1908 vom sozialhygienischen Standpunkt aus, in: Archiv für Soziale Hygiene, mit besonderer Berücksichtigung der Gewerbehygiene und Medizinalstatistik 6 (1910/11) 1, S. 29–61.

– Arbeit und Tuberkulosesterblichkeit der erwerbsfähigen Bevölkerung Bayerns im Jahre 1908 vom sozialhygienischen Standpunkt aus, in: Archiv für Soziale Hygiene, mit besonderer Berücksichtigung der Gewerbehygiene und Medizinalstatistik 6 (1911) 3, S. 212–242.

– Arbeit und Tuberkulosesterblichkeit der erwerbsfähigen Bevölkerung Bayerns im Jahre 1908 vom sozialhygienischen Standpunkt aus, in: Archiv für Soziale Hygiene, mit besonderer Berücksichtigung der Gewerbehygiene und Medizinalstatistik 6 (1911) 4, S. 274–324.

Kohnen, Richard, Pressepolitik des Deutschen Bundes: Methoden staatlicher Pressepolitik nach der Revolution von 1848, Tübingen 1995.

Koopmann, Helmut, Goethe und Frau von Stein. Geschichte einer Liebe, München 2002.

– Willkomm und Abschied. Goethe und Friederike Brion, München 2014.

Koszyk, Kurt, Geschichte der deutschen Presse, Bd. 2: Deutsche Presse im 19. Jahrhundert, Berlin 1966.

Ku Hung-ming, Chinas Verteidigung gegen europäische Ideen. Kritische Aufsätze, Jena 1911.

– Die Geschichte einer chinesischen Oxford-Bewegung, in: ders., Chinas Verteidigung gegen europäische Ideen. Kritische Aufsätze, Jena 1911, S. 34–128.

Kuß, Susanne/Martin, Bernd (Hrsg.), Das Deutsche Reich und der Boxeraufstand, München 2002.

Laufhütte, Hartmut, Vom Gebrauch des Schaurigen als Provokation zur Erkenntnis. Gottfried August Bürger: „Des Pfarrers Tochter von Taubenhain“, in: Karl Richter (Hrsg.), Gedichte und Interpretationen, Bd. 2: Aufklärung und Sturm und Drang, Stuttgart 1983, S. 393–410.

Leesch, Klaus, „Vorwärts“ in „Die neue Zeit“. Die sozialdemokratische Presse im langen 19. Jahrhundert, Leipzig 2014.

Lerner, Paul, The Consuming Temple: Jews, Department Stores and the Consumer Revolution in Germany, Ithaca 2015.

Leuchner, Udo, Vom Intelligenzblatt zur demokratischen Kampfpresse. Mannheimer Zeitungen bis 1850, Mannheim 2008, S. 45, online unter http://www.udo-leuschner.de/pdf/PresseMA.pdf [15. 2. 2017].

Leutner, Mechthild/Mühlhahn, Klaus (Hrsg.), Kolonialkrieg in China. Die Niederschlagung der Boxerbewegung 1900–1901, Berlin 2007.

Linsenmann, Franz Xaver v., Lehrbuch der Moraltheologie, Freiburg 1878.

Loos, Renate, Deutschland zwischen „Schwärmertum" und „Realpolitik". Die Sicht der niederländischen Kulturzeitschrift De Gids auf die politische Kultur des Nachbarn Preußen-Deutschland 1837–1914, Münster 2004.

Lukas, Wolfgang/Schneider, Ute (Hrsg.), Karl Gutzkow (1811–1878). Publizistik, Literatur und Buchmarkt zwischen Vormärz und Gründerzeit, Wiesbaden 2013.

Mai, Gunther, Die Marokko-Deutschen 1873–1918, Göttingen 2014.

Maier, Margarete, Beitrag zur Psychologie des Kindesmordes, in: Archiv für Kriminal-Anthropologie und Kriminalistik 37 (1910) 3/4, S. 313–375.

Marx, Peter W., Ein richtiger Wald, ein wirklicher Traum. Max Reinhardts Sommernachtstraum 1905, in: Forum Modernes Theater 22 (2007) 1, S. 17–31.

Maus, Christian, Der ordentliche Professor und sein Gehalt. Die Rechtsstellung der juristischen Ordinarien an den Universitäten Berlin und Bonn zwischen 1810 und 1945 unter besonderer Berücksichtigung der Einkommensverhältnisse, Bonn 2013.

Mehring, Franz, Der Moabiter Prozeß, in: Die Neue Zeit 1 (1910) 15, S. 505–508.

– Die Moabiter Krawalle, in: Die Neue Zeit 1 (1910) 2, S. 33–35.

Meißner, Mike, Der Verein Arbeiterpresse (1900–1933). Selbstverständnis, Autonomie und Ausbildung sozialdemokratischer Redakteure, in: medien & zeit (2014) 3, S. 56–69.

Mertens, Peter, Zivil-militärische Zusammenarbeit während des Ersten Weltkriegs. Die „Nebenregierung" der Militärbefehlshaber im Königreich Sachsen, Leipzig 2004.

Meyers Großes Konversations-Lexikon. Ergänzungsband und Supplemente, Bd. 21: Ergänzungen und Nachträge, Leipzig/Wien 1910.

Michaëlis, Karin, Das gefährliche Alter. Tagebuch-Aufzeichnungen und Briefe einer vierzigjährigen Frau. Aus dem Dänischen übersetzt von Mathilde Mann, Berlin 1910.

Mund, Wiebke, Das preußische Eheschließungsrecht in der Judikatur des Berliner Obertribunals von 1835 bis 1879, Frankfurt a. M. 2008.

Mürmel, Heinz, „Die Religion liegt im Blut“ – sächsisch-arische Konzepte der Kaiserzeit. Kurze Bemerkungen zur „arischen Lebensreform“, in: Edith Franke u. a. (Hrsg.), Devianz und Dynamik. Festschrift für Hubert Seiwert zum 65. Geburtstag, Göttingen 2014, S. 97–121.

Neef, Katarina, Sozialenergetik und Menschenökonomie. Säkularistische Modelle gesellschaftlicher (Neu-)Ordnung um 1900, in: Swen Steinberg/Winfried Müller (Hrsg.), Wirtschaft und Gemeinschaft. Konfessionelle und neureligiöse Gemeinsinnsmodelle im 19. und 20. Jahrhundert, Bielefeld 2014, S. 249–282.

Oberzensurstelle, Kommunikationsüberwachende Vorschriften des Jahres 1917, in: Heinz-Dietrich Fischer (Hrsg.), Pressekonzentration und Zensurpraxis im Ersten Weltkrieg, Berlin 1973, S. 194–275.

Oloew, Matthias, 100 Jahre Strandbad Wannsee, Berlin 2007.

Pestalozzi, Johann Heinrich, Über Gesetzgebung und Kindermord, Dessau 1783.

Peters, Kirsten, Der Kindsmord als schöne Kunst betrachtet. Eine motivgeschichtliche Untersuchung der Literatur des 18. Jahrhunderts, Würzburg 2001.

Petersen, Holger, Zur Albanesischen Volkskunde, Kopenhagen 1898.

Pfalzer, Stephan, Ernst Heilmann in Chemnitz, in: Helga Grebing/Hans Mommsen/Karsten Rudolph (Hrsg.), Demokratie und Emanzipation zwischen Saale und Elbe. Beiträge zur Geschichte der sozialdemokratischen Arbeiterbewegung bis 1933, Essen 1993, S. 139–146.

Placzek, Siegfried, Das Geschlechtsleben der Hysterischen. Eine medizinische, soziologische und forensische Studie, Bonn 1922.

Pohl, Karl Heinrich, Kurt Eisner (1867–1919): Vom Reformer zum Revolutionär, in: Detlef Lehnert (Hrsg.), Vom Linksliberalismus zur Sozialdemokratie. Politische Lebenswege in historischen Richtungskonflikten 1890–1945, Köln 2015, S. 67–91.

Puttkammer, Claudia/Szabo, Sacha, Gruß aus dem Luna-Park. Eine Archäologie des Vergnügens. Freizeit- und Vergnügungsparks Anfang des zwanzigsten Jahrhunderts, Berlin 2007.

Requate, Jörg, Journalismus als Beruf. Entstehung und Entwicklung des Journalistenberufs im 19. Jahrhundert. Deutschland im internationalen Vergleich, Göttingen 1995.

Richter, Joachim Burkhard, Hans Ferdinand Maßmann. Altdeutscher Patriotismus im 19. Jahrhundert, Berlin/New York 1992.

Roberts, James S., Drink and the Labour Movement. The Schnaps Boykott of 1909, in: Richard J. Evans (Hrsg.), The German Working Class, 1888–1933. The Politics of Everyday Life, London/Totowa 1982, S. 80–107.

Rössel, Jörg, Soziale Mobilisierung und Demokratie. Die preußischen Wahlrechtskonflikte 1900 bis 1918, Wiesbaden 2000.

Rudolph, Karsten, Die sächsische Sozialdemokratie vom Kaiserreich zur Republik (1871–1923), Köln/Weimar/Wien 1995.

Schilling, Heinz, Kleinbürger. Mentalität und Lebensstil, Frankfurt a. M./ New York 2003.

Schlossberger, H., Chaulmoogralöl und Verwandtes, in: Handbuch der experimentellen Pharmakologie, Ergänzungswerk, Bd. 5, Berlin 1937, S. 1–120.

Schmidt, Walter, Die Begründung der Partei Bethmann Hollweg im Gegensatz zu der konservativen Reaktion in Preußen 1848–1851, Berlin 1910.

– Die Partei Bethmann Hollweg und die Reaktion in Preußen 1850–1858, Berlin 1910.

Schulz, Stefan, Jörger, Johann Joseph, in: Historisches Lexikon der Schweiz, http://www.hls-dhs-dss.ch/textes/d/D11986.php [14. 2. 2017].

Schweizerisches Strafrecht. Verhandlungen der vor dem Eidgenössischen Justiz- und Polizeidepartment einberufenen Expertenkommission über den Vorentwurf zu einem Schweizerischen Strafgesetzbuch, Bd. 1, Bern 1896, S. 326-327.

Seidel-Höppner, Waltraud, Wilhelm Weitling (1808–1871). Eine politische Biographie, 2 Bde., Frankfurt a. M. 2014.

Sickenberger, Otto, Offener Brief an den Erzbischof von München-Freising, in: Sexual-Probleme. Zeitschrift für Sexualwissenschaft und Sexualpolitik (1910) 6, S. 777–784.

Spurny, Till, Die Plünderung von Kulturgütern in Peking 1900/1901, Berlin 2008.

Steinberg, Swen, „Karl Herschowitz kehrt heim". Der Schriftsteller-Journalist Edgar Hahnewald zwischen sächsischer Identität und der Heimat im Exil. Mit einer kritischen Edition, Berlin 2016.

Stenographische Berichte über die Verhandlungen des Preußischen Hauses der Abgeordneten, Bd. 1, Berlin 1911.
Stenographische Berichte über die Verhandlungen des Reichstags, XI. Legislaturperiode, II. Session 1905/06, Bd. 5, Berlin 1906.
Stenographische Berichte über die Verhandlungen des Reichstags, XII. Legislaturperiode, II. Session 1905/06, Bd. 1, Berlin 1911.
Suter, Paul, Anna Sutter, in: Andreas Kotte (Hrsg.), Theaterlexikon der Schweiz, Zürich 2005, Bd. 3, S. 1782 f.
Tagebücher von K. A. Varnhagen von Ense, Bd. 2, 3, 5, 8, 11, 12, Leipzig/Zürich/Hamburg 1861/1862/1865/1869/1870.
Wach, [Adolf], Bethmann Hollweg, Moritz August, in: Allgemeine deutsche Biographie, Bd. 12, Leipzig 1880, S. 762–773.
Warneken, Bernd Jürgen, Populare Kultur. Gehen – Protestieren – Erzählen – Imaginieren, Köln/Weimar/Wien 2010.
Weber, Thomas, Our Friend „The Enemy". Elite Education in Britain and Germany Before World War I, Stanford 2008.
Weipert, Axel, Das Rote Berlin. Eine Geschichte der Berliner Arbeiterbewegung 1830–1934, Berlin 2013.
Weitlauff, Manfred, Sickenberger, Otto, in: Neue Deutsche Biographie 24 (2010), S. 312–313.
Wetzer und Welte's Kirchenlexikon oder Encyklopädie der katholischen Theologie und ihrer Hilfswissenschaften, Bd. 3, Freiburg 1894.
Wrage, Michael, Der Staatsrat im Königreich Hannover 1839–1866, Münster 2001.
Zache, Hans, Mit dem Kronprinzen durch Indien. Tagebuchblätter, Hamburg 1913.
Zadek, Ignaz, Die Proletarierkrankheit. Ihre Entstehung und Verbreitung, Verhütung und Heilung, Berlin 1909.

Die Herausgeberinnen und Herausgeber

Dr. Swen Steinberg ist wissenschaftlicher Mitarbeiter am Lehrstuhl für Sächsische Landesgeschichte der Technischen Universität Dresden.

Prof. Dr. Frank Jacob lehrt Welt- und Globalgeschichte an der City University of New York.

Dr. Cornelia Baddack ist Historikerin und als Editorin am Bundesarchiv Koblenz beschäftigt.

Dr. Sophia Ebert ist Literatur- und Theaterwissenschaftlerin, derzeit Lehrkraft für besondere Aufgaben am Institut für Germanistik der Carl von Ossietzky-Universität Oldenburg.

Dr. Doreen Pöschl ist Kunsthistorikerin und Historikerin, derzeit als wissenschaftliche Volontärin am Kulturhistorischen Museum Magdeburg tätig.